21 世纪物流管理系列规划教材

物流系统规划与设计
（第 3 版）

耿会君　董维忠　编著

电子工业出版社
Publishing House of Electronics Industry
北京·BEIJING

未经许可,不得以任何方式复制或抄袭本书之部分或全部内容。
版权所有,侵权必究。

图书在版编目(CIP)数据

物流系统规划与设计 / 耿会君,董维忠编著. —3 版. —北京:电子工业出版社,2017.1
21 世纪物流管理系列规划教材
ISBN 978-7-121-30392-0

Ⅰ. ①物… Ⅱ. ①耿… ②董… Ⅲ. ①物流—系统工程—高等学校—教材 Ⅳ. ①F252

中国版本图书馆 CIP 数据核字(2016)第 277780 号

策划编辑:姜淑晶
责任编辑:刘淑敏
印　　刷:北京虎彩文化传播有限公司
装　　订:北京虎彩文化传播有限公司
出版发行:电子工业出版社
　　　　　北京市海淀区万寿路 173 信箱　邮编　100036
开　　本:787×1092　1/16　印张:12.25　字数:320 千字
版　　次:2006 年 6 月第 1 版
　　　　　2017 年 1 月第 3 版
印　　次:2021 年 6 月第 8 次印刷
定　　价:42.00 元

凡所购买电子工业出版社图书有缺损问题,请向购买书店调换。若书店售缺,请与本社发行部联系,联系及邮购电话:(010)88254888,88258888。
质量投诉请发邮件至 zlts@phei.com.cn,盗版侵权举报请发邮件至 dbqq@phei.com.cn。
本书咨询联系方式:(010)88254199,sjb@phei.com.cn。

前　言

随着全球化经济的发展，物流系统在各个经济领域发挥的作用越来越突出。而物流系统作为一个时间和地域跨度大、构成要素多、动态性强的系统，在具体业务运作过程中普遍存在效益背反、资源重复投入以及利用率低的现象。系统理论和管理信息系统的发展，为物流系统的规划与设计提供了重要理论依据和技术支持。

本书借鉴系统理论的分析方法，结合世界经济一体化及信息时代外界环境的发展，理论联系实际，阐述了物流系统规划与设计的基本方法，以期能够实现物流系统有效、低成本地为客户提供服务的目标。

自2011年《物流系统规划与设计》第2版出版发行以来，在几年的使用过程中，得到广大师生和业界的一致好评。通过五年各院校对本教材的使用、实践，针对使用过程中存在的问题，以及外界环境的发展对物流系统规划与设计提出的新的要求，作者对第2版的内容进行了补充、完善和修订，使本教材更能适应物流业对系统规划和设计理论的需求，并结合本科教学的目标和特点，使之更符合广大师生教学和学习的需求。

本教材相比第2版删除了物流管理专业前期相关专业课程中可能会涉及的基本概念和理论，避免了与其他课程的重复；增加了物流需求预测和物流节点的规划与设计的内容。本教材包括8章内容，第1章阐述了物流系统的概念、特点和结构等基本理论知识，并论述了物流系统规划与设计的目标、原则、步骤和常用工具；第2章介绍了物流系统战略规划的内容、方法、实施与控制等；第3~6章分别介绍了物流系统的客户服务系统、库存系统、运输系统和物流节点系统等子系统的规划与设计，每章分别介绍了各子系统规划的目标、方法；第7章详细介绍了物流组织的发展以及常见的物流组织形式；第8章主要介绍了物流系统的评价原则，并详细介绍了评价指标的建立和常见的系统评价方法。

本书由耿会君、董维忠共同编写。董维忠在本教材的基本框架和内容方法上提供了重要的思路和可借鉴的经验，耿会君负责教材基本框架的确定和最终的内容编写。

本书在写作过程中，直接或间接地参考了国内外大量的有关物流管理和系统工程的书籍、论文和网站上的相关资料，在此，我们一并深表感谢。

新的实践催生新的理论，物流系统规划与设计的方法也在不断发展和改进。由于时间仓促，加之编者水平有限，书中有不妥之处在所难免，恳请广大读者批评指正。

目 录

第1章 物流系统规划与设计概述 ··················· 1
学习目标 ··················· 1
1.1 系统 ··················· 1
1.2 物流系统 ··················· 3
1.3 物流系统规划与设计的目标及原则 ··················· 9
1.4 物流系统规划与设计的内容 ··················· 14
1.5 物流系统规划与设计的步骤 ··················· 17
1.6 物流系统规划与设计的方法 ··················· 20
复习思考题 ··················· 23

第2章 物流系统战略规划 ··················· 24
学习目标 ··················· 24
2.1 物流系统战略概述 ··················· 24
2.2 物流系统战略规划的步骤 ··················· 26
2.3 物流战略环境分析方法 ··················· 36
复习思考题 ··················· 43

第3章 客户服务系统的规划与设计 ··················· 44
学习目标 ··················· 44
3.1 客户服务的概念 ··················· 44
3.2 客户服务系统的建立方法 ··················· 47
3.3 客户服务政策的种类 ··················· 53
3.4 订单处理系统 ··················· 54
复习思考题 ··················· 59

第4章 库存系统的规划与设计 ··················· 60
学习目标 ··················· 60
4.1 库存与库存管理 ··················· 60

4.2	物流需求的预测	62
4.3	确定订货批量	73
4.4	不确定条件下的库存水平的确定	76
4.5	满足率与安全库存的规划	78
4.6	库存分配决策	78
4.7	库存管理控制决策	81
4.8	库存管理的改善	86
复习思考题		89

第5章 运输系统的规划与设计 91

学习目标		91
5.1	运输系统概述	91
5.2	运输网络的规划与设计	98
5.3	送货规划与管理	101
5.4	多式联运规划设计	112
复习思考题		120

第6章 物流节点的规划与设计 121

学习目标		121
6.1	物流节点的概念与类型	121
6.2	物流节点规划与设计的内容	124
6.3	物权的决策	125
6.4	仓库数量和规模的决策	129
6.5	物流系统节点选址的决策	130
6.6	物流节点设施布局规划	136
复习思考题		148

第7章 物流组织的规划与设计 149

学习目标		149
7.1	物流组织的概念与发展过程	149
7.2	物流组织形式	155
7.3	物流组织设计的影响因素	157
7.4	物流组织的设计要求与管理框架	158
7.5	物流组织的设计	161
7.6	物流管理信息系统	162
复习思考题		165

第8章　物流系统的评价与控制 ……………………………………………………………… 166
　学习目标 …………………………………………………………………………………… 166
　8.1　物流系统的综合评价 …………………………………………………………………… 166
　8.2　物流系统的管理控制 …………………………………………………………………… 176
　复习思考题 ………………………………………………………………………………… 185

参考文献 ……………………………………………………………………………………… 186

第1章 物流系统规划与设计概述

> **学习目标**
> 1. 理解系统的概念及特征。
> 2. 理解物流系统的概念及特点。
> 3. 掌握物流系统的构成要素及结构。
> 4. 理解物流系统规划与设计的目标。
> 5. 掌握物流系统规划与设计的内容。
> 6. 掌握物流系统规划与设计的步骤及工作内容。
> 7. 理解物流系统规划与设计的基本方法。

1.1 系统

1.1.1 系统的概念

追根溯源,近代比较完整地提出"系统"一词概念的是亨德森,后来发展为贝塔朗菲的"一般系统论"。1948 年,诺伯特·维纳创立了"控制论"。美国经济学家肯尼思·博尔楔又尝试把控制论与信息论结合起来,并于 1956 年发表了题为《一般系统论:一种科学的框架》的文章。1968 年,贝塔朗菲在出版的《一般系统理论的基础、发展和应用》一书中,更加全面地阐述了动态开放系统的理论,该书被公认为一般系统论的经典著作。

一般系统论认为,系统是由相互联系、相互作用的若干要素结合而成的,具有特定功能的有机整体。系统不断地同外界进行物质和能量的交换,而维持一种稳定的状态。可以从以下几个方面理解系统的概念。

1. 系统是由若干要素(部分)组成的

这些要素可能是一些个体、元件、零件,也可能其本身就是一个系统(或称为子系统)。如运输、仓储、装卸搬运、包装等构成了物流系统。

2. 系统有一定的结构

一个系统是其构成要素的集合,这些要素之间相互联系、相互制约。一般而言,系统内部各要素之间相对稳定的联系方式、组织秩序及时空关系的内在表现形式,就是系统的结构。

例如，钟表是由齿轮、发条、指针等零部件按一定的方式装配而成，但一堆齿轮、发条、指针随意放在一起却不能构成钟表；人体由各个器官组成，但各个器官简单拼凑在一起并不能成为一个有行为能力的人。

3．系统有一定的功能，或者说系统有一定的目的性

系统的功能是指系统在与外部环境相互联系和相互作用中表现出来的性质、能力和功能。例如，信息系统的功能是进行信息的收集、传递、储存、加工、维护和使用，辅助决策者进行决策，有助于企业实现目标。

结构和功能是任何一个系统都存在的两种属性，物流系统的结构和功能既相互联系又相互影响，结构决定功能，功能是结构的外在表现形式，改变结构就是改变功能。

1.1.2 系统的特征

1．整体性

一个系统至少要由两个或多个能够相互区别的要素组成，是这些要素的集合。作为集合的整体，系统的功能要比所有子系统的功能的总和还大。

2．相关性

相关性是指系统的各要素存在一定的内在联系，并且相互作用。这里的联系包括结构联系、功能联系、因果联系等。这些联系决定了整个系统的运行机制，分析这些联系是构筑一个系统的基础。

3．目的性

系统的各个要素集合在一起是存在预期目标即目的的。通常表现为系统所要实现的各项功能。系统目的或功能决定着系统各要素的组成和结构。

4．环境适应性

系统在环境中运转。环境是一种更高层次的系统。系统与环境是相互依存、相互交流、相互影响的，它们两者之间进行物质、能量或信息的交换。系统必须适应外部环境的变化。

1.1.3 系统的基本模式

系统是相对于外部环境而言的，外部环境向系统提供劳力、手段、资源、能量、信息等，称为"输入"。然后，系统应用自身所具有的功能，对输入的元素进行转化处理，形成有用产品，再"输出"到外部环境供其使用。输入、处理、输出是构成系统的三要素。另外，由于外部环境的影响，系统的输出结果可能偏离其预期目标，所以系统还具有将输出结果的信息反馈给输入的功能。系统的一般模式如图 1-1 所示。

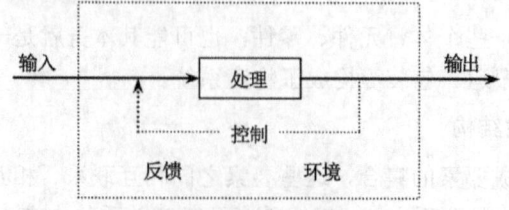

图 1-1 系统的一般模式

按照系统的一般模式，一个完整的系统通常是由输入部分、输出部分、转换过程（将系统的输入转换成输出）、处理、控制和反馈等环节构成的。系统的有效运行是以各个环节各自的顺畅、高效运作，以及相互之间的高度协同效果为前提的。在系统运行过程中，或当系统循环周期结束时，会有外界信息反馈回来，为原系统的完善提供改进信息，使下一次系统运行得到有效改进。如此循环往复，便可实现系统有序的良性循环。

1.2 物流系统

1.2.1 物流系统的概念

物流系统是指在一定的空间和时间里，物流活动所需的机械、设备、工具、设施、线路等物质资料要素之间相互联系、相互制约的有机整体。由物流各要素所组成，要素之间存在有机联系并具有使物流总体合理化功能的综合体。物流系统是社会经济大系统中的一个子系统或一个组成部分。

物流系统和其他系统一样，具有输入、处理、输出、控制和反馈五大功能，通过输入和输出使系统与社会环境进行交换，使系统和环境相依而存，而处理则是这个系统中一个带有特点的系统功能。另外，物流系统还具有信息反馈功能，并通过相关调控机构进行调控，以期取得预期的目标。因此，可以说，物流系统是"为有效地达到某种目的的一种机制"，也就是为了达成某一目的，把人力、物力、资金、信息等资源作为指令输入并使其产生某种结果的功能。

物流系统是人参与决策的人工系统，人是系统结构中的主体，直接或间接地影响整个系统或子系统的形成。物流系统的基本模式如图1-2所示。

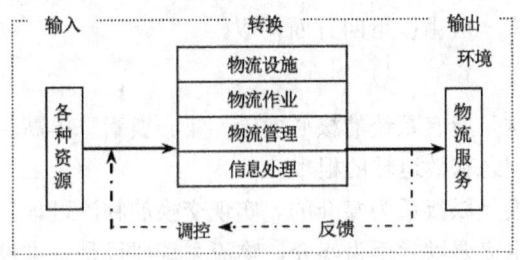

图1-2 物流系统的基本模式

1.2.2 物流系统的特点

物流系统除具有一般系统所共有的特点外，还具有以下几个基本特点。

1. 物流系统是一个"人机系统"

物流系统是由人和形成劳动手段的设备、工具所组成。在物流活动中，人是系统的主体。因此，在研究物流系统各个方面的问题时，应把人和物有机地结合起来，作为不可分割的整体加以考察和分析，且始终应把如何发挥人的主观能动作用放在首位。

2. 物流系统是一个大跨度系统

物流系统的大跨度体现在：地域跨度大，通常情况下会跨越地区界限；时间跨度性大，有些商品在产需时间上存在很大的差异。

3. 物流系统是一个可分系统

作为物流系统无论其规模多么庞大，都可以分解成若干个相互联系的子系统。这些子系统的多少和层次的阶数，是随着人们对物流的认识和研究的深入而不断扩充的。系统与子系统之间、子系统与子系统之间，存在着时间和空间上及资源利用方面的相互联系；也存在总的目标、总的费用及总的运行结果等方面的相互联系。

4. 物流系统是一个动态系统

由于物流系统一端连接着生产者，另一端连接着消费者，因而系统内的各个功能要素和系统的运行会随着市场需求、供应渠道和价格变化而经常发生变化，这就增加了系统优化和可靠运行的难度。物流系统是一个具有满足社会需要、适应环境能力的动态系统，经常变化的社会环境，使人们必须对物流系统的各组成部分不断地进行修改、完善，这就要求物流系统具有足够的灵活性与可改变性。

5. 物流系统是一个多目标函数系统

物流系统的多目标常常表现出"效益背反"现象。"效益背反"是指物流系统的各要素之间存在目标不一致的地方，例如，对物流时间，希望最短；对服务质量，希望最好；对物流成本，希望最低等，物流系统恰恰在这些矛盾中运行。要想达到其中一个目标，必然造成另一目标的损失，在处理时稍有不慎，就会出现总体恶化的结果。可见，要使物流系统在各方面满足人们的要求，显然要建立物流多目标函数，并在多目标中求得物流的最佳效果。

1.2.3 物流系统的构成要素

物流系统的基本要素一般由以下四方面构成。

1. 一般要素

（1）劳动者要素。这是所有系统的核心要素、第一要素。提高劳动者的素质，是建立一个合理化的物流系统并使之有效运转的根本。

（2）资金要素。交换是以货币为媒介的。实现交换的物流过程，实际上也是资金运动过程。同时物流服务本身也需要以货币为媒介，物流系统建设是资本投入的一大领域，如果离开资金这一要素，物流就不可能实现。

（3）物的要素。物的要素包括物流系统的劳动对象，即各种实物，缺此，物流系统便成了无本之木；物的要素还包括劳动工具、劳动手段，如各种物流设施、工具，各种消耗材料（燃料、保护材料）等。

2. 物质基础要素

物流系统的建立和运行，需要有大量的技术装备手段，这些装备手段就是物流系统的物质基础要素。物流系统的物质基础要素决定了物流系统的水平，其结构和配置决定着物流合理化及物流效率。物质基础要素主要有以下几类。

（1）物流基础设施。包括货站、货场、仓库、公路、铁路、港口等。

（2）物流装备。包括仓库货架、进出库设备、加工设备、运输设备、装卸机械等。

（3）物流工具。包括包装工具、维护保养工具、办公设备等。

（4）信息技术。包括通信设备及线路、传真设备、计算机及网络设备等。

3. 功能要素

物流系统的功能要素是物流系统所具有的基本能力，如运输、储存、包装、装卸搬运、流通加工、配送、信息处理等。这些基本能力有效地组合在一起，成了物流的总功能，能合理、有效地实现物流系统的总目的。功能要素主要有以下几类。

（1）包装功能要素。包括产品的出厂包装，生产过程中在制品、半成品的包装及在物流过程中换装、分装、再包装等活动，对包装活动的管理，根据物流方式和销售要求来确定。

（2）装卸搬运功能要素。包括对输送、保管、包装、加工等物流活动进行的衔接活动，以及在保管等活动中为进行检验、维护、保养所进行的装卸活动。伴随装卸活动的小搬运，一般也包括在这一活动中。

（3）运输功能要素。包括供应及销售物流中的车、船、飞机等方式的运输，生产物流中的管道、传送带等方式的运输。对运输活动的管理，一般要求选择技术经济效果最好的运输方式及联运方式，合理确定运输路线，以实现安全、迅速、准时、价廉的要求。

（4）储存功能要素。包括堆存、保管、保养、维护等活动。正确确定库存数量，明确仓库以流通为主还是以储备为主，合理确定制度和流程，提高效率，降低损耗，加速周转。

（5）流通加工功能要素。这是在物流过程中进行的辅助加工活动，是为满足客户的需求，按照客户的要求进行的加工活动。

（6）配送功能要素。配送集经营、服务、社会集中库存、分拣、装卸搬运于一身，是物流系统重要的功能要素。

（7）信息处理功能要素。进行与上述物流活动有关的计划、预测、动态（运量、收、发、存数）的信息，要求正确地选择信息，做好信息的收集、汇总、统计与使用，并保证信息的可靠性和及时性。

4. 支撑要素

物流系统的建立需要有许多支撑手段，以确定物流系统的地位，协调与其他系统之间的关系。支撑要素主要包括以下几方面。

（1）体制、制度。物流系统的体制、制度决定物流系统的结构、组织、管理方式，是物流系统的重要保障。有了体制和制度的支撑，物流系统才能有一个健康稳定发展的软环境。

（2）法律、规章。物流系统的运行必定会涉及企业和消费者的权益问题，通过法律和规章能够限制和规范物流系统活动，使之与更高一层的系统协调。另外法律和规章还能对物流系统的运行给予保障，如物流合同的执行、权益的划分、责任的确定等。

（3）组织及管理。物流系统的管理是指企业通过物流组织，根据物流的规律，应用管理的基本原理和科学方法，对物流活动进行计划、组织、指挥、协调、控制和监督，使各项物流活动实现最佳的协调和配合，以降低物流成本，提高物流效率和效益。因此物流组织与管理起着连接调运、协调、指挥各要素的作用，以保障物流系统目的的实现。

（4）标准化。物流系统从生产厂原料供应、生产，然后由出厂产品到消费者手中，直至回收，是一个综合的大系统，分工越来越细，社会化、一体化要求越来越高。因此，要使整个物流系统形成一个统一的有机整体，从技术和管理的角度来看，物流标准化起着纽带作用，只有制定了各种物流标准并严格执行，才能实现整个物流大系统的高度协调统一，各项工作有条不紊地进行。标准化是保证物流环节协调运行，保证物流系统与其他系统在技术上实现联结的重要支撑条件。

1.2.4 物流系统的结构

物流系统的要素在时间和空间上的排列顺序构成了物流系统的结构。一般情况下，要素是凌乱无序的，只有通过物流系统目标的调整，这些要素才能按照一定的规则组织起来，形成一个物流系统的整体，共同完成物流系统的目标。

1. 物流系统的网络结构

物流节点和线路结合在一起，构成了物流的网络结构。节点与线路的相互关系和配置形成物流系统的比例关系，这种比例关系就是物流系统的结构。

物流网络结构即每一节点设施需要多少数量、其地理位置，以及各自承担的工作，节点之间的链接渠道等。

根据物流网络的复杂程度，物流系统的网络结构通常可以分成点状结构、线状结构、圈状结构、树状结构和网状结构。[①]

（1）点状结构。本结构是由孤立的点构成的物流网络。这种结构是一种极端的封闭系统，如图 1-3 所示。点状结构在现实中存在的并不多见，一般为废弃的仓库、站台等。

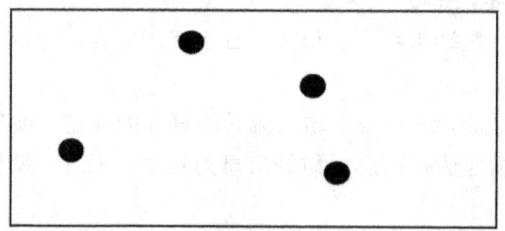

图 1-3 物流系统点状结构

（2）线状结构。线状结构是由点和连接这些点的线组成的，在此结构中，两个点之间只有一条线，并且线没有连成圈的结构，如图 1-4 所示。

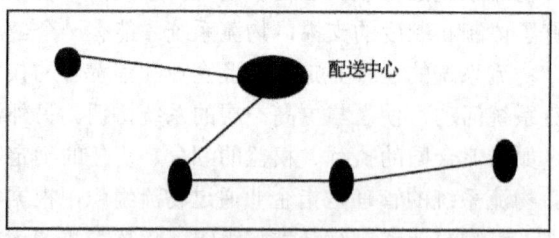

图 1-4 物流系统线状结构

（3）圈状结构。物流系统的圈状结构由至少包含一个连接成圈的线组成的物流网络，但是至少还有一个点没有包含在圈中，如图 1-5 所示。

---

① 何明珂. 物流系统论[M]. 北京：高等教育出版社，2004.

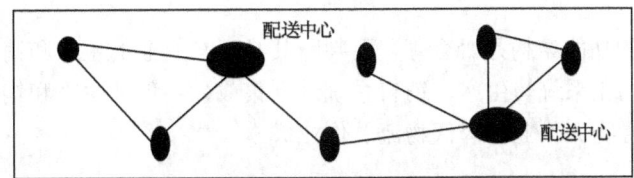

图 1-5 物流系统圈状结构

（4）树状结构。在物流系统的网络中没有圈但是能够相互连通的结构称为树状结构，如图 1-6 所示。

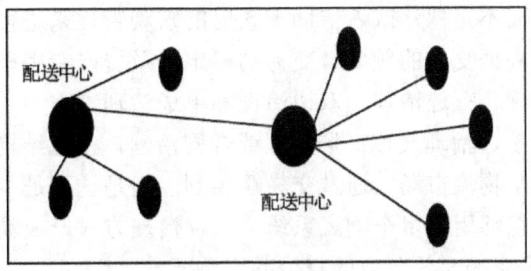

图 1-6 物流系统树状结构

（5）网状结构。由点与点相连的线组成的网络即物流系统的网状结构，如图 1-7 所示。在此结构中，任何两点都可以通过线路连接在一起。这种网络对于点与点之间的物流特别方便，但是线路利用率低，容易造成浪费，导致物流效率低下。

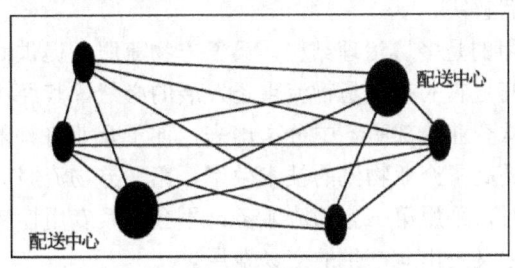

图 1-7 物流系统网状结构

2．物流系统的功能结构

不同的物流系统需要进行的物流作业互不相同，物流系统的功能结构是物流系统的运输、储存、装卸、包装、流通加工、配送、信息处理等基本功能的有机组合和排列，其结构取决于企业的生产和流通模式。例如，DELL 的直销模式省略了大量的中间仓库和以仓库为基础进行的各种物流作业，而以中间商为基础进行生产和销售的传统模式，由于环节的增加，导致了中间物流作业的增加，物流效率受到影响。

直销的物流系统比较简单，但是对时间的要求更高，因为没有中间库存可以缓冲，承诺的送达期限是必须遵守的，否则就会对用户利益和公司利益造成损害。因此，直销模式的运输功能最重要。可通过路线规划、货物组配等物流管理作业提高运输集约程度，进而降低运输成本。经过中间商的物流系统功能就复杂得多，在渠道中间进行环节转换时需要进行运输、存储、包装、装卸搬运、物流信息处理等作业，在最后一个环节可能还要进行流通加工作业等。

因此物流系统的功能结构是否合理，要判断其是否与企业的生产和销售系统降低了多少成本有关。应当将物流系统与生产、销售系统进行集成，在保证生产和销售目标实现的前提下，尽量较少地进行物流作业，降低物流总作业成本。

3. 物流系统的治理结构

物流系统的治理结构是指物流系统资源配置的管理和控制的机制与方法。物流系统的资源在区域、行业、部门、企业之间的初始配置状态是历史形成的，如何才能将这种产权分散的物流资源集成并能够为众多物流系统服务呢？如何能够在达到这些目标的同时，使物流资源的集成长期进行，而不是偶尔或者借助于政府的宏观管理来进行呢？这就需要考虑物流系统的治理结构问题。根据交易的频率、交易的稳定性及资产专用程度，可以将物流系统的治理结构划分为多边治理、三边治理、双边治理和单边治理。

（1）多边治理。多边治理又称市场治理或合同治理，在此结构中，任何一方物流系统需要的所有资源都能够从物流市场上通过交易购买到，但是这不是专门为某一个物流系统定制的专用性资源，而是能够用于多个物流系统。这种治理方式一般具有以下基本特征。

1) 参与物流市场资源交易各方的身份并不重要。

2) 交易各方通过合同确立交易关系，合同的内容已被仔细规定。合同可以是书面合同也可以是口头等非正式合同。

3) 关于违约或损失的赔偿有严格规定。

4) 合同一旦出现纠纷，可以引进第三方机制，即法律解决。但是不提倡采用此种方式解决，最好合同双方协调解决。

第三方物流多数采用的是多边治理结构。第三方物流服务提供商是在发达物流市场上专门提供物流服务的供应商，它的存在是物流市场发展的必然，其经济学意义在于它将物流服务作为一项专门的服务从企业内部事务中分离出来，便于企业将有限的资产集中于核心业务中。因此，第三方物流提高了企业物流的技术效率，第三方物流服务供应商提供的物流服务成本应该是最低的。同时，采用第三方物流服务，不会涉及专用性物流资产配置问题，从而避免了合作各方的机会主义及由此产生的交易费用。

（2）三边治理。三边治理是通过物流资源的需求方、供给方和第三方（法律）来共同治理的模式。该模式适用于下列物流资源交易：一是偶尔进行的，如满载货物的卡车在长途运输中抛锚，需要一次性租用当地的装卸设备和人员；二是交易的物流资源是高度专用化的，如专门为麦当劳提供沙拉酱、圆白菜、黄瓜等新鲜食品原料的配送中心。专用性投资是双方的，提供物流服务的一方必须投资购买车辆、建设仓库，有的还要专门建设配送中心，需要物流服务的一方则为对方提供企业的经营数据和其他相关资源，这些资源是不对社会公开的，双方都要安排"大客户管理"人员对合作项目进行协调和管理等。

例如，IBM公司在深圳福田保税区寻找配送合作伙伴时，仅需求说明书就是厚厚的一本，对于专用性仓库、车辆、人员等条件也一一严格审查，最后确定了深圳海福公司作为合作伙伴。当确定了合作伙伴后，便开始投入人力、物力来发展和培养这种合作关系，帮助合作伙伴开展配送业务，且轻易不会更换合作伙伴。

（3）双边治理。双边治理是通过物流资源买卖双方共同治理的模式。双边治理结构适用的几个条件如下。

1）交易应该是重复发生的，不是一次性的、偶尔发生的。进行专门投资也能够收回成本，这就为专门对这项交易进行商业性投资提供了经济规模基础。

2）交易需要的资产必须是高度专用的，至少其中的核心投资部分是专用的。

3）交易是非标准化的，交易面对的是对于交易标的、交易价格、交易条件等的判断，还没有市场标准可以遵循，需要合作各方有战略上的合作意愿和默契，因而，交易各方之间要有紧密的"关系"，这种"关系"显然不会存在于市场上的一般交易者之间。

（4）单边治理。单边治理又称一体化治理，或垂直一体化治理。该治理结构是将外部治理变成内部治理，将企业外部供给变成企业内部的行为。该治理结构的适用需要具备以下几个条件。

1）交易高度专用化，投资于这种交易的物流资源（人力和实物）转移到其他用途上的价值趋近于零。

2）此项交易与企业的核心业务具有强相关性。

3）交易本身具备一定规模，使得投资人可以获得该项投资的规模效益，因此，外部供应商非常愿意进行此项投资。但是，与外部投资者相比，企业自身进行投资将减少关系培养和维持成本，避免外部交易带来的风险。所以，企业进行垂直一体化的总收益最大。

1.3 物流系统规划与设计的目标及原则

1.3.1 物流系统规划与设计的目标

物流系统设计是对订单处理、库存、运输等一系列集约化、网络化的综合管理。物流系统的目标就是支持采购、生产和营销等运作的需求。因此，一个物流系统是一种综合的努力，其目的在于按最低的总成本创建顾客价值。物流的存在是要通过促进相关的采购作业、制造作业和营销作业来满足顾客需求。在某种战略层次上，物流经理应该寻求一条通过具有目前水平的作业能力，来达到以前取得一致意见的顾客服务质量的途径。这种挑战是要以达到业务目标的方式去平衡服务期望值和成本期望值。

物流系统规划设计的核心就是用系统的思想和方法对物流的各个功能进行整合，从而更好地实现物流系统发展的目标，实现以最小投入获得最大产出。因此，做好物流系统规划是保证物流系统健康、良性发展的前提条件。

可见，物流系统规划与设计的目标就是为服务收益、总成本最小化和创造物流价值。

1. 服务收益

物流系统规划设计能提供具有更高运行效率的配送服务，以确保用户需求。该战略虽然服务较好，但对降低成本不利，多是在某些特殊的商品，如价格极高，而体积和面积均很小的情况下，或是在开拓某些产品的市场空间时才加以采用。最大服务战略很难实施，一个意在提供最大服务的系统试图每 2~4 小时持续地发送商品，这样的系统将设计重点从成本转移到可用性和发送绩效上。对于最大服务每个设施的服务面积取决于所要求发送的能力，且受运输线路布局的影响。服务于同一个客户的最小成本和最大服务系统之间的总成本其变化可以说是相当大的。

基本的物流系统服务水平要从可得性、作业表现和服务可靠性这三个方面加以衡量。

（1）可得性。可得性意味着拥有存货，能始终满足顾客对材料或产品的需求。根据传统的范例，存货可得性越高，所需的存货投资就越大。虽然当前科学技术正在提供新的方法，使存货的高度可得性与高额的存货投资无关，但是因其具有重大的影响，所以存货可得性的开发仍然是至关重要的。

（2）作业表现。作业表现是处理从订货入库到交付的过程。作业表现涉及交付速度和交付一致性。绝大多数顾客都希望快速交付，然而，这种快速如果反复无常，则快速交付并无多大价值。当一个供应商答应第二天交付，但往往都迟到时，顾客便没有得到满足。因此，要实现顺利作业，厂商一般首先要寻求实现服务的一致性，然后再提高交付速度。

作业表现的另一个方面是故障。很少会有哪家厂商许诺在任何情况下都表现完美。故障是指可能发生的物流表现的失败，如产品损坏、分类不正确或单证不精确等。当这类故障发生时，厂商的表现可以从需要多少时间恢复来进行考察。作业表现关系到厂商如何处理顾客各方面的需求，包括每天都可能发生的服务失败。

（3）服务可靠性。服务可靠性是指物流的质量属性。就质量而言，关键是要正确及精确地衡量可得性和作业表现。只有通过全面的表现衡量，才有可能确定总的物流作业是否达到所期望的服务目标。要实现可靠的服务，就需要明确地制定并实施有效的库存可得性和作业表现的标准。

2. 总成本最小化

物流总成本是企业管理物流运作的重要指标，如何才能在企业利润最大化及满足一定的客户服务水平的前提下降低物流总成本是所有企业的一项经营目标。

普遍认同的一种物流成本计算方法为：企业物流总成本（Total Logistics Costs）= 运输成本（Transportation Cost）+ 存货持有成本（Inventory Carrying Cost）+ 物流行政管理成本（Logistics Administration Cost）。因此，优化部分物流成本会减少单项物流成本，但同时会造成物流总成本的增加。所以，企业必须把物流看作一个整体的系统，以减少物流总成本为目标来管理物流运作。

无论是企业物流还是物流企业，如何对自身物流资源进行优化配置，怎样实施管理和决策，以期用最小的成本取得最大的效益，都是其面临的最重要问题之一。物流被看作制造企业最后的也是最有希望降低成本、提高效益的环节。

3. 创造物流价值

物流系统要想成为企业的竞争优势，最关键的就是要具有把企业自身的运作与主要客户的预期、需求相统一的能力。这种对客户服务的承诺，从成本结构上来讲就是物流价值。

在进行物流系统规划和设计时，必须考虑物流服务成本的合理性，协调物流设施能力与企业采购、生产制造和市场营销要求之间的关系，以降低成本，获取最大的竞争优势，并且企业提供的服务必须与特定的用户的需求相关联。

在开发管理工具、协助对成本与服务之间进行权衡取舍方面，一个完善的物流系统运作策略中应该能够准确地估算出实现不同质量服务水平所需要的不同运作成本的构成。

1.3.2　物流系统规划与设计的影响因素

物流系统的规划设计是为了更好地配置系统中的各种物流要素，形成一定的物流生产能力,使之能以最低的总成本完成既定的目标。因此,在进行物流系统规划与设计时,有必要考察分析影响物流系统绩效的内在和外在因素,只有这样,才能做出合理的物流规划与设计方案。一般来说,影响物流系统规划与设计的因素主要有以下几个方面。

1. 物流服务需求

物流服务项目是在物流系统规划与设计的基础上进行的。物流服务需求包括服务水平、服务地点、服务时间、产品特征等多项因素,这些因素是物流系统规划与设计的基础依据。由于物流市场和竞争对手都在不断地发生变化,为了适应变化的环境,必须不断地改进物流服务条件,以寻求最有利的物流系统支持市场发展前景良好的物流服务项目。

2. 行业竞争力

为了成为有效的市场参与者,应该对竞争对手的物流竞争力做详细分析,这样可以掌握行业基本服务水平,寻求自己的物流市场定位,从而发展自身的核心竞争力,构筑自身合理的物流系统。

3. 地区市场差异

物流系统中,物流设施结构直接同顾客的某些特征有关,地区人口密度、交通状况、经济发展水平等都影响着物流设施的规划与设计。

4. 物流技术发展

信息和网络技术等对物流发展具有革命性的影响,及时、快速、准确的信息交换不但可以随时掌握物流动态,还可以用来改进物流系统的实时管理控制及决策,为实现物流作业一体化、提高物流效率奠定基础。

5. 流通渠道结构

流通渠道结构是由买卖产品的关系组成的。一个企业必须在渠道结构中建立企业间的商务关系,而物流活动是伴随着一定的商务关系而产生的。因此,为了更好地支持商务活动,物流系统的构筑必须考虑流通渠道的结构。

6. 经济发展

经济发展水平、居民消费水平、产业结构直接影响着物流服务需求的内容、数量和质量,而集货、运输、配载、配送、中转、保管、倒装、装卸、包装、流通加工和信息服务等则构成了现代物流活动的主要内容。为此,物流系统应适应物流服务需求的变化,不断拓展其功能,以满足经济发展的需要。

7. 法规、政策、工业标准等

运输法规、税收政策、行业标准等都将影响物流系统的规划与设计。

1.3.3 物流系统规划与设计的原则

物流系统规划与设计必须以物流系统整体的目标为中心。物流系统整体的目标是使人力、物力、财力和人流、物流、信息流得到最合理、最经济、最有效地配置和安排,既要确保物流系统的各方面参与主体功能,又要以最小的投入获取最大的效益。

1. 系统性原则

系统性原则是指在物流系统规划与设计时，必须综合考虑、系统分析所有会对规划产生影响的因素，以获得优化方案。首先，从宏观上看，物流系统在整个社会经济系统中不是独立存在的，它是社会经济系统中的一个子系统，物流系统与其他社会经济子系统不但存在相互融合、相互促进的关系，而且还存在相互制约、相互矛盾的关系。因此，在对物流系统进行规划与设计时，必须把各种影响因素考虑进来，达成整个社会经济系统的整体最优。

其次，物流系统本身又由若干子系统，如运输系统、存储系统、信息系统等构成，这些物流子系统之间不仅相互促进，而且相互制约，即存在着大量的"背反"现象，例如各要素之间的冲突。物流系统要素主要存在目标、产权、运作等冲突。

（1）要素目标冲突。从运输的角度来看，为了达到降低运输费用的目的，以下一些方法在企业运输组织过程中可能是比较流行的。

1）在制订运输方案时，尽量采用整车发运来节约运费。

2）强调采用铁路发运来降低运费。

3）按照铁路运价中"递远递减"的原则，在长途运输中，对时效性要求不高的商品，常采用火车运输而不采用公路或者其他运输方式，以便节约运费。

但上述三种措施在达到降低运输费用的同时，都会导致收货人一次收货的数量增加，并且收货的间隔期延长、在途运输时间延长，进而导致收货企业库存水平提高，货主的在途库存增加，其结果就是收货企业的库存成本增加。

由此可见，企业的运输目标（从降低运输成本角度考虑）与企业的储存目标（从降低储存成本角度考虑）是冲突的。但运输和储存是企业物流系统整体的两个最基本部分，运输和储存的冲突是运输要素与储存要素的一种联系，在物流系统还没有形成的时候，各自都在追求着各自的目标，显然，这种目标是无法简单地达到的，必须在建立物流系统时通过系统集成来调和。

在费用目标上，物流系统中像这样的目标冲突在其他要素之间还有很多，这里就不再一一赘述。

（2）要素产权冲突。一条供应链上的物流系统不可能由一个企业建立，即一条供应链上的物流系统是由不同产权组织共同完成的。不管有多少个企业参与其中，供应链上的物流系统都有比较明晰的边界，一体化的物流系统总是希望有与这个系统边界一致的产权边界，但这是不可能实现的事情，于是，要素产权冲突就产生了。

从物流系统物的要素来看，如果考虑一个产品，从生产这种产品的原材料开始，到生产物流、销售物流、回收与废弃物物流等各个环节，从原材料供应地连续分布直到广袤的销售市场上的那些属于公共设施性质的基础设施，无论在发达国家还是发展中国家，大多是由国家、集体和个人共同投资兴建的，其产权状况十分复杂，而物流物质基础要素的产权状况对物流系统的建立和经营管理有着很大的影响。有人可能会说，物流系统的建立及运作与物流系统物质基础要素的产权状况无关，这种解释对在高度发达的自由市场经济国家建立物流系统是有效的。因为无论初始状况如何，载体的产权都可以在发达和完善的市场上交换，并且通过在市场上购买载体一段时间、一定区域内的使用权来集成物流载体系统，这已经成为一种普遍的行业惯例。在中国，就要克服这种载体产权的分散性与物流系统的统一性之间的矛盾，这是任何想建立、使用或者经营物流系统的单位或个人都无法回避的问题，但是物流基础要素的产权矛盾对于建立和经营物流系统的单位和个人来说更为重要。

（3）要素运作冲突。物流系统的各种要素都有各自的运作规律和标准，在还没有建立统一的物流运作规范和标准的情况下，要素之间在运作上均不能适应对方的业务特点和流程、标准、规范、制度、票据格式等而产生的矛盾普遍存在。

仅举托盘的例子来说明这一问题。如果商品在一个物流系统中都以托盘为基础来进行运输、储存等作业的话，不但可以减少装卸搬运次数，降低装卸搬运损失，减少中间作业量，而且还可提高作业效率，加快物流速度。但是，托盘是低值易耗品，物流系统的上游、中游和下游企业都使用自己公司的托盘，这些托盘可能在尺寸、材质、价格、使用寿命、质量、新旧程度、样式等方面存在差异，这样不同公司的托盘就不存在可比性，其直接后果是托盘不可流通，这就影响了托盘在物流中效益的发挥，且使用托盘还增加了中间作业成本。因此，很多企业干脆不用托盘，主导企业则强迫其他协作企业采用自己的托盘，这是一种推行物流托盘标准的方法，但这并不一定是最佳的方法。

总之，要素之间的冲突时刻都存在。企业建立物流系统的工作从某种意义上讲就是解决物流系统组成要素之间在方方面面存在的冲突的过程，因此企业必须首先认识到这些冲突，然后通过系统性的规划和设计找出解决这些冲突的办法。这就要求我们在进行物流系统规划与设计时在物流系统内部也要系统考虑，进而实现物流系统的要素之间的整合，具体包括要素之间目标的协调、统一要素之间的产权、构建无缝的要素运作接口。

（1）要素之间目标的协调。因为物流系统要素之间的目标是冲突的，为了使目标一致，必须进行相应调整。将运输要素和储存要素进行协调时，运输费用最小和储存费用最小应该统一描述为物流总成本最小。按照这个目标，可能运输成本不是最小，或者储存成本不是最小，但是，只要通过储存和运输这两个主要要素的运作最后能达到物流总成本最小的目标，那么就是最优方案了。

（2）统一要素之间的产权。要素的不同产权是永远也不可能消除的，比如，我们不能改变已经建成的京沪高速公路是由多个主体参与投资的状况，但是物流系统要求有统一的产权是不变的。作为一个物流系统，当然希望整个物流系统内部的所有要素的产权是统一的。

统一要素之间的产权并不是要将所有要素由一个产权主体拥有。关键是要使由不同主体拥有的所有要素都能按照物流系统的要求进行集成，也就是按照一定的标准将所有有产权差别的不同产权要素集成为一个没有产权差别的单一产权系统。

这里只能通过市场进行产权交换，使物流系统的集成商能够在一定的时间、一定的边界范围内将各种要素集成为一个完整的无差别的单一产权系统。

（3）构建无缝的要素运作接口。物流要素之间存在界面。这种界面往往成为要素之间合作的障碍。而将这些物流要素集成起来的时候，界面则必须打开，不同界面的要素系统必须实现无缝连接。物流系统实现无缝接口，其中信息至关重要。例如，在一家公司的物流系统中，发货信息以书面表格由司机送货时传递给零售商的配送中心，这样运输商和零售商的配送中心之间的信息系统的接口就需要改进。现在通行的方式是通过 EDI 或电子邮件等，由发货方事先将发货信息传送给收货方，由于信息系统平台的兼容性，收货方无须重新对这些信息进行录入、校对等，从而大大提高了物流运作的效率和准确性。由于有良好的信息接口，收货作业也可以快速进行。可见，物流信息系统接口的集成对于整个物流系统要素集成至关重要。

2. 可行性原则

可行性原则是指在物流系统规划与设计过程中必须使各规划要素满足既定的资源约束条件，即物流系统规划与设计必须要考虑现有的可支配资源情况，必须符合自身的实际情况，无论从技术上，还是从经济上都可以实现。为了保证可行性原则，在进行物流系统规划与设计时，要与总体的物流发展水平、社会经济的总体水平及经济规模相适应，既要体现前瞻性和发展性，又不能超越企业本身的整体承受能力，以保证物流系统规划与设计的实现。

3. 经济性原则

经济性原则是指在物流系统的功能和服务水平一定的前提下，追求成本最低，并以此实现系统自身利益的最大化。显然，经济性也是物流系统规划追求的一个重要目标，经济性原则具体体现在以下几个方面。

（1）物流系统的连续性。良好的系统规划设计和设施布局应该能保证各物流要素在整个物流系统运作过程中流动的顺畅性，消除无谓的停滞，以此来保证整个过程的连续性，避免浪费。

（2）柔性化。在进行系统规划设计时，要充分考虑各种因素的变化给系统带来的影响，这样有利于以后的扩充和调整。

（3）协同性。在进行物流系统规划与设计时，要考虑物流系统的兼容性，或者说是该物流系统对不同物流要素的适应程度。当各种不同的物流要素都能够在一个物流系统中运行时，表明该物流系统的协同性好，能够发挥协同效应、降低整体物流成本。

（4）资源的高利用率。物流系统的主体投资在于基础设施与设备，属于固定资产范畴，也就是说不管资源的利用率如何，固定成本是不变的。因此，提高资源的利用率就可以降低物流成本。

4. 社会效益原则

社会效益原则是指物流系统规划与设计应该考虑环境污染、可持续发展、社会资源节约等因素。一个好的物流系统不仅在经济上是优秀的，在社会效益方面也应该是杰出的。物流的社会效益原则越来越受到政府和企业的重视，目前，中国倡导的循环经济中，绿色物流是其中的重要组成部分。另外，政府在法律法规上将会对物流系统的社会效益问题做出引导和规定，例如，要求生产某些电子产品的厂家回收废旧产品，这就是一个逆向物流的问题。

1.4 物流系统规划与设计的内容

从物流系统的地位来看，可将物流系统规划与设计分为物流战略层、策略层（战术层）和运作层的规划与设计；从规划所涉及的行政级别和地理范围看，又可将物流系统规划与设计分为国家级物流系统规划与设计、区域物流系统规划与设计、行业物流系统规划与设计、企业物流系统规划与设计等。本教材主要讨论企业物流系统的规划与设计。

在企业物流系统中，物流系统的活动一般主要包括客户服务、库存计划、运输及仓储四个部分。物流系统规划与设计的战略层是确定以上四个部分的战略。物流系统规划与设计的策略层和运作层是在以上四个部分战略确定的基础上对物流活动进行统一管理，通过物流流程的设计和一定的方法并以物流组织与物流管理信息系统为基础，完成物流系统的运作，通过衡量来实现对物流系统的评价和控制，进而保证物流目标的实现。物流系统规划与设计的内容如图1-8所示。

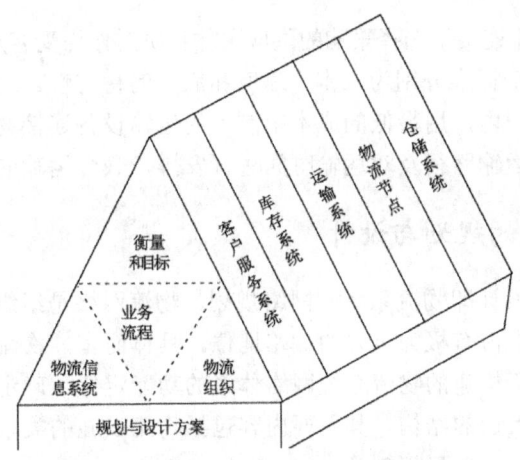

图 1-8 物流系统规划与设计的内容

1.4.1 客户服务系统的规划与设计

客户服务是一种以客户为导向的价值观，是整合及管理在预先设定的最优化成本—服务组合中的客户界面的所有要素。客户服务是一切物流活动的最终目标。

对于物流系统而言，客户是物流的最终目的地。客户可以是消费者的家、零售店、批发商、生产厂商和配送中心等，在某些情况下，客户也可以是对交送产品或服务拥有所有权的企业或个人，还可以是在供应链中同一企业内的不同组织，或是在同一供应链下的位于不同地区的商业伙伴。但无论什么类型的客户，接受服务的客户都是制定物流运作要求的中心和驱动因素。因此，在制定物流战略时，很关键的一点就是企业要充分认识到物流系统必须满足客户的需求，即在合适的地点、合适的时间，以合适的方式、合适的价格，将合适的产品、服务或信息送达客户方。

这部分的主要任务是确定物流服务标准，并围绕已制定的服务标准，设计有效的监测指标体系，按照客户的需求，制定等级服务标准，扩展服务范畴。在此基础上，需要建立职责明确、科学规范的服务质量考核体系，对服务过程进行绩效测定，使企业能够据此改善客户服务，以其特色鲜明的服务理念给客户提供全面、迅捷、亲切的服务，为加强企业管理积累信息资料及管理经验。

1.4.2 库存系统的规划与设计

在物流系统中，必须维持产品的充足供应，以满足客户和制造商两方面的需求。因此，库存控制是非常关键的。库存不仅会消耗物理空间、人力资源的时间和资产，还占用了资金。因此，企业的库存战略是在满足客户服务目标的基础上，确定和维持可能的最小库存水平。

这部分的规划与设计主要是在衡量库存水平与服务水平的基础上，确定合适的库存水平，确定订货周期、订货点等内容，以及库存的分布情况，从而制定相应的库存管理和控制的方法。

1.4.3 运输系统的规划与设计

物流过程的一个主要组成部分是产品从原产地到消费地的移动或流动，以及可能发生的产品退货。在实体上，运输连接了选择采购的供应主体和决定作为受客户服务政策制约的客户。

衡量运输系统的三个标准分别为成本、速度和服务的稳定性。运输系统的目标是在客户服务政策决定的反应时间内，用最低的成本限制下的运输设备连接物流系统的网络结构，包括选择运输方式、选择运输路径及对运输时间进行安排，联合运输的安排及管理等内容。

1.4.4 物流节点的规划与设计

物流节点的规划与设计即物流系统的网络规划。物流网络是组织物流活动的基础条件，其规划设计在物流系统中占有极为重要的战略地位。具体而言，物流网络规划需要根据物流运作的实际要求，明确所构建的物流系统网络体系的功能定位，确定产品从原材料起点到市场需求终点的整个流通渠道的结构。其主要内容包括物流设施的类型、数量、层次与位置的确定、物流体系网络功能与布局规划。

1.4.5 仓储系统的规划与设计

仓储是每个物流系统不可缺少的组成部分，它是生产者与客户之间的一个主要的联系纽带，在原产地、消费地，或者两者之间存储物品，并且向管理者提供有关存储物品的状态、条件和处理情况等信息。这部分的主要内容包括仓库物权的确定、仓库内部对货物处理流程的确定、仓库的面积、内部布局等决策的制定方法。

1.4.6 物流业务流程

物流业务流程描述了企业如何开展物流业务，是企业物流运作实施人员开展业务并相互配合的指南。企业物流运营管理需要有明确的业务流程及相关标准，物流业务流程规划要解决的就是这个问题。业务流程规划要建立、理顺企业主要的物流业务流程，在允许的条件下，还要通过借助信息技术、计算机仿真技术模拟业务处理，从而检测可能存在的问题，便于进一步完善和优化业务流程。

1.4.7 物流组织

多数物流项目的实际结果与预订目标相差甚远，主要原因在于物流组织不力。随着信息时代经济环境步伐的加快，传统物流组织已经不能适应新的发展需求，在物流流程再造、设施重置、物流项目外包及运输网络再规划等方面，金字塔式的组织很难再适应现代物流系统活动的管理需求。

在物流系统的规划中，除了优化设计、控制和评价外，组织的环境适应性、持续改进、员工自治和目标的统一已成为管理人员普遍关心的问题。有效的和有效率的物流组织是物流系统管理中极其重要的因素。企业面临的问题和挑战主要不在于战略决策的制定，而在于系统、结构、任务、人力、公司、文化等层面的问题。上述因素组合在一起即物流系统的组织结构。本部分涉及的主要是企业如何建立有效的物流组织，包括战略与作业运作、集权与分权、职能结构等内容。

1.4.8 物流管理信息系统的规划与设计

物流信息系统是指由人员、设备和程序组成的，为物流管理者执行计划、实施、控制等职能提供信息的交互系统，与物流作业系统一样都是物流系统的子系统。

物流信息系统是建立在物流信息的基础上，只有具备了大量的物流信息，物流信息系统才能真正发挥作用。在物流管理中，要寻找最经济、最有效的方法来克服生产和消费之间的时间距离和空间距离，就必须传递和处理各种与物流相关的信息，即物流信息。它与物流过程中的订货、收货、库存管理、发货、配送及回收等职能有机地联系在一起，从而使整个物流活动能够顺利进行。

在企业生产经营的整个活动中，物流信息系统与各种物流作业活动密切相关，具有有效管理物流作业系统的职能。它起到两个主要作用：一是随时把握商品流动所带来的商品量的变化；二是提高各种有关物流业务的作业效率。

物流信息系统的规划与设计从调查用户的需求和确定满足这些需求的绩效标准开始，开发能够将用户的需求与公司目前的能力相匹配的物流信息系统，并且必须调查目前的运行情况，找出需要监控的领域。通过此部分的规划与设计，企业能够确定需要哪些战略决策和运营决策，以及决策需要什么样的信息与通过什么形式来展现给系统用户。

1.5 物流系统规划与设计的步骤

满足一定服务目标的物流系统由若干子系统组成，物流系统设计包含了众多可能的选择，从物流网络构筑到仓库内部布局等，需要对每一个子系统或环节进行规划与设计。每一个子系统的设计需要与其他子系统和整个物流系统相互协调、相互平衡。因此，首先需要形成一个总框架，在总框架的基础上采用系统分析的方法，对整个系统的各个部分进行统筹规划与设计。

物流系统规划与设计的过程大致可分为五个阶段，如图 1-9 所示。

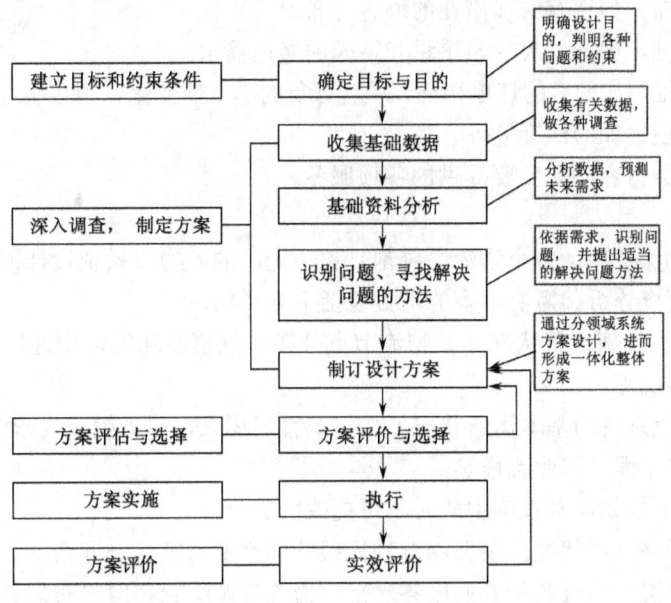

图 1-9　物流系统规划与设计的步骤

1.5.1 建立目标和约束条件

在整个物流系统设计的过程中，最重要的是确定物流系统设计的目的和目标。目标定位直接决定着物流系统的组成部分。

例如，对企业物流系统设计来说，解决系统内部目标不一致问题的依据需要考虑以下几个因素：资源可得性、物流系统规模、物流系统各组成部分的相对重要性、系统费用、系统整合程度。最好的方法当然是考虑整个系统，然而在某些条件下，系统输入条件的改变和系统的每个部分联系不大、时间有限及物流系统太大等都不能作为整个系统来解决，那么一个比较实际的方法是分步考虑问题，设计独立部分，最后再将其结合起来。

另外，由于物流系统庞大而繁杂，各子系统之间相互影响和相互制约也十分明显，且系统受外部条件的限制也很多。因此，在物流系统设计时就需要判明各种问题和约束，特别是那些暂时无法改变的系统制约因素。

1.5.2 深入调查，制订设计方案

1. 收集基础数据

在物流系统规划与设计中，最基础的工作就是进行大量的相关基础数据的调查和收集，作为系统设计的参考依据。一个物流系统设计方案的有效性依赖于调查而获得的基础数据的准确程度和全面程度。调查的内容主要根据设计目标、调查对象来确定。一般物流系统设计需要调查的基础数据包括以下几个方面。

（1）物流服务需求。物流服务需求既是物流系统产生的动因，又是构建物流系统的基础依据，有什么样的物流服务需求，就需要有相应的物流系统与之相对应。物流服务需求具体包括以下几项。

1）服务水平，如缺货率、送货时间、服务费用等。

2）客户分布，如现有的和潜在的顾客分布等。

3）产品特征，如产品尺寸、重量和特殊的搬运需求。

4）需求特征，如顾客的订单特征、顾客订货的季节性变化、顾客服务的重要性程度等。

5）需求规模，如 OD 流量等。

6）需求服务内容，如需要提供的各项服务。

7）其他。

（2）现有物流资源。每个物流系统都是独一无二的，物流系统设计前必须对现有物流资源进行全面的调查分析。需要调查的项目包括下列几项。

1）现有物流设施设备状况，如物流节点分布、规模及功能、交通网络、运输设备、仓储设备、信息系统等。

2）现有物流系统的基本运营状况，如组织管理体系、服务模式、营业状况、服务种类、作业方式、单据流程、作业流程等。

3）制约因素，如现有设施中暂时不可更改的部分。

（3）社会经济发展状况。主要调查物流服务的产业特征、产业模式、经济规模等。

（4）竞争状况。调查竞争者的服务水平、物流资源配置和网络布局、服务方式、营业状况等。

基础数据的调查方法主要有企业访谈调查、问卷调查、查找相关统计资料、现场调查、计算机检索等。

2. 基础数据分析

在完成数据收集之后，提出异常数据，确定数据样本容量，对数据进行分类归并，再计算整理分析。分析使用了过去活动中得来的技术和数据用以评估物流战略和战术方案的可行性。

（1）对所分析问题给出定义。对所分析问题给出定义的首要任务是：确定方案和可接受的不确定性的范围。问题是，怎样利用确定的方案和参数建立研究的目标与约束的条件。例如，对一个分销中心地点的问题分析必须确认所评估的是特定的位置。

（2）使用基准线进行有效的分析。利用合适的方法或工具对现今物流环境进行基准线分析，将结果和过去收集的有效数据进行比较，以决定历史和分析结果的适合程度。这种比较应当集中于确认重要的差别和确定可能错误的原因方面。潜在的错误可能是由于不正确或不精确的数据输入、不合适或不准确的分析程序或无效的数据等造成的。当碰到差异时，必须识别错误，并及时予以改正。

（3）完成方案分析。一旦方法有效，下一步是完成系统方案的评价。分析必须采用手工或电子的手段确定每个方案的相关绩效特征。选择应当充分考虑到管理政策及实施概况，包括诸如分销中心数目、库存目标水平或者运量大小等因素可能发生的变化。

上述分析完成后，最佳的绩效方案被定为进一步做敏感度评估的目标。其中无法控制的因素，如需求、因素成本或竞争行为等在评价不同运作条件下，方案的潜在选择能力是变动的。

1.5.3 对备选设计方案进行评价、选择、修订

对物流系统进行方案评估的目的就是针对备选方案的经济、技术、操作等层面的可行性做出比较与评价，以帮助决策者选择最优或最满意的方案。主要的评估方法有程序评估法、因素评估法和目标设计法。评估的内容主要包括成本与收益的评估、物流系统方案风险评估。在进行评估后便要确定备选方案，并对备选方案进行修订和进一步完善。

1.5.4 方案实施

物流系统方案的实施过程是一个相当复杂的过程，方案设计的实际可操作性在这里将得到验证。这就要求实施者根据决策者选出的最优设计方案，严格按照方案设计的要求逐步实施。在此过程中，可能会遇到各种实际问题，有些是设计者未能事先预料到的。因此，在方案的实施过程中，实施者首先要充分领会设计者的整体思路和设计理念，在遇到问题时应尽可能最大限度地满足设计要求，如果确有无法满足的部分需要对设计方案做必要调整时，也要保证不影响物流系统整体目标的实现。

此过程的主要任务是确定实施计划、确定实施进度计划、确定验收标准及对计划的具体实施。

1.5.5 结果评价

如果说方案评估是一个在没有实施方案的前提下，仅凭借专家、实践者的经验预先检验模拟效果，并加以评价的话，那么这最后阶段的实效评价就是实际的方案实施结果的评价。

评价的方法和方案评估方法基本上是一致的，最常用的方法是因素评估法和目标评价法。其中，不同点在于对评估过程中的指标打分不再是凭借专家经验的主观判断，而是实际结果的客观评判。实效评价的目的是通过实际检验方案设计的优劣，以此作为今后物流系统设计的参考和借鉴。

1.6 物流系统规划与设计的方法

物流系统规划与设计的方法有很多种，这些方法是在研究中发现新现象、新事物，或提出新理论、新观点，揭示事物内在规律的工具和手段。物流系统规划与设计的方法概括起来有调查类方法、假设类方法和实验类方法三种。

1.6.1 调查类方法

调查是物流系统规划与设计的开始。采用调查、统计的方法获得现有物流系统部分样本的状况，在利用分析、综合、推理等方法推断出物流系统总体，以获得对物流系统的深入认识的方法，进而对物流系统进行后续的规划与设计。调查类方法有很多种，常用的有问卷调查法、现场调查法、访谈调查法和文献调查法。

1.6.2 假设类方法

假设类方法是基于假设对事物进行分析的方法。当某一因素的存在形式限定在有限种可能时，假设该因素处于某种情况，并以此为条件进行推理，称之为假设法。比如在物流系统中确定最佳订货批量时，为了简化计算进行了一系列假设，包括进货为整批间歇进货、不允许缺货的储存问题、消耗是匀速等。

在物流发展初期，大胆进行科学假设是非常必要的。通过论证、实验提出假设，再经过反复论证、实验对假设进行修正、证实、证伪的工作需要在决策部门全面展开，只有这样才能促进物流理论和实践的发展。

1.6.3 实验类方法

实验类方法是通过设计一定的实验环境和条件，采用简化的要素、构造简化的关系来再现系统，在系统再现过程中观测系统的组成要素、结构及系统要素相互关系的变化，并据此来进行系统规划设计的方法。

1. 实验室实验

实验室实验被认为是最科学的研究方法。在实验室中，设计合适的实验条件，就可以进行验证数据、理论和观测结果。比如，在数以千计的货物组合在货架上的摆放位置决策，就可以在试验环境下将每种商品组合的摆放位置实验一个星期，并记录他们的拣货批量和每个订单的拣货时间，最后通过一段时间的比较确定货物在货架上的最佳摆放组合找到一个较好的方案，这就是一个实验的方法。

2. 现场实验

与实验室实验不同的是，现场实验的试验地点就是工作现场，而不是设计好外界环境的实验室。在工作现场进行实验可以使实验结果更真实、实用,但是现场的外部环境不可控因素很多,也不容易对实验结果的适用环境进行概括。

3. 计算机模拟实验

计算机模拟(仿真)实验是利用信息技术、计算机技术、网络技术、数据库技术、建模技术等综合模拟再现物流系统的全部或部分的实验。物流系统的仿真实验是根据物流系统规划与设计的目的,在分析物流系统各要素性质及其相互关系的基础上,建立描述物流系统结构或行为过程的,且具有一定逻辑关系或数量关系的仿真模型,通过计算机实验,对一个系统按照一定的决策原则或作业规则由一个状态变换为另一个状态的动态行为进行描述和分析。

随着我国物流产业的发展,物流系统越来越复杂,对于物流系统规划与设计的要求也越来越高,在物流系统规划与设计中运用计算机仿真技术进行模拟分析和实验来辅助决策,可以避免新上马的物流项目的失误和缺陷,还可以保证物流系统规划方案和物流运作决策措施的合理性和有效性。

 ## 本章小结

> 物流系统是指在一定的空间和时间里,物流活动所需的机械、设备、工具、设施、线路等物质资料要素间相互联系、相互制约的有机整体。由物流各要素所组成,要素之间存在有机联系并具有使物流总体合理化功能的综合体。物流系统是社会经济大系统中的一个子系统或一个组成部分。

> 物流系统和其他系统一样,具有输入、处理、输出、控制和反馈五大功能。

> 物流系统除具有一般系统共有的整体性、相关性、目的性、环境适应性外,还是一个"人机系统"、一个大跨度系统、一个可分系统、一个动态系统、一个多目标函数系统。

> 与一般系统一样,物流系统也由一些要素构成。王之泰提出物流系统的组成要素包括一般要素、功能要素、物质基础要素和支撑要素。在进行物流系统规划与设计时就是对这些要素的结构和功能进行规划与设计。物流系统的结构设计包括网络结构设计、功能结构设计和治理结构设计。

> 物流系统规划与设计是指确定物流系统发展目标并设计达到该目标的策略及行动的过程,它依据一定的方法、程序和原则,对与物流系统相关的因素进行优化组合,从而更好地实现物流系统发展的目标。物流系统规划与设计的目的可以概括为服务收益、物流成本最小化及创造物流价值。

> 物流系统规划与设计要遵守一定的原则,包括系统性原则、可行性原则、经济性原则和社会效益原则。物流系统规划与设计要在上述原则的基础上,综合考虑各种影响因素,运用恰当的方法,从微观角度重新审视和设计物流系统。

> 物流系统规划与设计的策略层和运作层是在客户服务系统、库存系统、储存系统、运输系统以及物流节点五个部分战略确定的基础上对物流活动进行统一管理,通过物流流程的设计和一定的方法并以物流组织与物流管理信息系统为基础,完成物流系统的运作,通过衡量来实现对物流系统的评价和控制,进而保证物流目标的实现。

> 物流系统规划与设计的内容包括物流系统规划与设计应按照以下步骤来进行:① 建立目标和约束条件;② 深入调查,制订设计方案;③ 对备选设计方案进行评价、选择、修

订；④ 方案实施；⑤ 结果评价。

> 物流系统规划与设计常用的方法有实验类方法、调查类方法和计算机模拟实验类方法。

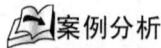案例分析

7-11 的物流系统规划与设计

在现代企业中，物流管理因其能大幅度降低成本和各种与商品流动相关的费用，从而成为连锁企业创造利润的第三大源泉。全球最大的连锁便利店 7-11 就是通过其集中化的物流管理系统成功地削减了相当于商品原价 10%的物流费用。目前，它共设立 23 000 个零售点，业务遍及四大洲的 20 个国家及地区，每天为接近 3 000 万名的顾客服务，75 年来一直稳居全球最大连锁便利店的宝座。不久前，7-11 与广州地铁二号线全面合作，在地铁二号线首期开通的 9 个站内同时开张 9 家店铺。至此，7-11 在中国南部地区店铺总数已达到 127 家，其中，广州 91 家，深圳 36 家。在扩张的同时，7-11 先进的物流管理系统也一并蔓延至内地，从而为其带来了另一个利润增长点。

1. 物流路径集约化

对零售业而言，中国目前的物流服务水准或多或少在短期内是由处于上游的商品生产商和经销商来决定的，要改变他们的经营意识和方法无疑要比企业自身的变革困难、复杂且漫长。这种情景与当初日本 7-11 在构筑物流体系时所处的环境类似。为此，7-11 改变了以往由多家特约批发商分别向店铺配送的物流经营模式，而是转为由各地区的窗口批发商来统一收集该地区各生产厂家生产的同类产品，并向所辖区内的店铺实行集中配送。

2. 设立区域配送中心

对盒饭、牛奶等每天配送的商品，目前各产品窗口企业向各店铺的配送费用依然很高。对此，7-11 开始将物流路径集约化转变为物流共同配送系统，即按照不同的地区和商品群划分，组成共同配送中心，由该中心统一集货，再向各店铺配送。地域划分一般是在中心城市商圈附近 35 公里，其余地方市场为方圆 60 公里，各地区设立一个共同配送中心，以实现高频度、多品种、小单位配送。实施共同物流后，其店铺每天接待的运输车辆从 70 多辆下降为 12 辆。另外，这种做法令共同配送中心充分掌握了商品销售、在途和库存的信息，7-11 也逐渐掌握了整个产业链的主导权。在连锁业价格竞争日益激烈的情况下，7-11 通过降低成本费用，为整体利润的提升争取了相当大的空间。

3. 量身打造物流体系

当然，需要指出的是，经营规模的扩大及集中化物流体制的确立虽然由 7-11 主导，但物流体系的建设却是由合作生产商和经销商根据 7-11 的网点扩张，根据其独特的业务流程与技术量身打造的。这些技术包括订发货在线网络、数码分拣技术、进货车辆标准化系统及专用物流条形码技术等。

在日本，7-11 的点心配送都是由批发商 A 公司承担。起初，A 公司利用自己的一处闲置仓库为 7-11 从事物流活动，并安排了专门的经营管理人员。但随着 7-11 的急剧扩张，A 公司为了确保其商品供应权，于是加大了物流中心的建设和发展，在关东地区建立了四大配送中心。每个配送中心为其临近的 500 家左右店铺配送所有点心，品种在 650～700 个。

每天早上，8点至10点半从生产企业进货，进货的商品在中午之前入库。为了保证稳定供货，每个配送中心拥有4天的安全库存，在库水准根据销售和生产情况及时补充。中午11点半左右配送中心开始安排第二天的发货，配送路线、配送店铺、配送品种、发货通知书等都会及时地打印出来，交给各相关部门。同时，通过计算机向备货部门发出数码备货要求。

4. 设置配送流程以分钟计算

从一个配送小组的物流活动时间看，一个店铺的备货时间大约要65秒，货运搬运时间花费5~6分钟。从店头分拣到结束需要15分钟，所有170~180个店铺要4个多小时，即整个物流活动时间大约为4小时（不算货车在配送中心停留等待出发的时间）。货车一般在配送中心停留一晚，第二天早上4点半至5点半根据从远到近的原则配送到各店。最早一个到店的货车时间应该是早上6点钟，如果运行无误的话，店铺之间的运行需要15分钟，再加上15分钟的休息时间，每个店铺商品配送需要的时间为半个小时。也就是最迟在早上9点半或10点半左右，完成所有店铺的商品配送任务。从每辆车的配送效率看，除了气候等特殊原因外，平均每辆车配送商品金额为75万日元，装载率能稳定达到80%。配送中心每月平均商品供应为50亿日元，相当于为每个店铺供应100万日元的商品。货车运行费用每天为2.4万日元，相当于供应额的3.2%，处于成本目标管理值3.0%~3.5%，为7-11压缩了大量的物流成本。

现在，7-11已经实现了一日三次配送制度。其中包括一次特别配送，即当预计到第二天会发生天气变化时对追加商品进行配送。这使7-11能及时向其所有网点店铺提供高鲜度、高附加值的产品，从而为消费者提供了更便利、新鲜的食品，实现了与其他便利店的经营差异化。

复习思考题

1. 什么是系统？系统的特点是什么？
2. 物流系统的构成要素有哪些？
3. 物流系统的治理结构有哪些？并举例说明。
4. 物流系统规划与设计的目标是什么？
5. 物流系统规划与设计的内容有哪些？
6. 物流系统规划与设计的步骤是什么？

第 2 章 物流系统战略规划

学习目标

1. 了解物流系统战略规划的概念、目标及层次。
2. 掌握制定物流系统战略的方法与步骤。
3. 掌握物流战略环境分析的方法。

2.1 物流系统战略概述

2.1.1 物流系统战略概念

面对经济全球化,社会分工日益精细,竞争日趋加剧,消费者需求多样化,信息技术飞速发展并得到广泛应用的经营环境,为了降低物流成本,实现对顾客的快速反应,提高企业的竞争力,物流战略越来越成为企业总体战略不可分割的一部分。在美国,通过实施物流战略,物流成本从 1980 年占 GDP 的 17.2%下降到了 1997 年的 10.5%。

物流系统战略(Logistics System Strategy)是通过提高流程价值和顾客服务进而实现竞争优势的统一、综合和集成的计划过程,通过对物流服务的未来需求进行预测和对整个供应链的资源进行管理,从而提高顾客的满意度。作为企业总体战略的一部分,物流系统战略必须服从企业总体战略的要求,与之保持协调一致。选择好的企业物流战略与制定好的企业战略一样,需要很多创造性的过程,创新思想往往带来更有力的竞争优势。企业物流战略是一项包含支持货物配送、生产制造和采购运作等的计划性安排。

物流系统的战略规划一般会涵盖三年至五年或更长的时间。近十几年来,持续不断的经营环境变化和新型营销体制的确立已成为物流企业在战略上不断求新、求变,追求竞争优势的压力和动力。首先,货主物流需求不断向高度化方向发展,这表现为追求在适合的时间配送适合的量、适合商品的多频度少量运输或 JIT 运输,这种高水准的物流服务将逐渐普及,并成为物流经营的一种标准。其次,经营环境和新型营销体制对战略的影响除了需求方面的因素外,在供给方面也产生了相当大的作用,这主要表现在从事物流经营的企业之间的竞争日益激烈。因此,物流系统战略的制定及评估和修订,对企业长期营利性的发展目标而言是必不可少的。

2.1.2 物流系统战略的目标

1．成本最小

成本最小是指降低可变成本，主要包括运输和仓储成本，如物流网络系统的仓库选址、运输方式的选择等。面对众多竞争者，企业应达到何种服务水平是早已确定的事情，成本最小就是在保持服务水平不变的前提下选出成本最小的方案。当然，利润最大一般是企业追求的主要目标。

2．投资最少

投资最少是指对物流系统的直接硬件投资最小化从而获得最大的投资回报率。在保持服务水平不变的前提下，可以采用多种方法来降低企业的投资。例如，不设库存而将产品直接送交客户、选择使用公共仓库而非自建仓库、运用JIT策略来避免库存、利用TPL服务等。显然，这些措施会导致可变成本的上升，但只要其上升值小于投资的减少，那么这些方法就值得一试。

3．服务改善

服务改善是提高竞争力的有效措施。随着市场的完善和竞争的激烈，顾客在选择企业时除了考虑价格因素外，及时准确的到货也越来越成为企业有力的筹码。当然，高的服务水平要由高成本来保证，因此权衡综合利弊对企业来说至关重要。服务改善的指标值通常用顾客需求的满足率来评价，但最终的评价指标是企业的年收入。

总之，企业物流战略的制定作为企业总体战略的重要部分，要服从企业目标和一定的顾客服务水平，企业总体战略决定了其在市场上的竞争能力。

2.1.3 物流系统战略的层次

物流战略是指为寻求物流的可持续发展，就物流发展目标以及达成目标的途径与手段而制定的长远性、全局性的规划与谋略。明确企业的总体战略目标对于企业来说至关重要，而物流战略正是这个复杂有机体的重要组成部分。

物流战略可分为全局性战略、结构性战略、功能性战略、基础性战略这四个层次。

1．全局性战略

物流管理的最终目标是满足客户需求，因此客户服务应该成为全局性战略目标。对全局性战略建立用户服务的评价指标体系，实施用户满意工程是战略实施的关键措施。

2．结构性战略

结构性战略包括渠道设计与网络分析两方面内容。渠道设计是通过优化物流渠道、重构物流系统，可提高物流系统的敏捷性和适应性，使供应链成员企业降低物流成本。网络分析主要通过库存分析、用户调查、运输方式分析、信息及其系统状况分析、合作伙伴绩效评价等为优化物流系统提供参考，其目的在于改进库存管理、提高服务水平、增强信息交流与传递效率。

3．功能性战略

功能性战略主要指通过加强物流管理、运输、仓储管理等物流功能环节的管理，实现物流过程的适时、适量、适地的高效运作。其主要内容有运输工具的使用与调度优化、采购与供应方法策略的采用、库存控制及其仓储管理。

4．基础性战略

基础性战略主要是为保证物流系统的正常运行提供基础性保障，其内容包括组织系统管理、信息系统管理、政策与策略管理、基础设施管理等。表 2-1 列举了不同类型战略规划与设计的若干问题。

表 2-1 物流系统规划与设计问题举例

决策类型	全局性战略	结构性战略	功能性战略	基础性战略
选址	设施的数量、规模和位置	库存定位	节点分析	线路选择、发货、派车
运输	选择运输方式	服务的内容	运输分析	确定补货数量和时间表
订单处理	选择和设计订单录入系统	确定处理客户订单先后顺序	订单的具体处理方法	发出订单
客户服务	设定标准	服务程序	客户分类	沟通、反馈
仓储	布局、地点选择	存储空间选择	库存管理	订单履行
采购	制定采购政策	洽谈合同、选择供应商	物料管理	发出订单

2.2　物流系统战略规划的步骤

企业的战略规划一般分为确定企业任务、企业内外部环境分析、战略类型的选择以及企业战略的实施和控制四个步骤。物流系统作为企业系统的一个子系统，其战略规划的过程也不例外要按照这四个步骤来实施，如图 2-1 所示。

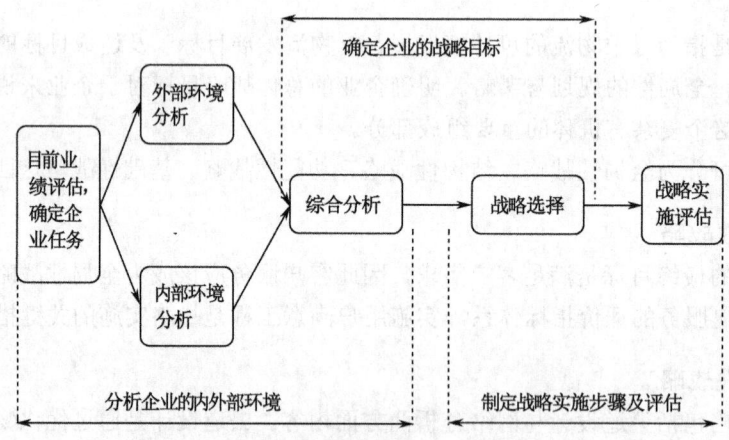

图 2-1 企业战略规划的步骤

2.2.1　确定企业任务

企业任务是回答企业所进入的行业、所经营的业务，顾客是谁，企业未来的营销方向。规定企业任务必须明确的问题有：本企业是干什么的；谁是企业的现实顾客；顾客的需要是什么；顾客期望得到什么；本企业潜在顾客的主要特征是什么。因此企业任务应该从以下几个方面进行阐述。

1. 明确指出本企业的主要竞争领域

这部分内容主要从以下几个方面来确定。

1）行业范围。公司首脑部门应该明确企业所在的行业范围。有的公司只涉足一个行业，而有的公司可能涉足若干个行业。

2）产品和应用范围。

3）公司的竞争范围。竞争范围是指公司将要掌握和利用的技术和其他核心竞争力。日本 NEC 公司在计算、通信及其元件上建造了核心竞争力，这些竞争力有力地支持了其高档计算机、电视机、手提式电话等产品的生产。

4）公司服务的市场或顾客类型。如日本资生堂公司为高档市场服务，而花王公司主要迎合低档市场的需求。

5）垂直范围。垂直范围是指公司将要从事的从原材料到最终产品和分销渠道的层次数。

6）地区范围。地区范围是指企业希望开拓业务的区域、国家或国家群。

2. 强调公司想要实施的主要政策

主要政策是指员工如何对待顾客、供应商、竞争者以及其他重要群体。政策缩小了其自主的范围，但它使员工在重大问题上保持行为的一贯性。

3. 远景规划

企业任务中应该包含公司在未来 10~20 年的远景和发展方向。切合企业自身特点的远景规划就是企业最好的任务。英特尔公司为计算机行业提供芯片、主板、系统和软件。英特尔的产品总是被看作"建筑街区"，被用来为个人电脑用户建立高级的计算机系统，其远景规划就是要成为全球计算机行业最重要的供应商。

2.2.2 企业内外部环境分析

在确定了企业任务后，就需要对企业的战略环境进行分析，进而了解企业经营所处的内外部环境，对企业的战略规划奠定基础。在战略环境分析中，要对企业自身情况和外部宏观环境（如社会、政治、经济等）进行分析，以发现企业核心的竞争力，明确企业发展方向、途径和手段。

1. 企业外部环境分析

企业外部环境是对企业外部的政治环境、社会环境、技术环境、经济环境等的总称。政治环境是指国家的方针政策、法令法规，国内外政治形势的发展状况；社会环境是指人口、居民的收入或购买力，居民的文化教育水平等；技术环境指与本行业有关的科学技术的水平和发展趋势；经济环境包括宏观经济形势、世界经济形势、行业在经济发展中的地位以及企业的直接市场等。其中，企业的直接市场是与企业关系最密切、影响最大的环境因素。具体包括销售市场、供应市场、资金市场、劳务市场等。根据外部环境因素对企业生产经营活动影响的方式和程度，一般可将企业外部环境分为三大类：一般宏观环境、行业环境、经营环境与竞争优势环境。三大类环境彼此关联、相互影响，具有复杂性、动态性和不确定性等特征。

2. 企业内部环境分析

企业内部环境分析是指通过对影响企业经营的各种内外因素和作用的评估、平衡，以辩证、系统的观点，审时度势，趋利避害，适时采取对策，做出适应环境的动态抉择，以维持企业生存，促进企业发展，也就是实现企业外部环境、企业内部条件及综合动态平衡的结合。

企业内部环境包括企业的物质环境和文化环境。它反映了企业所拥有的客观物质条件和工作状况以及企业的综合能力，是企业系统运转的内部基础。因此，企业内部环境分析也可称为企业内部条件分析，其目的在于掌握企业实力现状，找出影响企业生产经营的关键因素，辨别企业的优势和劣势，以便寻找外部发展机会，确定企业战略。如果说外部环境给企业提供了可以利用的机会的话，那么内部条件则是抓住和利用这种机会的关键。只有在内外环境都适宜的情况下，企业才能健康发展。

企业内部环境分析的内容和程序如图 2-2 所示。

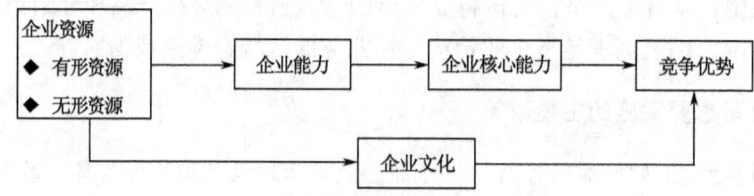

图 2-2　企业内部环境分析的内容和程序

企业的任何活动都需要借助一定的资源来进行，企业资源的拥有和利用情况决定其活动的效率和规模。企业资源包括人、财、物、技术、信息等，可分为有形资源和无形资源两大类。

企业文化分析主要是分析企业文化的现状、特点以及它对企业活动的影响。企业文化是企业战略制定与成功实施的重要条件和手段，它与企业内部物质条件共同组成了企业的内部约束力量，是企业环境分析的重要内容。

企业能力是指企业有效地利用资源的能力。拥有资源不一定能有效运用，因而企业有效利用资源的能力就成为企业内部条件分析的重要因素。核心能力，是指企业独有的，能为顾客带来特殊效用、使企业在某一市场上长期具有竞争优势的内在能力。企业要形成和保持竞争优势，只拥有一般的资源和能力还不行，必须形成超出竞争对手的特殊技能和能力。它是企业在发展过程中逐渐积累起来的知识、技能及其他资源相结合而形成的一种体系（或者说是一组技能和技术的集合），是企业拥有的最主要的资源或资产。

2.2.3　物流战略类型的选择

此过程是根据内外部环境分析的结果，对物流系统进行评价，进而选择合适的物流战略。

在全局性物流战略中，目前认为可以将物流战略分为三类，即增长型战略、稳定型战略和紧缩型战略。

1. 增长型战略

增长型战略（Growth Strategies），又称扩张型战略（Expansion Strategies），从企业发展的角度来看，任何成功的企业都应当经历长短不一的增长型战略实施期，因为从本质上说只有增长型战略才能不断地扩大企业规模，使企业从竞争力弱小的小企业发展成为实力雄厚的大企业。

对于物流企业来说,增长型物流战略包括以下三种。

(1) 即时物流战略。自20世纪80年代中期以后,企业的经营管理逐步向精细化、柔性化方向发展,其中,即时制管理(Just In Time)得到了广泛的重视和运用。其基本思想是"在必要的时间,对必要的产品从事必要数量的生产或经营",因而不存在生产经营过程中产生浪费和造成成本上升的库存,即所谓的零库存。即时制管理是即时生产、即时物流的整合体。即时化的物流战略又通常表现为以下两个方面。

1) 即时采购。即时采购是一种先进的采购模式或商品调达模式,其基本思想是在恰当的时间、恰当的地点,以恰当的数量、恰当的质量从上游厂商向企业提供恰当的产品,是从平准化生产发展而来的,是为了消除库存和不必要的浪费而进行持续性改进的结果。平准化生产是为了及时应对市场变化而组织的一种以小批量、多品种为生产特点的敏捷作业管理体制,其特点表现为:在生产方式上,生产线上同时加工由多个品种组成的生产批量;在生产计划上,以天为单位制订每个品种的生产计划,而且允许随时变更生产计划;在生产工程上,各种零部件被放置在生产线旁的规定位置,不同的零部件以小批量的方式混合装载搬运。显然,平准化生产的一个重要之处在于物料或上端产品的采购必须是即时化的,即当采购部门根据生产经营的情况形成订单时,供应商应立刻着手准备作业,与此同时,在详细采购计划编制的过程中,生产部门开始调整生产线,做到敏捷生产,当订单交给供应商时,上游厂商以最短的时间将最优的产品交付给用户。所以,即时采购是整个即时制生产管理体系中的重要一环。

2) 即时销售。对于生产企业而言,物流管理的另一个重要机能就是销售物流。在构筑企业自身的物流系统、确立即时销售的过程中,生产企业与零售企业出现了不同的发展趋势。就生产企业来说,推行即时销售一个最明显的措施是实行厂商物流中心的集约化,即将原来分散在各分公司或中小型物流中心的库存集中到大型物流中心,通过数字化备货(Digital Packing)或计算机等现代技术实现进货、保管、在库管理、发货管理等物流活动的效率化、省力化和智能化,原来的中小批发商或销售部已转为厂商销售公司的形式专职从事销售促进、零售支持或订货等商流业务,从而提高销售对市场的反应能力以及对生产的促进作用。而在零售企业当中,物流中心则有分散化、个性化发展的趋势,即物流系统的设立应充分对应一定商圈内店铺运营的需要,只有这样才能大大提高商品配送、流通加工的效率,减少销售中不必要的损失,同时也使物流服务的速度得以迅速提高。当然,即时销售体制的建立除了通常所说的物流系统的构建外,信息系统的构筑也是必不可少的。现在很多企业一方面通过现代信息系统提高企业内部的销售物流效率(如 POS 系统、数字库存管理系统等);另一方面也积极利用 EOS、EDI 等在生产企业与批发企业或零售企业之间实现订、发货自动化,真正实现了销售的在线化、正确化和即时化。

(2) 协同或一体化物流战略。协同化物流是打破单个企业的绩效界限,通过相互协调和统一,创造出最适宜的物流运行结构。在目前流通形式多样化的情况下,各经济主体都在构筑自己富有效率的物流体系,因而反映到流通渠道中必然会积极推动自身的物流活动和流通形式,这无疑会产生经济主体间的利益冲突。此外,不同规模的企业也会因为单个企业物流管理的封闭性而产生非经济性。随着消费者消费个性化、多样化的发展,客观上要求企业在商品生产、经营和配送上必须充分对应消费者不断变化的趋势,这必然会大大推动多品种、少批量、多频度的配送,而且这种趋势会越来越强烈,在这种即时化物流的背景下,一些中小型的企业面临着经营成本上升和竞争的巨大压力,一方面由于自身规模较小,不具备商品即时配送的能力,也没有相应的物流系统;另一方面由于经验少、发展时间短等各种原因,也不拥有物流服务所必需的技术。因此,难以适应如今多频度少量配送的要求。即使有些企业具备这些能力,但限于经济上的考虑,也要等到商品配送总和能达到企业配送规模经济要求时才能够开展,这又有悖于即时化物流的宗旨。面对上述问题,作为企业物流战略发展的新方向,旨在弥合流通渠道中企业间对立或企业规模与实需对应矛盾的协同化或一体化的物流便应运而生。目前协同化的物流战略主要有下述三种形式。

1)横向协同物流战略。横向物流协同是指同产业或不同产业的企业之间就物流管理达成协调、统一运营的机制。前者是产业内不同的企业之间为了有效地开展物流服务,降低多样化和及时配送产生的高额物流成本,相互之间形成的一种通过物流中心的集中处理而实现的低成本物流系统。从实践上来看,它往往有两种形式:一是在承认并保留各企业原有的配送中心的前提下,实行商品的集中配送和处理;二是各企业放弃自建的配送中心,通过共同配送中心的建立,来实现物流管理的效率性和集中化。不同产业之间的协调物流是将不同产业企业生产经营的商品集中起来,通过物流配送中心达成企业间物流管理的协调与规模效益性。一般情况下,不同产业横向协同物流处理的商品范围比较广泛,而且从企业内部管理的角度看,更容易被接受,主要原因在于同产业协同物流由于相同类型企业的商品活动是集中进行的,因而各企业经营的情况以及商品流转的信息等易为竞争者所掌握,即"企业机密的泄漏",从而不利于企业经营战略的实施。相反,不同产业企业间的协同物流,由于相互之间分属于不同的产业,不存在直接的竞争替代性,因而既能保证物流集中处理的规模经济性,又能有效地维护各企业的利益以及经营战略的有效实施。正因为如此,目前国际上不同产业间的协同物流相对来说发展较快,这也是发展横向协同物流中必须关注的问题。

2)纵向协同物流战略。纵向协同物流战略是流通渠道不同阶段企业间相互协调而形成的合作性、共同化的物流管理系统。这种协同作业所追求的目标不仅是物流活动的效率性(即通过集中作业实现物流费用的递减),而且还包括物流活动的效果性(即商品能迅速、有效地从上游企业向下游企业转移,提高商品物流服务水准)。纵向协同物流的形式主要有批发商与生产商之间的物流协作、零售商和批发商之间的物流协作等形式。

而批发商与厂商间的物流协作通常又有两种形式:

① 在厂商力量较强的产业,为了强化批发物流机能或实现批发中心的效率化,厂商自身代行批发功能,或利用自己的信息网络,对批发企业多频度、小单位配送服务给予支援。

② 在厂商以中小企业为主、批发商力量较强的产业,由批发商集中处理多个生产商的物流活动。

零售与批发的协作则表现为:一是大型零售业建立自己的物流中心,批发商经销的商品都必须经由该中心,然后再向零售企业的各店铺进行配送。此外,与零售商交易的批发商数目应尽可能减少,因此要求批发商从原来从事专业商品的经营转向多种类经营,零售企业物流中心订货、收货等手续得到简化;二是对于大型以外的中型零售企业来讲,不建立自己的物流中心,而是由批发商建立某零售商专用型的物流中心,并借此代行零售物流。这种方法对中型零售企业而言,既可以有效利用批发商所持有的物流 Know-how,又能享受省略本企业物流中心集配商品环节所带来的切身利益。

3）通过第三方物流实现协同化。第三方物流是通过协调企业之间的物流运输和提供物流服务，把企业的物流业务外包给专门的物流管理部门来承担。它提供了一种集成物流作业模式，使供应链的小批量库存补给变得更经济，而且还能创造出比供方和需方采用自我物流服务系统运作更快捷、更安全、更高服务水准且成本相当或更低廉的物流服务。从第三方物流协作的对象看，它既可以依托下游的零售商业企业，成为众多零售店铺的配送、加工中心，也可以依托上游的生产企业，成为生产企业特别是中小型生产企业的物流代理。目前，第三方物流无论在国际还是在我国国内都有着广阔的市场前景。例如，中国仓储协会于1999年3月对我国家电、电子、日化、食品等450家大中型生产企业的典型调查表明，企业自己承担物流管理的占26%，全部委托第三方的仅占5.2%，自理与委托相结合的占68.8%（其中，委托比例在30%以下的占42.3%，在30%~60%的占36.5%，60%以上的占21.2%）。在被调查的企业中，45.3%的企业正在寻求新的物流代理（其中75%的企业选择新型物流公司，21.9%的企业选择纯运输公司，3.1%的企业选择仓储企业）；有64.3%的企业希望新的物流商提供综合物流服务，28.5%的企业希望提供干线服务，7.2%的企业希望提供分销服务。上述情况表明，在积极发展协同物流时应充分关注第三方物流的作用。

(3) 高度化物流战略。主要有以下三种。

1）全球化物流战略。当今，企业经营规模不断扩大，国际化经营逐步延伸，出现了一大批立足于全球生产、全球经营和全球销售的大型全球型企业。这些企业的出现不仅使世界上都在经营、消费相同品牌的产品，而且产品的核心部件和主体部分也趋向于标准化。在这种形势下，全球型企业要想取得竞争优势，获取超额利润，就必须在全球范围内配置利用资源，通过采购、生产、营销等方面的全球化实现资源的最佳利用，发挥最大的规模效益。但是，在此过程中，有两点不得不加以关注，一是全球市场的异质性或多样性，决定了企业"从外到内"的思维方式，即企业不仅要考虑通过规模经济的实现来降低成本，而且还要考虑积极发挥范围经济，既满足多样化的要求，又能有效降低费用；二是当一个企业服务全球市场时，物流系统会变得更昂贵、更复杂，结果导致前置时间延长和库存水平上升。综上所述，企业在实施全球化物流时必须处理好集中化与分散化物流的关系，否则将无法确立全球化的竞争优势。

从当前全球化物流的实践看，出现了三种形式的发展趋势：

①作为全球化的生产企业，可以在世界范围内寻找原材料、零部件来源，并选择一个适应全球分销的物流中心以及关键供应物资的集散仓库，在获得原材料以及分配新产品时可以使用当地现有的物流网络，并推广其先进的物流技术与方法。

②生产企业与专业第三方物流企业的同步全球化，即随着生产企业的全球化，将以前所形成的完善的第三方物流网络也带入到全球市场。例如，日资背景的伊藤洋华堂在打入中国市场后，其在日本的物流配送伙伴伊藤忠株式会社也紧随而至，并承担了其配送活动。

③国际运输企业之间的结盟，为了充分应对全球化的经营趋势，国际运输企业之间开始形成了一种覆盖多种航线，相互之间以资源、经营的互补为纽带，面向长远利益的战略联盟，这不仅使全球物流能更便捷地进行，还使全球范围内的物流设施也得到了极大利用，从而有效地降低了运输成本。例如，起始于1997年，目前正在如火如荼展开的国际航空业的大联盟正是适应全球化经营的一种形式。

2）互联网物流战略。现代信息技术的发展，特别是互联网技术迅速向市场渗透，正在促使企业的商务方式发生改变。由于互联网具有公开标准、使用方便、相当低的成本和标准图形用户界面（Graphical User Interface，GUI）等特点，使得利用互联网的物流管理也具有成本低、实时动态性和顾客推动的特征。互联网物流战略表现在，一方面通过互联网这种现代信息工具，进行网上采购和配销，大大简化了传统物流烦琐的环节和手续，使企业对消费者需要的把握更加准确和全面，从而推动产品生产的计划安排和最终实现基于顾客订货的生产方式（Build-to-Order，BTO），减少了流通渠道各个环节的库存，避免出现产品过时或无效的现象；另一方面企业利用互联网可以大幅度降低交流沟通成本和顾客支持成本，增强进一步开发现有市场的新销售渠道的能力。现在，互联网物流作为物流管理的一种新趋势正在企业实践中广为应用，如 GE、丰田等都在积极推动互联网物流的发展。应当指出的是，互联网物流的兴起并不是彻底否定了此前的物流体系和物流网络，相反，它们之间是相互依存的，这是因为虚拟化企业之间的合作必然在实践中产生大量的实体商品的配送和处理，而这些管理活动只有以发达的物流网络为基础才能够实现，或者说互联网物流是建立在发达的实体物流网络基础之上的。现在一些优秀的企业都在积极探索如何才能将这两者的优势有机地结合在一起。

3）绿色物流战略。从经济可持续发展的角度看，伴随着大量生产、大量消费而产生的大量废弃物对经济社会产生了严重的消极影响，这不仅因为废弃物处理起来相当困难，而且还因其容易引发社会资源的枯竭和自然环境的恶化。所以，如何保证经济的可持续发展是所有企业在经营管理中面临的重大问题，对于企业物流管理而言更是如此。具体来讲，要实现上述目标，从物流管理的角度看，不仅要在系统设计或物流网络的组织上充分考虑企业的经济利益（即实现最低的配送成本）和经营战略的需要，同时还要考虑商品消费后的循环物流，这包括及时、便捷地将废弃物从消费地转移到处理中心，以及在产品从供应商转移到最终消费者的过程中怎样减少容易产生垃圾的商品的出现。除此之外，还应当考虑如何才能使企业现有的物流系统减少对环境所产生的负面影响（如拥挤的车辆、污染物排放等）。显然，要解决上述问题，需要企业在物流安排上制定一个完善、全面的规划，如配送计划、物流标准化、运输方式等，特别是在制定物流管理体系时，企业不能仅仅考虑自身的物流效率，还必须与其他企业协同起来，从综合管理的角度出发，集中合理地管理调达、生产和配送活动。

2．稳定型战略

稳定型战略是指在内外环境的约束下，企业准备在战略规划期使企业的资源分配和经营状况基本保持在目前状态和水平上的战略。按照稳定型战略，企业目前所遵循的经营方向及其正在从事经营的产品和面向的市场领域，企业在其经营领域内所达到的产销规模和市场地位都大致不变或以较小的幅度增长或减少。

从企业经营风险的角度来说，稳定型战略的风险是相对较小的。对于那些曾经成功地在一个处于上升趋势的行业和一个不大变化的环境中活动的企业会很有效。由于稳定型战略从本质上追求的是在过去经营状况基础上的稳定，它具有如下特征。

（1）企业对过去的经营业绩表示满意，决定追求既定的或与过去相似的经营目标。比如说，企业过去的经营目标是在行业竞争中处于市场领先者的地位，稳定型战略意味着在今后的一段时期里依然以这一目标作为企业的经营目标。

（2）企业战略规划期内所追求的绩效按大体的比例递增。与增长型战略不同，这里的增长是一种常规意义上的增长，而非大规模的和非常迅猛的发展。例如，稳定型增长可以指在市场占有率持不变的情况下，随着总的市场容量的增长，企业的销售额的增长，而这种情况则并不能算典型的额增长战略。

实行稳定型战略的企业，总是在市场占有率、产销规模或总体利润水平上保持现状或略有增加，从而稳定和巩固企业现有竞争地位。

（3）企业准备以过去相同的或基本相同的产品或劳务服务于社会，这意味着企业在产品的创新上较少。

从以上特征可以看出，稳定型战略主要依据于前期战略。它坚持前期战略对产品和市场领域的选择，它以前期战略所达到的目标作为本期希望达到的目标。因而，实行稳定型战略的前提条件是企业过去的战略是成功的。对于大多数企业来说，稳定型战略也许是最有效的战略。

3. 紧缩型战略

紧缩型战略（Retrenchment Strategy），又称收缩战略，是指企业从目前的战略经营领域和基础水平收缩和撤退，且偏离起点战略较大的一种经营战略。与稳定型战略和增长型战略相比，紧缩型战略是一种消极的发展战略。一般地，企业实施紧缩型战略只是短期的，其根本目的是使企业挨过风暴后转向其他的战略选择。有时，只有采取收缩和撤退的措施，才能抵御竞争对手的进攻，避开环境的威胁和迅速地实行自身资源的最优配置。可以说，紧缩型战略是一种以退为进的战略。与此相适应，紧缩型战略有以下特征。

（1）对企业现有的产品和市场领域实行收缩、调整和撤退战略。比如放弃某些市场和某些产品线系列。从企业的规模来看是在缩小的，同时一些效益指标，比如利润率和市场占有率等，都会有较为明显的下降。

（2）对企业资源的运用采取较为严格的控制和尽量削减各项费用支出。这时往往只投入最低限度的经管资源，因而紧缩型战略的实施过程往往会伴随着大量的裁员，一些奢侈品和大额资产的暂停购买等。

（3）紧缩型战略具有明显的短期性。与稳定和发展两种战略相比，紧缩型战略具有明显的过渡性，其根本目的并不在于长期节约开支，停止发展，而是为了今后发展积蓄力量。

另一个层次是企业的经营战略。常用的企业经营战略分类一般采用迈克尔·波特（Michael E.Porter）的观点，即把企业的经营战略分为总成本领先战略、差别化战略和专一化战略。

（1）总成本领先战略。成本领先要求坚决地建立起高效规模的生产设施，在经验的基础上全力以赴降低成本，抓紧成本与管理费用的控制，以及最大限度地减小研究开发、服务、推销、广告等方面的成本费用。

为了达到这些目标，就要在管理方面对成本给予高度的重视。尽管质量、服务以及其他方面也不容忽视，但贯穿于整个战略之中的是使成本低于竞争对手。该公司成本较低，意味着当别的公司在竞争过程中已失去利润时，这个公司依然可以获得利润。

赢得总成本最低的有利地位通常要求具备较高的相对市场份额或其他优势，诸如与原材料供应方面的良好联系等，或许也可能要求产品的设计要便于制造生产，易于保持一个较宽的相关产品线以分散固定成本，以及为建立起批量而对所有主要顾客群进行服务。

总成本领先地位非常吸引人。一旦公司赢得了这样的地位，所获得的较高的边际利润又可以重新对新设备、现代设施进行投资以维护成本上的领先地位，而这种再投资往往是保持低成本状态的先决条件。

（2）差别化战略。差别化战略是将产品或公司提供的服务差别化，树立起一些全产业范围中具有独特性的东西。实现差别化战略可以有许多方式：设计名牌形象、技术上的独特、性能特点、顾客服务、商业网络及其他方面的独特性。最理想的情况是公司在几个方面都有其差别化特点。例如履带拖拉机公司（Caterpillar）不仅以其商业网络和优良的零配件供应服务著称，而且以其优质耐用的产品质量享有盛誉。

如果差别化战略成功地实施了，它就成为在一个产业中赢得高水平收益的积极战略，因为它建立起防御阵地对付五种竞争力量，虽然其防御的形式与成本领先有所不同。波特认为，推行差别化战略有时会与争取占有更大的市场份额的活动相矛盾。推行差别化战略往往要求公司对于这一战略的排他性有思想准备。这一战略与提高市场份额两者不可兼顾。在建立公司的差别化战略的活动中总是伴随着很高的成本代价，有时即便全产业范围的顾客都了解公司的独特优点，也并不是所有顾客都将愿意或有能力支付公司要求的高价格。

（3）专一化战略。专一化战略是主攻某个特殊的顾客群、某产品线的一个细分区段或某一地区市场。正如差别化战略一样，专一化战略可以具有许多形式。虽然低成本与差别化战略都是要在全产业围内实现其目标，专一化战略的整体却是围绕着很好地为某一特殊目标服务这一中心建立的，它所开发推行的每一项职能化方针都要考虑这一中心思想。这一战略依靠的前提思想是：公司业务的专一化能够以高的效率、更好的效果为某一狭窄的战略对象服务，从而超过在较广阔范围内竞争的对手们。波特认为这样做的结果，是公司或者通过满足特殊对象的需要而实现了差别化，或者在为这一对象服务时实现了低成本，或者二者兼得。这样的公司可以使其盈利的潜力超过产业的普遍水平。这些优势保护公司抵御各种竞争力量的威胁。

但专一化战略常常意味着限制了可以获取的整体市场份额。专一化战略必然地包含着利润率与销售额之间互以对方为代价的关系。

2.2.4 物流战略的实施

物流战略的实施就是将战略转化为行动，主要涉及的问题有：企业如何建立年度物流目标、制定物流政策、配置物流资源，以便企业指定的物流战略得到落实。物流战略实施是战略过程中难度最大的阶段。在物流战略实施中，应该遵循以下几个原则。

1. 适度合理性的原则

由于物流系统战略在制定过程中，受到信息、决策时限及认识能力等因素的限制，因而对未来的预测不可能很准确，所制定的物流系统战略也不可能是最优的，而且在战略实施的过程中，由于企业外部环境及内部条件的变化较大，情况比较复杂，因此，只要在主要的战略目标上基本达到了战略预定的目标，就应当认为这一战略的制定及实施是成功的。在实际生活中，不可能完全按照原先制订的战略计划行事，因此，战略的实施过程不是一个简单、机械的执行过程，而是需要执行人员大胆创造、大胆革新。因为新战略本身就是对旧战略以及旧战略相关的文化、价值观念的否定，没有创新精神，新战略就得不到贯彻实施。因此，战略实施过程也可以说是对战略的创造过程。在战略实施中，战略的某些内容或特征有可能改变，但只要不妨碍总体目标及战略的实现，就是合理的。

2. 统一领导、统一指挥的原则

对物流系统战略了解最深刻的应当是企业的高层领导人员。一般而言，他们要比企业中下层管理人员及一般员工掌握的信息多得多，对物流战略的各个方面的要求及相互联系的关系了解得更全面，对战略意图体会最深。因此，战略的实施应当在高层领导人员的统一领导、统一指挥下进行。只有这样，其资源的分配、组织机构的调整、企业文化的建设、信息的沟通及控制、激励制度的建立等各方面才能相互协调平衡，才能使企业为实现战略目标而卓有成效地运行。

同时，实现统一指挥的原则，要求企业的每个部门只能接受一个上级的命令。但在战略实施中所发生的实际问题，则应尽可能在小范围、低层次解决，而不要放到更大范围、更高层次去解决，因为这样做所付出的代价最小。越是在高层次的环节上去解决问题，其涉及的面就越大，交叉的关系也就越复杂，其代价当然也就越大。

3. 权变原则

物流系统战略的制定是基于一定的环境条件的假设。在战略实施中，事情的发展与原先的假设有所偏离是不可避免的。战略实施过程本身就是解决问题的过程，但如果企业内外环境发生重大的变化，以致原定的战略无法实现，显然，这时就需要把原定的战略进行重大的调整，这就是战略实施的权变问题。权变的观念应当贯穿于战略实施的全过程，从战略的制定到战略的实施，权变的观念要求识别战略实施中的关键变量，并对其做出灵敏度分析，提出当这些关键变量的变化超过一定的范围时，原定的战略就应当调整，并准备相应的替代方案，即企业应该对可能发生的变化及其可能对企业造成的后果，以及应变替代方案，都要有足够了解和充分准备，以使企业有充分的应变能力。当然，在实际工作中，对关键变量的识别和启动机制的运行都是很不容易的。

2.2.5 物流系统战略的控制

对于一个企业的物流设计者来说，不仅要了解物流战略的内容，重要的是要了解如何进行战略管理，如何将企业的物流引向光明的未来。要时刻记住战略管理绝不是一件简单的任务或目标，而是物流经营者在构建物流系统的过程中，通过物流战略设计、战略实施、战略评价与控制等环节，调节物流资源、组织结构等，并最终实现物流系统宗旨和战略目标等一系列动态过程的总和。

进行物流管理需要制定和实施物流计划，但仅仅如此并不能保证预定目标的实现。随着时间的推移，物流环境的动态变化和不确定性可能导致实际绩效偏离计划绩效。为使绩效与期望目标一致，有必要从管理的另一个基本功能来考虑问题，即管理的控制功能——使计划的执行情况与期望目标相一致或使其保持一致的过程。物流系统战略控制就是将实际履行的情况与计划实施情况相比较的过程。

在物流系统中，管理者根据客户服务和成本对计划中的物流活动（运输、仓储、库存、物料搬运和订单处理）进行控制。

1. 信息、流程和输出信息

控制系统的核心就是需要控制的过程。这一流程可能是某一单项活动，如履行订单、补足库存，也可能是物流部门涉及的所有活动。输入信息以计划的形式流入流程，而计划又指明了流程设计的方法。根据控制系统的目标不同，计划的内容可能是：应当采取何种运输方式、保持多少安全库存量、如何设计订单处理系统，或是包括所有这些内容。

环境影响因素是流程的第二类输入信息。广义上的环境包括可能影响流程，但计划中未考虑到的所有因素。其代表了使流程产生出偏离计划水平的不确定因素。更为重要的一些环境影响因素则是客户、竞争对手、供应商和政府的不确定行为等。

流程的产生即通常所说的实施绩效。绩效是指流程在任一特定时间所处的状况。如果流程指运输活动，那么绩效的衡量标准可以是直接成本（如运输费率）、间接成本（如丢失和毁损）或交付履行情况。

业务流程及作为其输入信息的计划和作为其执行结果的实施绩效就是管理控制的内容，也即流程规划和实施行为的产物。

2．标准和目标

管理控制过程通常需要有一个参照标准，以便比较物流活动的执行情况。而管理者、顾问或计算机都为实施绩效能够符合该标准而付出了劳动。一般而言，参照标准可以是成本预算、客户服务目标水平或利润的贡献等。

除了公司内部所设定的标准外，许多企业还向外部标准看齐。人们对于质量的高度重视导致了众多企业将标准定得很高，以便参与各种奖项的角逐。对物流管理者来说，质量可能意味着准时履行订单、很少发生短货或不按时交付产品的情况。全世界的公司都在想方设法得到认证，一旦达到认证标准，就开始大张旗鼓地进行宣传。客户也希望他们的供应商是获得认证的企业，因为这将保证客户得到的产品或服务与他们的期望一致。所以，对于产品或服务的提供者来说，这些质量奖或 ISO 9000 的认证可能就是物流管理的目标。

3．监控

监控是控制系统的神经中枢。负责收取有关执行情况的信息，与参与目标进行对比，并负责启动修正措施。监控者得到的信息基本上要进行定期报告和审计，通常是有关库存状况、资源利用情况、管理成本及客户服务水平等方面的报告。

管理者、顾问或计算机程序是系统中的监控者。监控者解读报告，并将实施绩效与目标进行比较。监控者还将判断实施结果是否失控，并采取适当的措施使实施结果与目标相符。例如，如果客户服务水平与预期的服务水平相比太低，管理者就会要求在仓库中存有额外的安全库存。一般而言，修正措施的精确程度取决于失控的程度，以及管理者希望修正措施的持续时间。如果实际执行情况与预期的"偏差"在可接受的范围内，则有可能不进行修正；相反，如果偏差超出了可接受的范围，管理者将启动及时、可行的临时操作方案来减少偏差，或者通过战略性规划来改变系统设计。是否采取临时操作方案和战略性方法取决于个人对偏差原因的判断，比如，认为偏差是随机因素导致的，还是由于出现了根本性的改变。同时，主要部分重新规划带来的收益与相关成本、采取快速修正措施的必要性也会对决策产生一定的影响。

2.3 物流战略环境分析方法

物流战略环境分析方法有多种，有的只用于环境分析，有的用于战略方案的制订和选择，下面将对常用的战略环境分析方法进行介绍。

2.3.1 PEST 分析方法

PEST 是一种企业所处宏观环境分析模型，所谓 PEST，即 Political（政治）、Economic（经济）、Social（社会）和 Technological（技术）。这些是企业的外部环境，一般不受企业掌握。

1．政治环境

政治会对企业监管、消费能力以及其他与企业有关的活动产生十分重大的影响力。一个国家或地区的政治制度、体制、方针政策、法律法规等，常常制约、影响着企业的经营行为，尤其影响企业较长期的投资行为。

2．经济环境

经济环境是指国民经济发展的总概况，国际和国内经济形势及经济发展趋势，企业所面临的产业环境和竞争环境等。市场营销人员需要从短期与长期两个方面来看待一个国家的经济与贸易，特别是在进行国际营销的时候。企业的经济环境主要的组成因素有社会经济结构、经济发展水平、经济体制、宏观经济政策以及当前经济状况等。

3．社会环境

社会环境是指一定时期整个社会发展的一般状况。主要包括社会道德风尚、文化传统、人口变动趋势、文化教育、价值观念、社会结构等。各国的社会与文化对于企业的影响不尽相同。社会与文化要素十分重要，主要包括人口因素、社会流动性、消费心理、生活方式变化、文化传统和价值观等。

4．技术环境

技术环境是指社会技术总水平及变化趋势，技术变迁，技术突破对企业影响，以及技术对政治、经济社会环境之间的相互作用的表现等（其具有变化快、变化大、影响面大等特点）。科技不仅是全球化的驱动力，也是企业的竞争优势所在。

2.3.2 SWOT 分析方法

1．SWOT 方法的环境分析

SWOT 分析代表分析企业优势（Strengths）、劣势（Weaknesses）、机会（Opportunities）和威胁（Threats）。因此，SWOT 分析实际上是将对企业内外部条件各方面内容进行综合和概括，进而分析组织的优劣势、面临的机会和威胁的一种方法。

（1）优势。优势是组织机构的内部因素，具体包括：有利的竞争态势，充足的财政来源，良好的企业形象，技术力量，规模经济，产品质量，市场份额，成本优势，广告攻势等。

（2）劣势。劣势也是组织机构的内部因素，具体包括：设备老化，管理混乱，缺少关键技术，研究开发落后，资金短缺，经营不善，产品积压，竞争力差等。

（3）机会。机会是组织机构的外部因素，具体包括：新产品，新市场，新需求，外国市场壁垒解除，竞争对手失误等。

（4）威胁。威胁是组织机构的外部因素，具体包括：新的竞争对手，替代产品增多，市场紧缩，行业政策变化，经济衰退，客户偏好改变，突发事件等。

SWOT 方法的优点在于考虑问题全面，是一种系统思维，它是常用的一种企业内外部环境条件战略因素综合分析方法，是在确定内部、外部关键成功因素的基础上，根据判断结果将优势与劣势、外部机会与威胁分别列出，并进行综合分析。而且可以把对问题的""诊断"和"开处方"紧密结合在一起，条理清楚，便于检验。

2．基于SWOT分析的战略选择

企业通过SWOT分析的结果可以得到有四种不同类型的战略组合：优势—机会（SO）组合战略、劣势—机会（WO）组合战略、优势—威胁（ST）组合战略和劣势—威胁（WT）组合战略。

（1）优势—机会（SO）战略。它是一种发展企业内部优势与利用外部机会的战略，是一种理想的战略模式。当企业具有特定方面的优势，而外部环境又为发挥这种优势提供有利机会时，可以采取该战略。例如良好的产品市场前景、供应商规模扩大和竞争对手有财务危机等外部条件，配以企业市场份额提高等内在优势可成为企业收购竞争对手、扩大生产规模的有利条件。

（2）劣势—机会（WO）战略。此类型战略是利用外部机会来弥补内部劣势，使企业改变劣势而获取优势的战略。它存在外部机会，但由于企业存在一些内部弱点而妨碍其利用机会，可采取措施先克服这些弱点。例如，若企业弱点是原材料供应不足和生产能力不够，从成本角度看，前者会导致开工不足、生产能力闲置、单位成本上升，而加班加点会导致一些附加费用。在产品市场前景看好的前提下，企业可利用供应商扩大规模、新技术设备降价、竞争对手财务危机等机会，实现纵向整合战略，重构企业价值链，以保证原材料供应，同时可考虑购置生产线来克服生产能力不足及设备老化等缺点。通过克服这些劣势，企业可能进一步利用各种外部机会，降低成本，取得成本优势，最终赢得竞争优势。

（3）优势—威胁（ST）战略。这种战略是指企业利用自身优势，回避或减轻外部威胁所造成的影响。如竞争对手利用新技术大幅度降低成本，给企业很大成本压力；同时材料供应紧张，其价格可能上涨；消费者要求大幅度提高产品质量；企业还要支付高额环保成本等，这些都会导致企业成本状况进一步恶化，使之在竞争中处于非常不利的地位，但若企业拥有充足的现金、熟练的技术工人和较强的产品开发能力，便可利用这些优势开发新工艺，简化生产工艺过程，提高原材料利用率，从而降低材料消耗和生产成本。另外，开发新技术产品也是企业可选择的战略。新技术、新材料和新工艺的开发与应用是最具潜力的成本降低措施，同时它可提高产品质量，从而回避外部威胁影响。

（4）劣势—威胁（WT）战略。它是一种旨在减少内部劣势，回避外部环境威胁的防御性技术。当企业存在内忧外患时，往往面临生存危机，降低成本也许成为改变劣势的主要措施。当企业成本状况恶化，原材料供应不足，生产能力不够，无法实现规模效益，且设备老化，使企业在成本方面难以有大作为时，将迫使企业采取目标聚集战略或差异化战略，以回避成本方面的劣势，并回避成本原因带来的威胁。

和很多其他的战略模型一样，SWOT模型提出很久了，带有时代的局限性。以前的企业可能比较关注成本、质量，企业可能更强调组织流程。SWOT没有考虑到企业改变现状的主动性，企业是可以通过寻找新的资源来创造企业所需要的优势，从而达到过去无法达成的战略目标。

2.3.3　IE 矩阵分析工具

1．企业内部因素评价矩阵

内部因素评价矩阵（Internal Factor Evaluation Matrix，IFE 矩阵），是一种对内部因素进行分析的工具，其做法是从优势和劣势两个方面找出影响企业未来发展的关键因素，根据各个因素影响程度的大小确定权数，再按企业对各关键因素的有效反应程度对各关键因素进行评分，最后算出企业的总加权分数。通过 IFE，企业就可以把自己所面临的优势与劣势汇总，来刻画出企业的全部引力。

IFE 矩阵可以按如下五个步骤来建立。

（1）列出在内部分析过程中确定的关键因素。采用 10~20 个内部因素，包括优势和劣势两方面的。首先列出优势，然后列出劣势。要尽可能具体，要采用百分比、比率和比较数字。

（2）给每个因素加上权重，其数值范围由 0.0（不重要）到 1.0（非常重要）。权重标志着各因素对于企业在产业中成败的影响的相对大小。无论关键因素是内部优势还是弱点，对企业绩效有较大影响的因素就应当得到较高的权重。所有权重之和等于 1.0。

（3）为各因素进行评分。1 分代表重要弱点；2 分代表次要劣势；3 分代表次要优势；4 分代表重要优势。值得注意的是，优势的评分必须为 4 或 3，弱点的评分必须为 1 或 2。评分以公司为基准，而权重则以产业为基准。

（4）用每个因素的权重乘以它的评分，得到每个因素的加权分数。

（5）将所有因素的加权分数相加，得到企业的总加权分数。

无论 IFE 矩阵包含多少因素，总加权分数的范围都是从最低的 1.0 到最高的 4.0，平均分为 2.5。总加权分数大大低于 2.5 的企业的内部状况处于弱势，而分数大大高于 2.5 的企业的内部状况则处于强势。

2．企业外部因素评价矩阵

外部因素评价矩阵（External Factor Evaluation Matrix，EFE 矩阵），是一种对外部环境进行分析的工具，其做法是从机会和威胁两个方面找出影响企业未来发展的关键因素，根据各个因素影响程度的大小确定权数，再按企业对各关键因素的有效反应程度对各关键因素进行评分，最后算出企业的总加权分数。通过 EFE，企业就可以把自己所面临的机会与威胁汇总，来刻画出企业的全部吸引力。

外部因素评价矩阵的具体步骤与内部因素评价矩阵一样，只是在第一步列出的因素是外部环境的机会和威胁因素，其他步骤是一致的。

3．基于 IE 矩阵的战略选择

IE 矩阵（Internal-External Matrix，内部—外部矩阵），是在原来由 GE 公司提出的多因素业务经营组合矩阵基础上发展起来的。多因素业务经营组合矩阵又称市场吸引力—经营实力矩阵（GE 矩阵），经营实力表明企业的竞争能力（内部因素），而市场吸引力表明企业所处行业的发展状况与发展趋势（外部因素）。

在 GE 矩阵基础上发展起来的 IE 矩阵即用内部因素与外部因素取代该矩阵中的竞争能力和行业吸引力，如图 2-3 所示。

		IFE 最终得分		
		3.99~3.0 高	2.99~2.0 中	1.99~1.0 低
EFE 最终得分	3.99~3.0 低	I	II	III
	2.99~2.0 中	IV	V	VI
	1.99~1.0 低	VII	VIII	IX

图 2-3　IE 评估矩阵

在 IE 矩阵的横坐标中，IFE 加权评分数为 1.0~1.99 代表企业内部的劣势地位，2.0~2.99 代表企业内部的中等地位，而 3.0~3.99 代表企业内部的优势地位。相应地，在纵坐标上，EFE 加权分为 1.0~1.99 代表企业面临着较严重的外部威胁，而 2.0~2.99 代表企业面临中等的外部威胁，3.0~3.99 代表企业能较好地把外部威胁的不利影响减少到最低程度。

可以把 IE 矩阵分成具有不同战略意义的三个区间。第一，IE 矩阵对角线第Ⅲ、V、Ⅶ格；第二，IE 矩阵对角线左上方的第Ⅰ、Ⅱ、Ⅳ格；第三，IE 矩阵对角线右下方的第Ⅵ、Ⅷ、Ⅸ格。

对落在 IE 矩阵不同区间的不同业务或产品，企业应采取不同的战略。

（1）落入Ⅰ、Ⅱ、Ⅳ象限的业务应被视为增长型和建立型（Grow and Build）业务。所以应采取加强型战略（市场渗透、市场开发和产品开发）或一体化战略（前向一体化、后向一体化和横向一体化）或投资/扩展战略。

（2）落入Ⅲ、V、Ⅶ象限的业务适合采用坚持和保持型（Hold and Maintain）战略，或选择/盈利战略。如市场渗透和产品开发战略等。

（3）落入Ⅵ、Ⅷ、Ⅸ象限的业务应采取收获型和剥离型（Harvest and Divest）战略或收获/放弃战略。

2.3.4　波特的五力模型

波特五力模型是迈克尔·波特（Michael Porter）于 20 世纪 80 年代初提出，它认为行业中存在着决定竞争规模和程度的五种力量，这五种力量综合起来影响着产业的吸引力以及现有企业的竞争战略决策。五种力量分别为同行业内现有竞争者的竞争能力、潜在竞争者进入的能力、替代品的替代能力、供应商的讨价还价能力、购买者的讨价还价能力。波特的五力模型是确定企业经营战略的一种方法。

波特五力模型从一定意义上来说隶属于外部环境分析方法中的微观分析。其用于竞争战略的分析，可以有效地分析客户的竞争环境。波特的五力分析法是对一个产业盈利能力和吸引力的静态断面扫描，说明的是该产业中的企业平均具有的盈利空间。所以这是一个产业形势的衡量指标，而非企业能力的衡量指标。通常，这种分析法也可用于创业能力分析，以揭示本企业在本产业或行业中具有何种盈利空间。

1. 供应商的议价能力

供方主要通过其提高投入要素价格与降低单位价值质量的能力，来影响行业中现有企业的盈利能力与产品竞争力。供方力量的强弱主要取决于他们所提供给买主的是什么投入要素，当供方所提供的投入要素其价值构成了买主产品总成本的较大比例、对买主产品生产过程非常重要或者严重影响买主产品的质量时，供方对于买主的潜在讨价还价力量就大大增强。

2．购买者的议价能力

购买者主要通过其压价与要求提供较高的产品或服务质量的能力,来影响行业中现有企业的盈利能力。其购买者议价能力影响主要有以下原因。

(1) 购买者的总数较少,而每个购买者的购买量较大,占了卖方销售量的很大比例。
(2) 卖方行业由大量相对来说规模较小的企业所组成。
(3) 购买者所购买的基本上是一种标准化产品,同时向多个卖主购买产品在经济上也完全可行。
(4) 购买者有能力实现后向一体化,而卖主不可能前向一体化。

3．新进入者的威胁

新进入者在给行业带来新生产能力、新资源的同时,也希望在已被现有企业瓜分完毕的市场中赢得一席之地。这就有可能会与现有企业发生原材料与市场份额的竞争,最终导致行业中现有企业盈利水平降低,严重的话还有可能危及这些企业的生存。其威胁的严重程度取决于两方面的因素,即进入新领域的障碍大小及预期现有企业对于进入者的反应情况。

进入障碍主要包括规模经济、产品差异、资本需要、转换成本、销售渠道开拓、政府行为与政策、不受规模支配的成本劣势、自然资源、地于是环境等方面,这其中有些障碍是很难借助复制或仿造的方式来突破的。

4．替代品的威胁

两个处于同行业或不同行业中的企业,可能会由于所生产的产品是互为替代品,从而在它们之间产生相互竞争行为。这种源自于替代品的竞争会以各种形式影响行业中现有企业的竞争战略。

替代品价格越低、质量越好、用户转换成本越低,其所能产生的竞争压力就强。而这种来自替代品生产者的竞争压力的强度,可以具体通过考察替代品销售增长率、替代品厂家生产能力与盈利扩张情况来加以描述。

5．同业竞争者的竞争程度

大部分行业中的企业,相互之间的利益都是紧密联系在一起的。作为企业整体战略一部分的各企业竞争战略,其目标都在于使自己的企业获得相对于竞争对手的优势。所以,在实施中就必然会产生冲突与对抗现象,这些冲突与对抗就构成了现有企业之间的竞争。现有企业之间的竞争常常表现在价格、广告、产品介绍、售后服务等方面,其竞争强度与许多因素有关。

通过以上 5 个因素的分析,可以确定企业的竞争战略,如表 2-2 所示。

表 2-2 波特五力模型对战略的选择

行业内的力量	战略类型		
	成本领先战略	产品差异化战略	集中战略
供应商议价能力	更好地抑制大卖家的砍价能力	更好地将供方的涨价部分嫁给顾客方	集中差异化的公司能更好地把供货商的涨价部分转移给顾客方
买方议价能力	具备向大买家出更低价格的能力	因选择范围小而削弱了大买家的砍价能力	因为没有选择范围,使大买家丧失谈判能力

续表

行业内的力量	战略类型		
	成本领先战略	产品差异化战略	集中战略
新进入者威胁	具备杀价能力以阻止潜在对手进入	培育顾客忠诚度以挫伤潜在进入者的信心	通过集中战略建立核心能力,以阻止潜在对手进入
替代品的威胁	能够利用低价抵御替代品	顾客习惯于一种独特的产品或服务,因而降低了替代品的威胁	特殊的产品和核心能力能够防止替代品的威胁
同业竞争者的竞争程度	能更好地进行价格竞争	品牌忠诚度能使顾客不理睬你的竞争对手	竞争对手无法满足集中差异化顾客的需求

波特的五力模型是建立在以下三个假定基础之上的。

（1）制定战略者需要了解整个行业的信息，显然在现实中是难以做到的。

（2）同行业之间只有竞争关系，没有合作关系。但现实中企业之间存在多种合作关系，不一定是你死我活的竞争关系。

（3）行业的规模是固定的。因此，只有通过夺取对手的份额来占有更大的资源和市场。但现实中企业之间往往不是通过吃掉对手而是与对手共同做大行业的蛋糕来获取更大的资源和市场。同时，市场可以通过不断的开发和创新来增大容量。

因此该模型更多是一种理论思考工具，而非可实际操作的战略工具。

本章小结

> 本章分析了物流战略的概念及物流战略规划的目标和层次，详细论述了物流战略规划的步骤，包括确定企业任务、企业内外部环境分析、物流战略类型的选择、物流战略的实施以及物流战略的控制。在企业内外部环境分析中，本章介绍了用于外部环境分析的 PEST 分析方法、外部环境评价矩阵分析方法；用于内部环境分析的 SWOT 分析方法、内部环境评价矩阵分析方法以及波特的五力模型。企业可通过对内外部环境的综合分析，选择适合企业发展的物流战略。

案例分析

宝供物流企业集团的成功之路

宝供物流企业集团，是国内首家注册成立的物流企业集团，以其超前的物流服务理念、遍布全国的运作网络、一流的质量保证体系、全程的信息服务优势、先进的物流管理模式、丰富的物流实践经验及强大的学习型、知识型物流人才队伍，为 40 多家跨国公司和十几家国内大型企业提供优质、高效的专业化物流服务，一跃成为中国第三方物流的"璀璨之星"。这主要依赖于其超前的物流系统战略规划设计。

观念领先战略。企业的发展，离不开观念的更新。要在中国乃至世界物流业中赢得领先地位，首先要在观念上领先。宝供将投入相当资金创办一流的物流学校和一流的物流研究中心，通过广泛的物流研究与学术交流，深入揭示物流理论的深刻内涵，研究现代物流运作模式，改革和更新物流理念，并用于指导物流实践，"用一流的观念，创造一流的物流服务"。

1. 科技支持战略

21世纪是知识和科技的时代，专业化、细致化、科学化的物流知识将成为客户物流体系改革、整合、规划和设计的重要依据，现代科学技术如各种条形码技术、自动识别技术、自动分拣技术、卫星定位技术等将成为物流运作的重要工具，"知识化和科技化物流"将成为宝供服务的主要特征。

2. 服务创新战略

一方面，引导物流服务朝综合化、一体化方向发展，把物流诸多环节、服务类型进行系统整合，将不同货运公司、仓储公司以及社会资源进行物流资料整合，为客户提供一种具有长期、专业、综合的高效物流服务；另一方面，为适应21世纪个性化消费和个性化服务的需要，改变传统企业的单一成本竞争策略为差异型、个性化的物流特色服务原则。

3. 人才效益战略

公司突出"人才效益"优势，广泛汇集和吸引一批包括教授、博士、硕士在内的高层次专业人才，提供科技化、现代化的优质高效的物流服务。未来公司的管理人员，必须具有本科或硕士以上学历。公司内部严格贯彻执行完善的培训和激励制度，不断增强企业的凝聚力，吸引和留住优秀人才。选拔、晋升和奖励工作成绩显著的员工，将公司利益与个人发展紧密结合起来，建设一支灵活精干、协作高效的知识型人才队伍。

4. 联盟发展战略

强调在供应链的各节点之间植入"优势互补、利益共享"的共生关系，实施企业联盟化战略。宝供将在其他第三方物流企业、客户服务群、相关行业之间广泛寻求战略合作伙伴，通过联盟的力量获得更大的竞争优势。

复习思考题

1. 物流战略的目的是什么？
2. 物流战略规划的层次有哪些？
3. 物流战略规划的内容主要包括哪些方面？
4. 对物流系统进行环境分析的方法有哪些？

第 3 章 客户服务系统的规划与设计

学习目标

1. 理解客户的种类及客户服务的定义。
2. 掌握制定物流系统战略的方法与步骤。
3. 掌握客户服务政策的种类。
4. 掌握客户订货周期。
5. 了解订单处理与信息系统的主要功能。

3.1 客户服务的概念

3.1.1 客户的种类

建立物流系统，目的是在货物运送和提供相关服务等方面充分满足客户的期望和要求，从而有利于推动企业的成功。在物流系统中，客户不仅指最终客户，还指在整个供给链系统中享受物流服务的团体和个人。

1. 消费个体

消费个体是为了满足其个人需要而购买产品或服务的个人或家庭。如个人或家庭购买了用于个人消费的电器，即消费个体。这个群体也是供给链中最终的客户。

2. 组织客户

组织客户是指企业或机构进行的采购活动是为了使组织内的使用者完成某项具体的工作或任务。

3. 中间客户

中间客户是指企业和最终消费者之间存在的中间企业组织。比如，我们从超市购买纳爱斯公司的雕牌洗衣皂，那么像超市这类客户即中间客户。

对物流系统而言，客户就是交货的最终目的地，它包括个体客户、组织客户和中间客户三类。随着经济的快速发展，客户对性价比的意识在不断地增长，客户的需求变化快且多样化。因此，在物流系统中，无论交货的目的地如何，接受服务的客户即是制定物流系统运作要求的中心和驱动要素。

3.1.2 物流和营销的交叉

通常情况下，客户服务是物流和营销之间的关键连接，如图 3-1 所示。

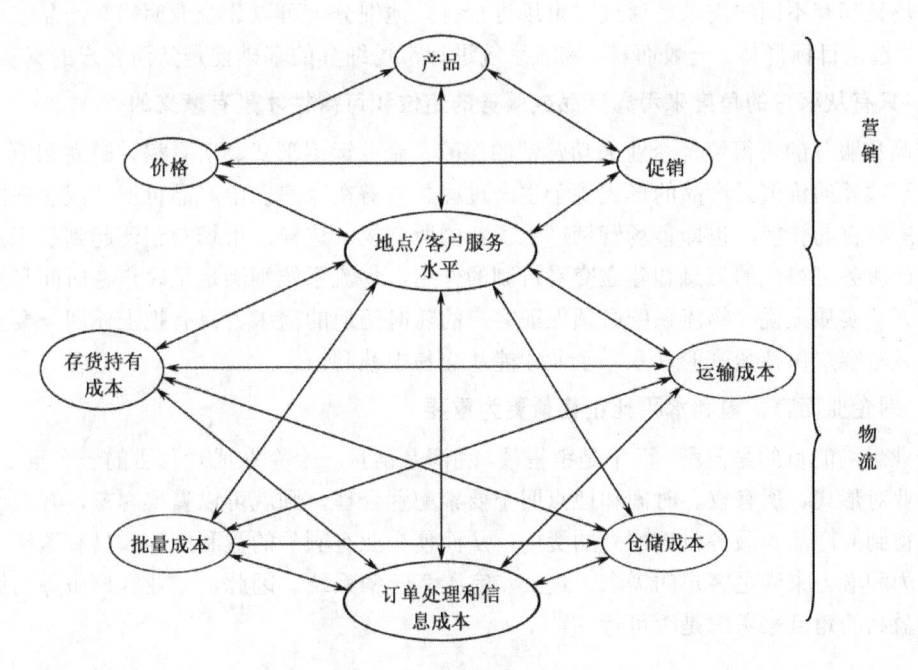

图 3-1 物流与营销的交叉

物流系统是为了满足营销的地点要素。传统的观点认为如果提高了客户服务水平，物流成本将会增加。然而，通过实践证明，如果有效地对物流系统进行规划和设计，在物流成本降低的前提下，客户的总体服务水平也有可能提高。因此，物流系统是企业或供给链管理中，提高客户服务水平，进而提高企业价值的一种有力手段。

3.1.3 客户服务的定义

客户服务的概念源于市场营销概念——主张商业战略要以客户为中心的商业理念。企业要想实现其商业目标，取得成功，就必须要比竞争者更清楚地认识到客户的具体需求，集中各种资源及运作来满足客户的需求。然而，对客户服务的定义不同的人有不同的说法。

客户服务可以定义为发生在购买方、销售方和第三方之间的一个过程。这个过程导致交易的产品服务的价值增值。它体现了物流在市场营销中的作用。

产品的价值包括产品本身的价值及服务所提供的附加价值，通过提高客户服务水平可以增加产品的附加价值，进而增加产品或企业的价值。这可以从以下四个方面进行理解。

1. 与产品和服务相比，客户的需求才是更为重要的东西

此观点强调的是企业的市场机会，减少企业的失销成本。在提供产品或服务时，应该弄清楚客户的真实需求。因此可以说，成功的市场营销源于企业对客户的深入研究，企业要确切地掌握客户对产品和服务的真正需求。

2．不同的客户有不同的需求

对于任何一种产品，都不存在唯一的市场。所有的市场都是由不同的小市场组成的，每个小市场又都有不同的需求。通过对市场进行有效地细分，可以让企业明确其产品或服务的市场，并选定目标群体。一般而言，物流系统进行市场细分的基础便是认清客户的真实需求。

3．只有从客户的角度来考虑产品或服务的定位和可得性才是有意义的

产品和服务的可得性是企业成功营销的保障。企业运用形式、所有权、时间和地点给客户创造了额外的价值。产品的形式源于生产过程。向潜在客户发出产品可得性或服务的信息并实现所有权的转换，也即市场营销产生了新的所有权。这样，市场营销便起到了识别并传达产品或服务可得性的信息和建立交易机制的作用，物流系统则满足了客户在时间和地点上的要求。从实质上说，物流系统必须保证客户的随时随地的需求。只有把上述四个要素结合起来，并与客户保持紧密的联系，企业才能从交易中获利。

4．对企业而言，盈利水平比销售量更为重要

企业最终的目的是盈利，而不是销售额。利润是衡量一个企业成功与否的一个重要方面。如果企业对形式、所有权、时间和地点四个要素配置合理，则就可以赢得客户，客户当然也愿意为得到的产品和服务付出额外的费用，从而使企业有额外的盈利空间。只有这样，企业才有能力和潜力来满足客户的需求，进一步完善其营销系统。因此，企业客户服务的运作，应该从盈利的角度来考虑是否可行。

3.1.4 客户服务的要素

与客户服务相关的要素有很多，不同学者的总结也不尽相同。本书采纳了伯纳德和保罗的观点，将客户服务要素划分为交易前、交易、交易后三组。物流系统运作的目标是可得性、降低总成本及创造物流价值，这个目标分布在交易前、交易及交易后三个阶段中，如图 3-2 所示。

```
                      客户服务
          ┌──────────────┼──────────────┐
       交易前要素        交易要素        交易后要素
    ┌────────────┐  ┌────────────┐  ┌────────────────┐
    │• 书面的政策声明│  │• 缺货水平    │  │• 安装、质量保证、│
    │• 客户接受政策申明│ │• 订货信息    │  │  变更、修理和零部件│
    │• 组织结构    │  │• 订货周期要素 │  │• 产品跟踪        │
    │• 系统柔性    │  │• 加急发货    │  │• 客户索赔、投诉和│
    │• 管理服务    │  │• 转运        │  │  退货            │
    │              │  │• 系统准确性  │  │• 临时性的产品替代│
    │              │  │• 产品替代性  │  │                  │
    └────────────┘  └────────────┘  └────────────────┘
```

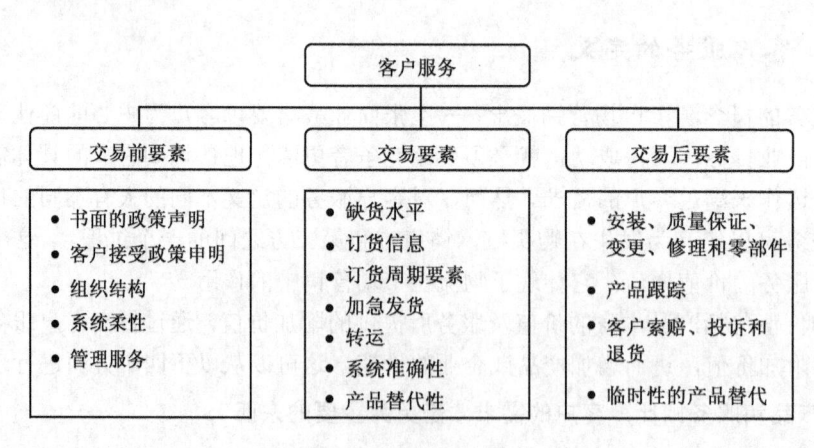

图 3-2 客户服务要素

1．交易前要素

客户服务的交易前要素倾向于非日常性，且与政策相关的内容。尽管这些没有明确地涉及物流系统，但是它们对产品的销售具有十分重大的影响。交易前的要素主要包括客户服务

政策的书面声明、客户接受客户服务政策的声明、组织结构、系统柔性以及管理服务。

2．交易要素

交易要素是指那些与客户服务相关的活动，表现为作业表现和可得性。例如，缺货水平、订货周期要素、转运、加急发货、产品的替代性等。客户服务的交易要素作用最明显，对销售具有直接的作用。

3．交易后要素

客户服务的交易后要素支持产品的售后服务。包括安装、质量保证、变更、修理和零部件；产品跟踪；客户索赔、投诉和退货；临时性的产品替代等内容。

3.2 客户服务系统的建立方法

3.2.1 与企业战略相匹配

物流系统战略应该与企业的总体战略相一致。从美国哈佛商学院著名战略学家迈克尔·波特提出的"价值链分析法"（见图3-3）中可以看出，把企业内外价值增加的活动分为基本活动和支持性活动两种。基本活动涉及企业生产、销售、进料后勤、发货后勤、售后服务；支持性活动涉及人事、财务、计划、研究与开发、采购等，基本活动和支持性活动共同构成了企业的价值链。

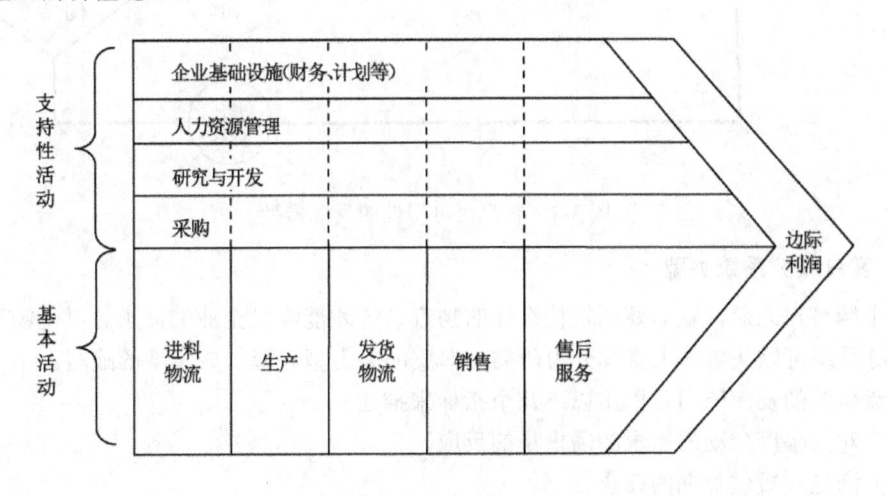

图 3-3　迈克尔·波特的价值链分析法

为了完成企业的整体竞争战略，上述职能都会发挥作用，且每一种职能都需要制定自身的战略以保证整体战略的实现。物流系统战略即确定原材料的获取和运输，产品的制造或服务的提供，以及产品配送和售后服务的方式与特点。其客户服务系统即是在满足企业竞争战略基础上的物流服务水平的确定。因此，物流系统的客户服务系统需要与企业的竞争战略目标相一致。一般可以通过以下三个步骤来制定客户服务系统。

1．理解客户的需求

前已述及，物流系统进行客户细分是保证市场营销成功的基础。因此，在确定其客户服务系统时，首先应确定整个供给链上的客户及其需求。

客户的需求通常可以用包装的容量、所期望的订货、所需产品的种类、要求的服务水平、产品的价格、预期的产品创新周期等加以描述。

客户的需求不同，在对待可得性的反应上也不尽相同，如图 3-4 所示。

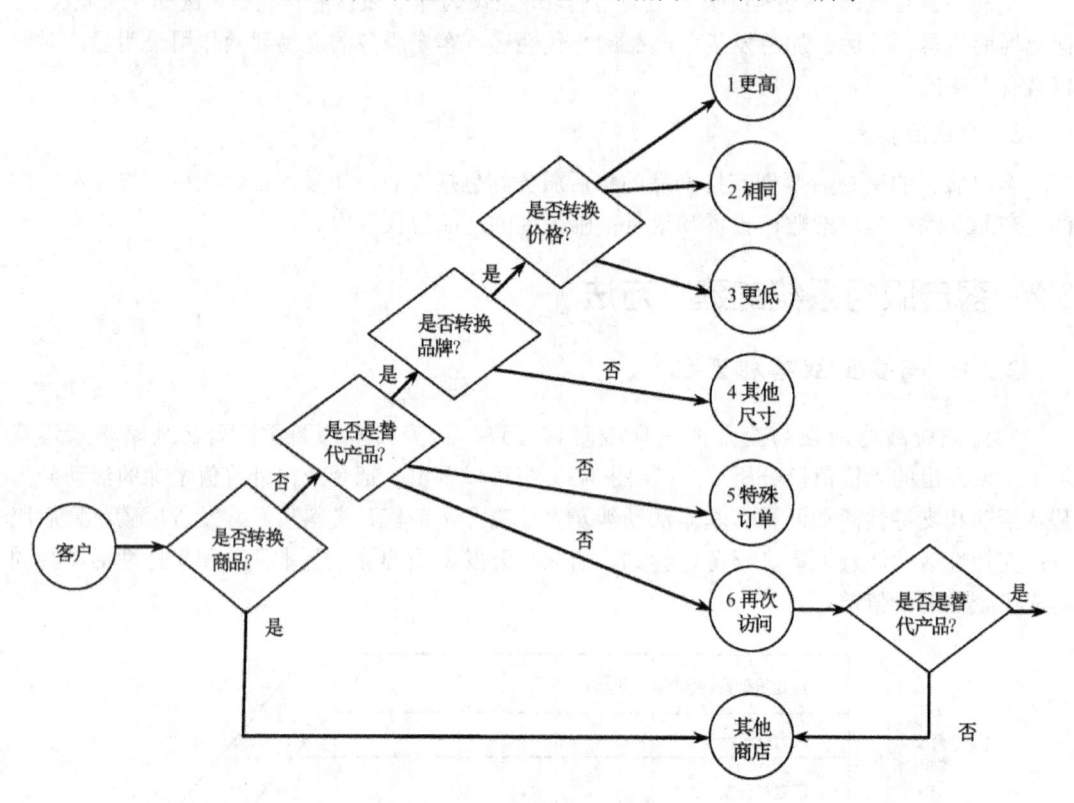

图 3-4　客户对可得性的反应模型

2．客户服务系统类型

在了解客户之后，就需要回答什么样的物流系统才能满足企业的需求。对于物流系统的客户服务系统可以从总体上将其分为两类，即反应能力型和降低成本型的战略。

物流系统的反应能力可以用以下几个指标来描述。

（1）对大幅度变动的需求的需求量的反应。

（2）满足较短供货期的要求。

（3）提供多品种的产品。

（4）生产具有高度创新性的产品。

（5）满足特别高的服务水平的要求。

一般来说，物流系统对上述要求的满足能力越强，则其反应能力就越强。当然，要获得反应能力强的物流系统是要付出高成本的。例如，为了提高大幅度变动的需求量的反应能力就必须提高物流系统的安全库存，这将会导致成本随之增加。反应能力和成本的关系可用图 3-5 来表示。

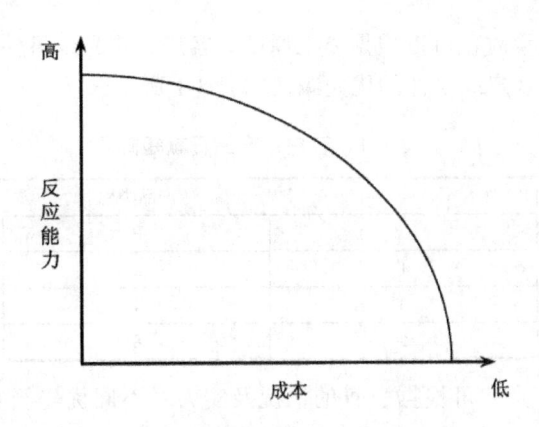

图 3-5 物流系统反应能力与成本的关系

3. 确定客户服务系统

不同的客户对于缺货的反应不同。对于客户愿意等待或愿意转换购买地点去购买的产品，企业应该在客户最可能购买产品的地点保持较高的服务水平，即客户服务水平在此地点应该以反应能力型为主。

如果客户购买商品是出于节约成本的考虑，则企业可以通过替代产品或高的库存可得性来满足客户，因此，该物流系统应该提供替代产品的库存可得性，或采用降低成本型的客户服务战略。

如果客户在缺货时才会想到该品牌，则该物流系统需要增强反应能力来保留客户，因此，应该以反应能力作为其物流系统的主要衡量指标。

3.2.2 成本—权益衡量

物流系统为实现客户服务目标而支持的成本包括运输成本、仓储成本和管理成本。为了能给企业带来最大的盈利，在确定具体客户服务水平时，必须降低物流成本，以最低的物流成本实现其客户服务目标。因此，制定客户服务水平时应满足以下两个条件。

（1）最大化：企业盈利水平。

（2）约束条件：客户服务水平指标。

企业通过对不同客户服务水平所付出的成本以及由此带来的效益（包括失销成本）进行分析，进而能够确定盈利水平最优的客户服务水平。

3.2.3 ABC 分类法

ABC 分类法又称帕累托分析法或分类管理法，即通常所说的"80/20"规则。它是根据事物在技术或经济方面的主要特征，进行分类排队，分清重点和一般，从而有区别地确定管理方式的一种分析方法。由于它把被分析的对象分成 A、B、C 三类，所以又称 ABC 分析法。

在 ABC 分类法中，将累计品目百分数为 5%～15%，而平均资金占用额累计百分数为 60%～80%的前几个物品，确定为 A 类；将累计品目百分数为 20%～30%，而平均资金占用额累计百分数也为 20%～30%的物品，确定为 B 类；其余为 C 类，C 类情况正和 A 类相反，其累计品目百分数为 60%～80%，而平均资金占用额累计百分数仅为 5%～15%。

在制定客户服务政策时,可以根据以上原则对客户、物品或事件进行 ABC 分类,并在此基础上,确定产品、客户或事件的优先级,如表 3-1 所示。

表 3-1 客户—产品贡献矩阵

客户类别	产品类别		
	A	B	C
A	1	2	6
B	3	4	7
C	5	8	9

确定了优先级后,企业可根据自身的情况及实力对不同优先级实行不同的客户服务政策,如表 3-2 所示是某企业的客户服务水平的示例。

表 3-2 客户—产品客户服务政策的制定

优先级范围	在库标准	交付标准	订单完整性标准
1~3	100%	24 小时	99%
4~6	95%	72 小时	95%
7~9	90%	96 小时	90%

此外,利用 ABC 分类法还可以对产品或客户的营利性进行分类,进而淘汰一些营利性差或者无营利性的产品或客户。

3.2.4 客户服务监控

客户服务监控用来评价一个公司提供的客户服务水平,以及及时调整客户服务水平的工具。客户服务监控主要包括客户服务的重要因素、绩效控制的方式和信息系统的效率。一般可分为外部客户服务监控、内部客户服务监控、识别潜在的解决方案和建立客户服务水平这四个步骤。

1. 外部客户服务监控

外部客户服务监控的对象为客户以及竞争者,主要目标在于识别重要的客户服务要素以及确定客户对市场中的主要供应商(企业的竞争者)所提供服务的评价。

此项是制定完整客户服务政策的基础,一般通过调查问卷的形式来获得所需的信息。

2. 内部客户服务监控

内部客户服务监控要求对企业的现行客户服务政策进行检查,这是评估客户服务战略变更的依据。内部客户服务监督检查的项目包括下列几项。

(1) 目前公司内部是如何评估客户服务的。
(2) 评价指标有哪些。
(3) 绩效标准或目标是什么。
(4) 目前达到了什么水平——结果与目标的比较。
(5) 这些指标的数据是从哪里得到的。
(6) 企业的每个职能部门如何看待客户服务。
(7) 在信息和控制方面,这些职能部门之间的关系是什么。

内部监控的目的在于识别企业管理与客户期望之间的差距。

3. 识别潜在的解决方案

外部监控可以使管理者找出公司客户服务与企业战略之间存在的问题。外部监控与内部监控结合起来使用，有助于企业根据细分市场调整客户服务战略，从而提高企业的盈利水平。如果企业希望利用此工具来开发最优盈利的客户服务和企业战略，就需要利用这些数据与竞争对手进行基准比较。在识别潜在解决方案中，可以利用客户服务相对绩效矩阵、绩效评估矩阵以及两个矩阵相结合来识别潜在解决方案。

（1）客户服务相对绩效矩阵。此矩阵横向为本企业与参照企业的相对绩效，纵向为客户对某些服务的重要性评价。矩阵中的 9 个单元格可以划分成竞争优势、竞争均势和竞争劣势三大类。例如，A 公司通过问卷调查，得到部分客户对服务重要性及绩效的得分水平如表 3-3 所示。

表 3-3 部分客户服务的重要性和绩效评估值

编号	属性	重要性	绩效评估 A 公司	绩效评估 B 公司	相对绩效
1	履行订单的准确性	6.42	5.54	5.65	−0.11
2	以快速反应的方式加快加急订单的能力	6.25	4.98	5.23	−0.25
3	对投诉（如订单服务、发货、产品）采取的行动	6.07	4.82	5.18	−0.36
4	供应商预测和执行定制产品的发货日期的准确性	5.92	4.53	4.73	−0.2
5	完整率（最终发货的订单比例）	5.69	5.29	5.27	0.02
6	快速调整开票和发货差错	5.34	4.64	4.9	−0.24
7	一揽子订单的可获得性	4.55	5.03	4.15	+0.88
8	交付的频率（供应商将多个/分离的发货合并为一个更大的、频率更低的发货）	4.29	5.07	5.03	+0.44
9	订单处理人员分布在你所在的市场区域	3.58	5.33	5.21	+0.12
10	计算机对计算机的订单输入	2.3	4.07	3.53	+0.54

根据表 3-3 可以做出 A 公司与 B 公司的相对绩效矩阵，如图 3-6 所示。

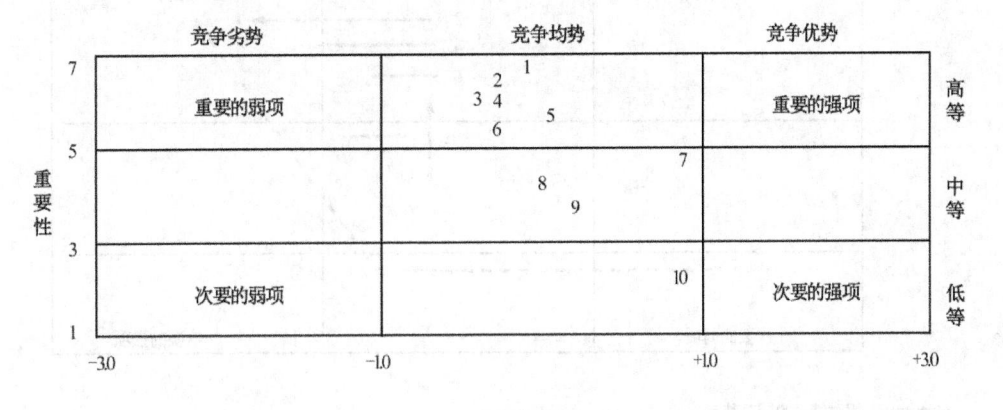

图 3-6 相对绩效矩阵

通过相对绩效矩阵，可以看出 A 公司与 B 公司相比较的相对绩效。两个公司在绩效方面差异不大，以 7 分制，最大和最小的差异分布是 0.88 和 0.36。因此，从相对绩效上，在客户看来两个公司的绩效实质上并无区别。

竞争均势一栏上的单元格表明只要具有经济可行性，就应该改善 1、2、3、4、6 和 5 的绩效，以便与竞争对手产生差异，成为该公司的竞争优势。例如，可以通过提高配送中心的工作质量来提高履行订单的准确性等。另外，也可以通过宣传等途径提高某些强项属性客户评价的重要性，从而获得竞争优势。

（2）绩效评估矩阵。在分析潜在的解决方案时，还应该结合企业的绩效评估矩阵共同做出决策。绩效评估矩阵横向为绩效评估值，纵向为客户对某绩效水平重要性评价值。共有 9 个单元格，如图 3-7 所示。

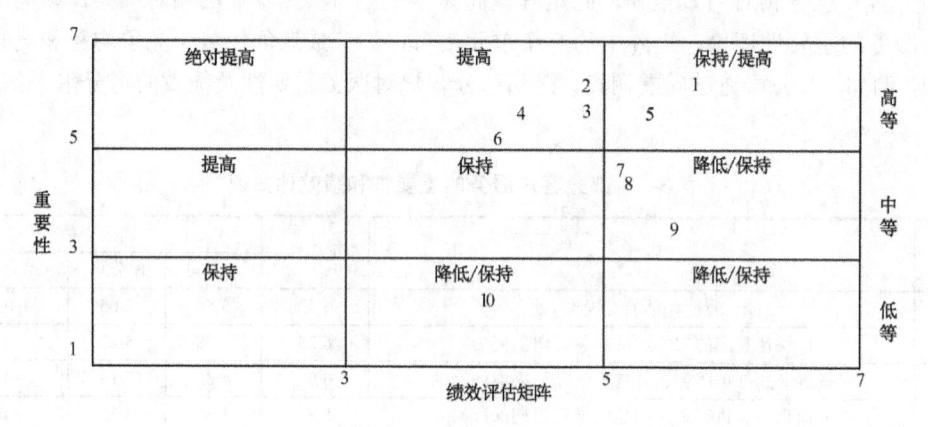

图 3-7　绩效评估矩阵

从图 3-7 中可以得出，在客户评价重要性最高的 6 个变量中，A 公司有 4 个方面没有满足客户的期望，在 2 个最不重要的变量方面则超出了客户的期望。因此，A 公司应该把其资源投入在客户认为重要的服务属性上，也就是说，A 公司对客户服务水平还有待改进。

（3）竞争优势的获得。把相对绩效矩阵和绩效评估矩阵结合起来使用，则可以更客观、更准确地改进企业的客户服务政策，如图 3-8 所示。

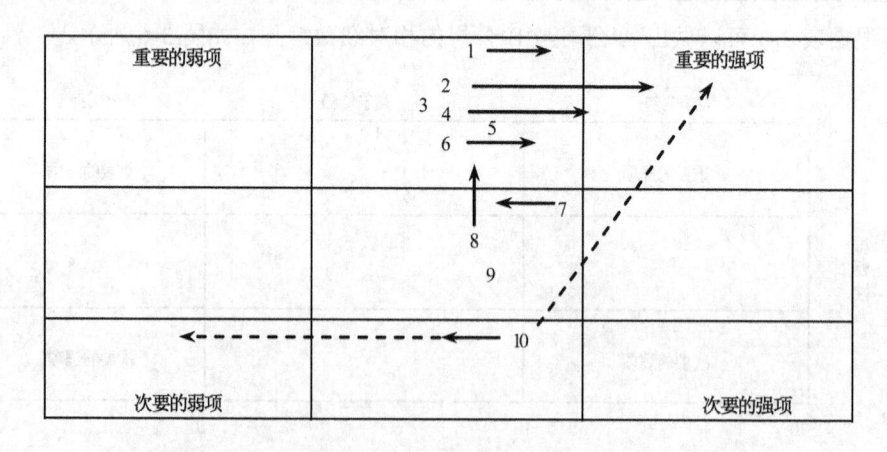

图 3-8　识别潜在方案矩阵

由图 3-8 可知，A 公司可以通过改善 1、2、3、4 或 6 使之成为企业的竞争优势。企业应该保持客户对这些绩效重要性高的评价，减少客户对属性 7 的重要性评价，提高客户对属性 8 的重要性评价等策略。

在企业使用客户服务监控方法对其客户服务水平进行改善时，需要充分考虑企业本身的客户服务政策以及所涉及的成本。

4. 建立客户服务水平

客户服务监控的最后一项任务就是建立客户服务水平，设置目标服务水平。

3.3 客户服务政策的种类

客户服务政策是物流系统与客户之间的一种协议，它明确指出了物流系统的服务目标和方向。客户服务政策为每一步物流操作如库存控制、运输、仓储等都规定了相应的服务目标。

客户服务政策反映了一个公司的企业文化和物流系统的成熟程度，一般可将其分为以下几类。

1. 特例

没有客户服务政策。例如，可以满足任何客户提出的任何要求。

2. 没有定量指标

这类客户服务政策看起来是精心设计的，但由于没有定量衡量的指标，因而也就没有办法对客户服务政策进行考核，实质上等于没有客户服务政策。比如，我们会尽量为客户做得更好，我们会彻底为客户服务等。

3. 没有客户细分

这是有详细的量化指标的客户服务政策，却没有针对性。比如，我们的服务是使任何客户都能 100%地得到满足。一般来说，企业的客户对利润的贡献不同，对企业的服务水平要求也不尽相同，企业只有区别对待才能获得更大的盈利。

4. 成熟的客户服务政策

这类客户服务政策针对不同的客户和产品类型，有详细的量化指标。主要包括为针对不同的客户和产品分别制定服务政策；为每一项服务要素建立量化的绩效指标；为每一项服务要素评价实际的绩效水平；分析实际服务水平与标准水平之间的差异；根据需要采取纠正措施。如表 3-4 所示的客户服务政策模板。

表 3-4 客户服务政策模板

服务区域	客户—产品类别	订单满足率	反应时间（h）	退货政策	增值服务	最小订单量	合并送货
Ⅰ	A-A	99%	24	100%	定制	无	定制
Ⅱ	A-B	95%	24	100%	定制	无	定制
Ⅲ	A-C	85%	48	100%	定制	无	定制
Ⅳ	B-A	97%	24	50%	有限	1 000+	部分
Ⅴ	B-B	90%	48	50%	有限	500+	部分
Ⅵ	B-C	80%	72	0%	无	100+	部分
Ⅶ	C-A	90%	48	50%	无	5 000+	部分
Ⅷ	C-B	75%	72	0%	无	1 000+	部分
Ⅸ	C-C	50%	96	0%	无	500+	部分

企业客户服务政策应该反映客户的实际需要，应指定员工进行评估绩效，将绩效水平与标准水平进行比较，及时地将这些信息反馈给管理层。

3.4 订单处理系统

信息时代对企业提出了更高的时间要求标准，企业正越来越多地将信息技术作为获得竞争优势的主要手段。通过对信息技术的集成达到缩短订单周期时间、加速反应能力和降低供给链库存的目的。物流系统的一切活动都是由客户订单开始的，因此，订单处理系统是物流系统的神经枢纽中心。信息流的速度和质量对整个运作过程的成本与效率具有直接的影响作用。

3.4.1 客户订货周期

客户订货周期从客户下订单开始，到客户收到产品并将产品入库为止。这个过程主要由以下几个主要的活动构成，即订单准备、订单生成、订单处理、仓库分拣和包装、订单运送与跟踪，如图3-9所示。

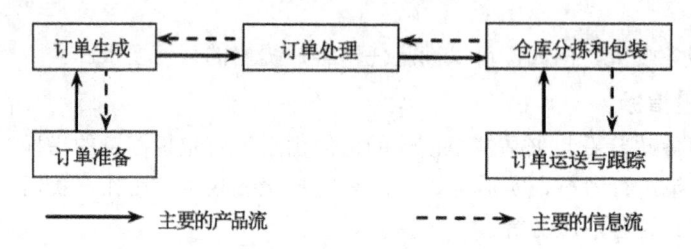

图3-9 客户订货周期的构成

1. 订单准备

订单准备是指收集所需产品或服务的必要信息和正式提出购买要求的各项活动。

2. 订单生成

订单生成是客户订货周期的第二步，涉及订货请求从发出地点到订单录入地点的传输过程。订单生成可以通过人工方式和电子方式两种基本方式来完成。订单生成的方式有的需几分钟有的则可能长达几个星期。因此，订单生成方式的改善可以大大减少客户订货周期的长度和不稳定性。

3. 订单处理

订单处理包括核对订货信息、检查库存、检查客户信用、将信息录入销售记录、将订单传至存货或送货部门、准备装运单据、必要时转录订单信息和开具账单。通过有效利用信息技术，许多职能完全可以同步进行。

4. 仓库分拣和包装

仓库分拣和包装是指通过提取存货、生产或采购员购进客户所订购的货物，对货物进行运输包装。订单准备指由于所处理的货物不同或其他因素的影响，订单准备过程有时可能十分简单可以通过人工进行，有时则可能需要高度的自动化系统来进行处理。

5．订单运送与跟踪

订单的运输包括从货物放在运输工具上的时刻开始，到收到货物并卸载到客户所在地为止。企业可以自己安排运输，也可以将运输业务外包给第三方物流公司。

订单的跟踪是通过不断向客户报告订单处理过程中或货物交付过程中的任何延迟，确保优质的客户服务。具体包括在整个订单周转过程中跟踪订单、与客户交换订单处理进度、订单货物交付时间等方面的信息。

3.4.2 订单的准备和生成

订单的准备和生成是获得客户的需求，并将其输入到公司内部系统中处理的活动。订单生成的主要原则是尽可能做到使客户满意。订单准备和生成的方式通常有以下四种。

1．手工填写订单

客户手工填写订单并交给销售人员或邮寄。销售人员在得到订单后将其记录或录入到企业的管理信息系统中。

2．电话订购，手工记录

客户从邮寄目录或通过其他方式获得企业的产品信息后，通过电话呼叫中心的方式将订货信息传达给企业客户服务代表。客户服务代表再将订货信息详细地记录下来，然后再经过处理反馈到企业的管理信息系统中。

3．电话订购，自动记录

客户通过电话的方式将订货信息传递给供应商的客户服务代表。此时，客户服务代表可以从企业的订单处理系统中获知客户的具体信息，以及产品的库存信息。如果库存不足，则询问客户是否需要替代品或通知客户有关到货信息，也可以及时安排生产信息。

4．电子化方式

客户的订单信息通过电子的形式直接传递到企业的订单处理系统中，客户输入的终端可以是计算机或手机。

为了在订单发送和订单输入方面达到最快的速度和实现最高的准确度，越来越多的企业开始采用电子化的方式。

订单准备和录入系统中，一个重要的原则就是让客户有尽可能多的订单输入选择，以及能够提供即时的库存信息、运输到达预估时间，做到一次购足等功能，以提高客户的满意度。

3.4.3 订单的处理

订单的处理是发生在订单输入和订单发送至仓库之间的一系列活动。如图 3-10 所示。

企业接到订单后，首先会对库存进行查询，询问所需产品是否有达到订货数量的库存；还要对客户的过去支付记录进行查询来确定客户的信用。如果产品没有库存，则要确定是否要安排生产。随着订单的确定，库存文件要做相应地变动以防止产品的重复销售。管理层也可根据相关信息进行销售量预测或其他决策的输入。下一步订单处理系统提供会计开具发票的信息、确认向顾客发送的订单、仓库提货产品的分拣与包装指令、运输文件。

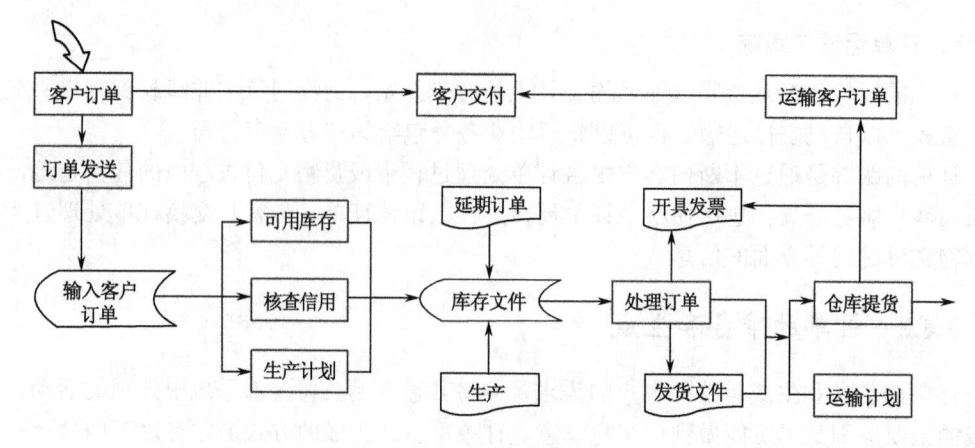

图 3-10　客户订单处理流程

3.4.4　与订单相关的物流作业与订单跟踪

在确认订单后，仓库开始进行分拣与包装作业。此作业要严格按照订单的信息来完成。通过电子化数据的传递可以大大提高分拣与包装作业的速度和准确性。当产品进入运输阶段时，则需要确定相应的运输计划，为订单安排最佳的运送和拣货批次。订单分批应该在线实时进行，以便于在线设定运送时间，并且要及时与客户进行沟通。一旦订单分配完毕便发送到运输管理系统准备送货，同时，仓储系统也应该在线自动更新。

在货物被装载至运输工具前，或者在修改订单不会延误整个运输计划的前提下，客户可以对订单进行修改。客户改动过的订单应该作为新订单处理。当订单的内容、时限、订单输入方式有特例时，企业应主动与客户沟通交流。订单信息应做到实时更新，让客户随时随地可以通过多种方式得知订单状况，以提高客户对企业的信任。

本章小结

➢ 在物流系统中，客户不仅指最终的客户，还指在整个供给链系统中享受物流服务的团体和个人。客户服务可以定义为发生在购买方、销售方和第三方之间的一个过程。这个过程导致交易的产品服务的价值增值。客户服务要素一般划分为交易前、交易、交易后三组。物流系统运作的目标是可得性、降低总成本以及创造物流价值，这个目标分布在交易前、交易及交易后三个阶段中。

➢ 可以通过与企业战略相匹配、成本—权益衡量、ABC 分类法和客户服务监控的方法来制定客户服务政策。

➢ 物流系统的战略应该与企业的总体战略相一致。物流系统的战略即确定原材料的获取和运输、产品的制造或服务的提供，以及产品配送和售后服务的方式与特点。其客户服务战略即是在满足企业竞争战略基础上的物流服务水平的确定。

➢ 物流系统为实现客户服务目标而支持的成本包括运输成本、仓储成本和管理成本。为了能给企业带来最大的盈利，在确定具体客户服务水平时，必须降低物流成本，以最低的物流成本实现其客户服务目标。因此，制定客户服务水平时应满足以下两个条件，即最大化——企业盈利水平；约束条件——客户服务水平指标。

➤ 在制定客户服务政策时，可以根据以上原则对客户、物品或事件进行 ABC 分类，并在此基础上确定产品、客户或事件的优先级，从而制定不同的客户服务政策。

➤ 客户服务监控用来评价一个公司提供的客户服务水平，以及及时调整客户服务水平的工具。客户服务监控主要包括客户服务的要素、绩效控制的方式、信息系统的效率。一般可分为外部客户服务监控、内部客户服务监控、识别潜在的解决方案、建立客户服务水平四个步骤。

➤ 信息时代对企业提出了更高的时间要求标准，企业正越来越多地将信息技术作为获得竞争优势的主要手段。物流系统的一切活动都是由客户订单开始的，因此，订单处理系统是物流系统的神经枢纽中心。客户订货周期从客户下订单开始，到客户收到产品并将产品入库为止。这个过程主要由以下几个主要的活动构成，即订单准备、订单生成、订单处理、仓库分拣和包装、订单运送与跟踪。通过信息技术为上述活动提供信息共享和传递的介质，将对物流客户服务水平以及物流活动运作效率产生极其重要的影响。

案例分析

独行者志勤美集

直到今天，志勤美集仍然是国内唯一一家专门向 IT 市场提供第三方物流服务的供应商。2003 年 3 月 6 日，志勤美集科技物流有限公司在北京正式挂牌，由上市公司联想控股有限公司占 51%股份，海皇（NOL）集团旗下的美集物流公司（APLL）占 49%股份。同时拥有 IT 与物流两大朝阳产业背景，集联想控股与 NOL 品牌优势于一身的志勤美集吸引了众多眼球，就连志勤美集常务副总裁文显伟也认为"这是一个近乎完美的产物"。

1. 物流渊源

事实上，志勤美集的业务早在 2002 年 6 月联想控股有限公司与 APLL 签约后就已展开，而联想控股与 NOL 的合作更是早在两年前便已开始。志勤美集中的"联想部分"其前身是联想控股旗下的联想进出口有限公司，1997 年由外经贸批准经营联想集团的进出口业务，负责联想在世界范围内的原材料采购。当时除了以进出口代理报关和各种国际贸易为主营业务外，还在深圳开展了另一项业务，即联想南方工厂的整机运输和配送工作。当时参与这项工作的人很少，最多时只有 20 多人。然而就是这样一项让人不经意的业务，在 1999 年鼎盛时期却创造出了六七千万元收入的良好业绩。

2000 年，联想集团拆分，联想进出口公司也由过去专门服务于联想逐渐转变成一个第三方的专业进出口企业。服务对象不断扩大，有几家企业委托联想进出口公司为其完成国内的仓储、运输等业务。

实际上，因为政策和体制方面的原因，只有中国才有进出口公司的存在。随着国家对流通市场的逐步放开，靠进出口吃饭的企业必将走向末路，联想进出口很早就意识到了这点，并开始积极寻求转型之路。再加上 2000 年前后，物流热在中国风起云涌，联想方面因为有多年进出口业务的积累，于是，很自然地将航标指向了物流。

联想控股开始在全球范围内寻找合作伙伴。经过一番寻觅之后，最终与美集物流结下姻缘。志勤美集常务副总裁文显伟认为，合作的基点是两家同时拥有 IT 与物流行业的专业人才。另外，美集物流还拥有很强的第三方物流解决方案的设计与实施能力，在信息网络建设和国际化运作方面拥有十分丰富的经验,而联想控股则有对中国体制与文化环境的深入了解,在政府和客户中也有良好的信誉,这都是合作成功的重要原因。

在文显伟看来,双方的合作还有一个最重要的基础就是市场基础。一方面是中国制造以及中国庞大的消费市场带来的物流需求,而且根据摩根士丹利的报告,中国目前是世界上增长最快、最具活力的 IT 市场,亚太地区 1/3 的销售业务来自中国(日本除外),每天都有超过 30 000 台 PC 机(台式机、笔记本和服务器)运入中国。而 IT 行业是同质化竞争最为激烈的一个行业,产品的生命周期越来越短,产品的个性化需求却越来越多。为了降低获取产品信息的复杂度,提高产品数据的准确性,促进产品的结构化,缩短新产品从创意到上市的时间周期,丰富知识管理和决策支持,IT 企业已到了向物流领域要效益的阶段,或许正是这个行业的"前卫"表现,才更加坚定了志勤美集"掘金"物流的信心。

2. 定位高端

志勤美集成立后,美集方面将自己物流一体化理念和解决方案的能力不断输入到新公司的运作当中,随后需要为其提供解决方案的客户群也逐步壮大起来。目前,志勤美集的客户主要是一些 IT 制造企业的上游供应商,80%的客户都在 IT 制造业集中的深圳和东莞,客户的货物一进到中国口岸,即可进入志勤美集在福田保税区的保税仓库,然后再进行全国的分拨及实时 JIT 配送。

过去,联想进出口有限公司的业务,一直围绕在进出口这个环节,志勤美集显然是想保持这个优势,在抓住进出口环节的基础上,将业务延伸至整个物流和供应链,并对每个环节的资源进行整合。

从联想进出口到志勤美集,公司在华南地区已经形成了进出口口岸、保税区、深圳机场、清水河配送仓、香港元朗中转仓等多节点的运作服务网络,同时在北京、深圳、上海、香港四地设有专业的操作平台,目前,在苏州和昆山这两个 IT 产业正在崛起的地区也都进行了一些实体网络的铺设。

与此同时,志勤美集还着手进行了信息系统建设。信息系统将业界规范、标准流程与企业实际运作相结合,根据客户的不同需求设计不同的解决方案。运用信息技术,志勤美集实现了可视化管理,例如,库存可视化,可以使用户非常方便地获取库存状况的信息;货运可视化可以提供网站访问,以便了解货运过程中货物的状态和发生事件的情况。在 2003 年,志勤美集还将对公司 ERP 系统实施整合,以实现公司总部与各区域物流平台的信息对接,进一步优化流程。

过去的一年里,志勤美集用了很长一段时间对所有员工进行了一场"全面质量管理体系"的培训,这是母公司 NOL 多年来积累的一套高效的现代物流企业的管理体系,志勤美集希望通过全员参与,使每位员工都能够独当一面,为客户提供高品质、个性化的服务。

3. 期待共舞

90%以上的采购通过互联网完成;工厂只需保持 2 小时的库存即可应付生产;供货商可以在信息系统上看到专属其公司的材料报告,随时掌握材料品质、绩效评估、成本预算及制造流程变更等信息。上述这些就是戴尔公司的供应链管理模式。在美国,美集物流则是这套模式的管家,为戴尔提供供应商管理库存模式(VMI)服务。

按道理，志勤美集可以传承母公司的优势，将美集在美国的 VMI 服务经验拿到中国来，但文显伟告诉记者，目前国内的 IT 制造企业要真正实现 VMI 还需要一个过程。不过，自戴尔进入中国以来，很多国内 IT 制造厂商也都开始关注这个领域，联想就于 2002 年上马实施了 VMI 项目。志勤美集已经能看见这块市场的曙光。

业内曾有人戏言，IT 在中国风起云涌，而 IT 物流则始终像巨人脚下的侏儒一样难成气候。对于 IT 这样一个高科技的行业来讲，对物流运作水平的要求之高可想而知。可是在北京的中关村，简单的厢式小货车、三轮车甚至自行车几乎成了中国 IT 中心的主打物流方式。

可见，志勤美集这样一个定位高端市场的物流企业在现实的市场中必须面对尴尬。在其客户结构中，需要一体化解决方案的只占了很低的比例，更多还是提供在运输、仓储、报关等具体环节上的服务。很难说，到底是 IT 企业的不成熟造就了不成熟的 IT 物流，还是不成熟的 IT 物流限制着 IT 企业的发展。

不过，志勤美集对自己的将来并不担心，他们认为随着将来市场的细化，做专做精将成为物流企业的一个必然选择，志勤美集会随着中国物流市场的逐步成熟而同步成长。

目前，"年轻的"志勤美集将主要精力放在内部管理流程和物流基础设施方面的建设和完善上，为其日后规模化发展奠定基础。

文显伟坚信，志勤美集一定会找到物流与 IT 最适合的共舞方式。

资料来源：王慧琴. 独行者志勤美集. 环球供应链，2004（3）.

复习思考题

1. 请简述客户服务的概念及其要素。
2. 解释 ABC 分类法如何提供客户服务活动的效率。
3. 某公司的客户服务水平如果从 95% 提高到 98%，成本和收益将会发生如下变化：
   运输成本将增加 125 000 元；
   库存水平增加 350 万元；
   仓储成本将增加 15 000 万元；
   库存持有成本率为 30%；
   销售额将增加 500 万元；
   公司的利润率为 30%。
   请问该公司是否应该提高客户服务水平？
4. 客户订货周期会经历哪些步骤？
5. 订单生成有哪些方式？
6. 订单处理系统如何支持物流系统的运作？

第4章 库存系统的规划与设计

学习目标

1. 了解库存存在的原因及库存的种类。
2. 理解库存管理成本的构成。
3. 掌握物流需求预测的方法。
4. 掌握确定库存订货批量的方法。
5. 掌握安全库存的计算方法。
6. 掌握满足率的计算方法。
7. 掌握公平份额分配法的原理。
8. 掌握配送需求计划方法的原理。
9. 掌握库存控制的方法。

4.1 库存与库存管理

库存（Inventory）有时被译为"存储"或"储备"，是为了满足未来需要而暂时闲置的资源，人、财、物、信息各方面的资源都存在库存问题。

由于库存不能马上为企业产生经济效益，同时企业为库存物资需承担资金、场地、人员占用而产生的库存成本，因此，存在需要控制的一面；另外，由于运作中存在着不可避免的不确定因素，库存同时也是企业经营中所必备的，因而又具有积极的一面。因此，控制库存量是企业管理工作中的一项经常性工作。

库存管理是指优化物资的储备，以便使企业在恰当的时间，以最低的成本满足其用户对特定数量和质量的产品需求的方法。

4.1.1 库存存在的原因

1. 规模经济

企业在运输和仓储管理中，可以通过规模经济提高设备利用率，进而降低单位货物的成本，所以企业需要设立库存。这样，当企业进行采购时，可以通过大量采购而获得价格折扣或运输费率的折扣；当企业生产时，可以在制造地点、仓库地点或客户附近设置库存，从而实现生产、运输、仓储的规模效益。产成品的库存也能实现制造的规模效益，而这些活动必须通过设立库存才能够得以实现。

2．平衡供应与需求

季节性的供应或需求使企业必须持有库存。一种情况是原材料的供应是季节性的，但需求却是连续的，例如，用水果加工而成的罐头食品，为了平衡连续的需求，在水果收获的季节，企业就要大量购买并形成库存，以保证全年生产的需要。另一种情况是供应是连续的，而需求却是季节性的，例如，圣诞物品的需求，如果企业在需求的时候配备生产线和劳动力进行大量生产，那么节日过后大量生产能力和劳动力会受到限制。因此，为平衡供应和需求的季节性矛盾，企业需要设置库存。

3．企业专业化的需要

客户订单所需要的产品品种很多，这些产品来自不同的工厂并运往企业的混合型仓库，进而运送到客户手中。这样使得企业的生产部门和销售部门可以分散在不同的地理区域。通过不同地点和创造价值的不同阶段分别维持相应的库存，实现地理意义上的专业化，更好地满足客户需求。

4．应对不确定性给企业带来的影响

在企业运营过程中，供应商有时可能不能准时送货，客户的需求也不是一成不变的。如果企业只保存正常生产所需要的库存，那么客户需求的变化就会导致企业的供货延迟或缺货，致使企业出现销售损失。

4.1.2 库存的种类

1．周期库存

周期库存是补货过程中产生的库存，是为了满足企业正常的运营需要而进行的周期性的订货、生产等活动产生的库存。

2．在途库存

在途库存是指从一个地方到另一个地方正处于运输线路中的物品。虽然在途库存在没有到达目的地之前，还不能用于销售或发货，但是可以将在途库存看成周期库存的一部分。

3．安全库存

安全库存是由于生产需求存在着不确定性，企业需要持有周期库存以外的库存。由于需求的不确定性会导致安全库存，或者导致缺货问题。尽管消除需求或提前期的变动是不可能的，但是可以更好地预测需求，以减少安全库存。

4．投机库存

持有投机库存不是为了满足企业生产或经营的需要，而是当预测到价格的上涨或物料的短缺，或者为了预防设备停修的可能情况，在物料采购时，为了获得数量折扣，企业会购买大于需求数量的物料。企业进行投机性库存主要针对需要经常性地大量使用的、价格易于波动的物料，采用在价格低时大量购进而实现可观的节约；或对预计将要涨价的物料进行额外数量的采购，给企业带来意外的盈利。维持投机性库存的战略被称为"预先购买"。但如果价格掉头向下，也会给企业带来很大的损失。

5. 闲置库存

闲置库存是指在某些具体的时期内不存在需求,这种库存在企业或仓库已经不再使用了。

4.1.3 库存管理的目标

1. 库存管理的目标

库存管理的目标服从于企业乃至整条供应链的目标,通过对企业乃至整条供应链上的库存进行计划、组织、控制和协调,可以将各阶段库存控制在最小限度,从而削减库存管理成本,减少资源闲置与浪费,使整体库存成本降至最低。即在满足客户服务水平的同时降低库存管理的成本。

目标:最低的物流总成本

Min(库存成本)=存货持有成本+订货成本+预期的缺货成本+在途库存持有成本

约束条件:客户服务水平

2. 库存管理成本的构成

(1)库存持有成本。库存持有成本是指和库存数量相关的成本,由许多不同的部分组成,通常在物流成本中占有较大的一部分。库存持有成本的发生主要是由库存控制、包装、废弃物处理等物流活动引起。它是与库存水平有关的那部分成本,其组成包括库存商品所占用的资金成本、库存服务成本(相关保险和税收)、仓储空间成本以及库存风险成本(废弃成本、损坏成本、损耗成本和移仓成本)。

(2)库存获得成本。库存获得成本是指企业为了得到库存而需要承担的费用。抛开库存的本身价值,如果库存是企业通过直接购买而获得,则获得成本体现为订货成本,包括与供应商之间的通信联系费用、货物的运输费用等,订购或运输次数越多,订货成本相对而言就越高;如果库存是企业自己生产的,则获得成本体现为生产准备成本,即企业为生产一批货物而进行的生产线改线的费用。

(3)预期的缺货成本。预期的缺货成本是指由于库存供应中断而造成的损失。包括原材料供应中断造成的停工损失、产成品库存缺货造成的延迟发货损失及销售机会丧失带来的损失、企业通过紧急采购来解决库存的中断而承担的紧急额外采购成本等。

(4)在途库存持有成本。在途库存持有成本与前面三个相比,占有的比重最小。然而在一定的环境下,也是企业不能忽视的一笔开支。例如,如果企业购买库存时签订的合同为FOB,则在途库存即企业的库存,这部分成本也应计入库存成本中。

3. 库存管理的内容

为了实现库存管理的目标,企业库存管理的内容包括库存水平的确定、订货批量的确定、预测需求量、客户满足率的规划及如何对库存进行管理和控制。

4.2 物流需求的预测

4.2.1 物流需求概述

1. 物流需求的定义

物流需求是指一定时期内社会经济活动对生产、流通、消费领域的原材料、成品和半成品、商品以及废旧物品、废旧材料等的配置作用而产生的对物流在空间、时间和费用方面的要求，涉及运输、库存、包装、装卸搬运、流通加工以及与之相关的信息需求等物流活动的诸方面。物流需求可以从物流需求量和物流需求结构两个方面来综合表现。

物流需求是现代物流发展的基础，是物流企业经营管理决策的依据，是物流系统规划与设计的依据。

物流需求预测是借助于定性和定量的分析手段，了解社会经济活动对于物流能力供给的需求强度，进行有效的需求管理，引导社会投资有目的地进入物流服务领域，将有利于合理规划、建设物流基础设施、改进物流的供给系统。

2. 物流需求的特点

（1）物流需求的空间和时间特征。物流需求在时间上，宏观方面经济建设与发展的不同阶段对物资需求的数量、品种、规模是不同的。微观方面，物流需求的数量和品种往往随季节变化，而且更多的新科技及技术的出现，使得产品的生命周期不断缩短，而且客户的消费观念的日益变化也提高了物流需求随时间变化的敏感性。

物流需求在空间上，生产力布局、社会经济水平、资源分布以及用地规模等使得物流需求呈现出地域差异。物流需求的空间分布影响物资流动的流量和流向，对物流系统的规划有着巨大的影响。

（2）派生性。如果物流的需求随着某种需求的发生而发生，具有从属性，则这种物流需求模式就称为派生性需求。派生性需求具有很大的倾向性，而且不显随机性，例如，采购物流需求就依赖于生产物流需求和物料的库存情况。物流需求是社会经济活动特别是制造与经营活动所派生的一种次生需求。物资的流动是由于社会生产与社会消费的需要而产生的，它受生产力、生产资源分布、生产制造过程、消费分布、运输仓储布局等因素的影响。

（3）物流需求的可转移性和可化解性。物流需求的可转移性是指在某种因素影响下，本来可以采用公路运输的货物转而采用铁路运输；本来不需要储存保管的货物不得不储存保管一段时间。可化解性，是指本来可以将后续简单包装与生产分离的，由于生产力结构的调整、工艺流程的改造而将其变为生产的一部分，从而化解一定数量的需求等。

（4）物流需求的规律性和不规律性。各种物流需求都会随时间形成不同的需求模式，常见的有趋势、季节性、周期性和随机性。如果随机波动只占时间序列其余变化部分的很小比重，那么这种需求就称为规律性需求。利用常用的时间序列预测方法能有效地测得预测值。如果某种物流需求的时间和需求量不确定，则称为不规律性需求。用通常的预测方法很难获得准确的预测值，这正是预测中的难点。

4.2.2 物流需求预测概述

1. 物流需求预测的原理

（1）误差原理。预测是根据历史推测未来，由于历史的环境不会在未来完全重演，所以预测的误差是不可避免的。因此一般在预测过程中，需要对预测的误差进行测量，以确定误差的大小。预测误差的常用方法有以下几种。

1）平均误差和平均绝对误差。平均误差的公式为：

$$me = \frac{\sum_{i=1}^{n}(x_i - x)}{n} \qquad (4-1)$$

式中，x_i 是历史各期的实际发生值；x 为预测值；me 表示平均误差。

由于 $x_i - x$ 可能大于零，也可能小于零，因此直接求和的结果可能会正负互相抵消，进入低谷预测的误差。在实际应用中一般会用平均绝对误差来进行衡量，如式（4-2）所示。

$$mad = \frac{\sum_{i=1}^{n}|x_i - x|}{n} \quad （mad 表示平均绝对误差） \qquad (4-2)$$

2）平均误差率和平均绝对误差率。平均误差率是偏差相对于实际值的比率，能够更好地对偏差的大小进行测量。计算公式如式（4-3）、式（4-4）。

$$mpe = \frac{\sum_{i=1}^{n}(x_i - x)/x_i}{n} \quad （mpe 表示平均误差率） \qquad (4-3)$$

$$mape = \frac{\sum_{i=1}^{n}|x_i - x|/x_i}{n} \quad （mape 表示平均绝对误差率） \qquad (4-4)$$

3）预测的方差和标准差。预测误差的方差和标准差比平均绝对误差或平均绝对误差率能更好地衡量预测的精确度，是最常用的一种误差的衡量方式。其计算公式如式（4-5）、式（4-6）所示。预测误差的方差和标准差的计算公式为：

$$mse = \frac{\sum_{i=1}^{n}(x_i - x)^2}{n} \quad （mse 表示方差） \qquad (4-5)$$

$$sde = \sqrt{\frac{\sum_{i=1}^{n}(x_i - x)^2}{n}} \quad （sde 表示标准差） \qquad (4-6)$$

通过以上方法中的一种对预测的误差进行衡量，进而选择合适的预测方法和技术。

（2）连贯性原则。连贯性原则亦称惯性原则。所谓连贯性原则，就是从时间上考察事物的发展，其各个阶段具有连续性。研究对象的惯性大小取决于本身的动力和外界因素制约的程度。研究对象的惯性越大，说明其延续性越强，研究对象的这个特性是预测中趋势外推法的重要依据。

（3）类推性原则。所谓类推性原则，就是根据过程的结构和变化所具有的模式和规律，可以推测出将来发展变化情况。

（4）相关性原则。各种事物之间存在着直接或间接的联系，因此存在着相互影响、相互制约、相互促进的关系。在预测中，关注事物（类别）之间的关联性，当了解（或假设）到已知的某个事物发生变化，再推知另一个事物的变化趋势。最典型的相关有正相关和负相关，从思路上来讲，不完全是数据相关，更多的是定性的。

1）正相关是事物之间的促进，比如，居民平均收入与百户空调拥有量；有企业认识到"独生子女受到重视"预测玩具、教育相关产品和服务的市场等。

2）负相关，是指事物之间相互制约，一种事物发展导致另一种事物受到限制，特别是替代品。比如资源政策、环保政策出台必然导致一次性资源替代品的出现，如代木代钢发展起来的 PVC 塑钢；某地强制报废助力车，该地一家电动自行车企业敏锐地抓住机遇顺势发展。

2．物流需求预测的步骤（见图 4-1）

（1）确定预测对象。预测是为决策服务的，因此在进行具体预测之前，必须首先根据决策提出预测的目标，包括确定预测的目的、对象以及预测期限。

（2）调查、收集数据。进行预测必须要有充分的数据资料。因此，在选择、确定预测目标后，首要的工作就是广泛系统地收集与本次预测对象有关的各方面数据和资料。收集资料是预测工作的重要环节。按照预测的要求，凡是影响物流需求的资料都应尽可能地收集。资料收集得越广泛、越全面，预测的准确性程度就能越高。

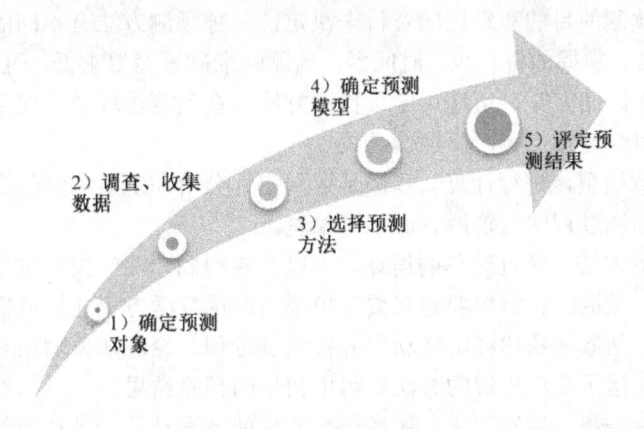

图 4-1 预测的步骤

预测内容即影响物流需求的因素，一般包括：某时期的基本需求水平、季节因素、趋势值、周期因素、促销因素以及不规则因素六个方面。预测者必须认识到不同因素对物流需求所具有的潜在影响，并能适当地予以处理，对于特定项目具有重大意义的成分必须予以识别、分析并与适当的预测技术相结合。

某时期的基本需求水平是以整个展延时间内的平均值表示的，是对没有季节因素、周期因素和促销因素等成分的项目的适当预测。

季节因素通常建立在年度基础上。对零售商而言，在某几个季度，某物品的需求量较大，而在另几个季度，需求量较小。而对批发商而言，这种季节因素先于消费需求大约一个季度。

趋势值是指在一个展延的时期内，定期销售的长期一般运动。它可以为正、为负或不确定方向，人口或消费类型的变化决定趋势值的增减，销售量随时间而增加是正的趋势值；反之，则为负的趋势值。而通常情况下，由于人们消费习惯的变化，趋势方向会改变许多次。

周期因素，如商业周期，一般来说，每隔 3~5 年就有一次经济从衰退到扩张的波动，许多大宗商品需求就与商业周期联系紧密。

促销因素，在某些行业，厂商的市场营销活动会引发需求波动，对销售量具有很大影响。促销期间销售量增加，此后随着利用促销逐渐售出库存后销售量下降。从预测的角度，有规则的促销因素类似季节因素，而不规则的促销因素则必须对它进行跟踪并结合时期进行分析。

不规则因素，是随机的或无法预测的因素。在展开一项预测的过程中，其目标是要通过跟踪和预计其他因素，使随机因素降低到最小程度。

在了解预测内容的基础上，根据预测目标收集资料进行初步分析，观察资料结构及其性质，并以此作为选择适当预测方法的依据。收集的物流需求资料可分为历史资料和现实资料两类。历史资料包括历年的社会经济统计资料、业务活动资料和物流需求研究的信息资料。现实资料主要包括目前的社会经济和市场发展动态，生产、流通形势，消费者需求变化等。收集到的资料，要进行归纳、分类、整理，最好分门别类地编号保存。在这个过程中，要注意标明异常数据，要结合预测进程，不断增加、补充新的资料。

(3) 选择预测方法。收集完资料后,要对这些资料进行分析、判断。常用的方法是首先将资料列出表格,制成图形,以便直观地进行对比分析,观察物流需求活动规律。分析判断的内容还包括寻找影响因素与预测对象之间的相互关系等。

在分析判断的过程中,要考虑采用何种预测方法进行正式预测。预测有很多方法,选用哪种方法要根据预测的目的和掌握的资料来决定。各种预测方法有不同的特点,适用于不同的情况。一般而言,掌握的资料少、时间紧,预测的准确程度要求低,可选用定性预测方法。掌握的资料丰富、时间充裕,可选用定量预测方法。在预测过程中,应尽可能地选用几种不同的预测方法,以便互相比较,验证其结果。

(4) 确定预测模型,进行计算。预测是运用定性分析和定量测算的方法进行的物流需求的分析预测,在预测过程中,这两方面不可偏废。

一些定性预测方法,经过简单的运算,可以直接得到预测结果。定量预测方法要应用数学模型进行演算、预测。预测中要建立数学模型,即用数学方程式构成物流需求与经济变量之间的函数关系,抽象地描述经济活动中各种经济过程、经济现象的相互联系,然后输入已掌握的信息资料,运用数学求解的方法,得出初步的预测结果。

(5) 评价预测结果,编写报告。通过计算产生的预测结果,是初步的结果,这一结果还要加以多方面的评价和检验,才能最终使用。检验初步结果,通常有理论检验、资料检验和专家检验。理论检验是运用经济学、市场学的理论和知识,采用逻辑分析的方法,检验预测结果的可靠性程度。资料检验是重新验证、核对预测所依赖的数据,将新补充的数据和预测初步结果与历史数据进行对比分析,检查初步结果是否合乎事物发展逻辑,符合市场发展情况。专家检验是邀请有关方面专家,对预测初步结果做出检验、评价,综合专家意见,对预测结果进行充分论证。

完成评价后,对预测的主要过程进行总结,完成预测报告。预测报告包括叙述预测目标、对象及预测要求,说明预测资料的收集方式、方法及其分析结果,详细阐述选择预测方法的原因及建立模型的过程,并反映对预测结果进行评价和修正的过程及结论。

3. 物流需求预测的内容

(1) 物流市场环境预测。物流市场环境预测是指在物流市场环境调查的基础上,预测物流企业宏观环境、微观环境的变化趋势,以及这种变化会对物流企业的营销活动带来怎样的影响。如预测经济环境在未来一段时间内会有怎样的变化趋势,这种变化趋势又会给物流企业带来怎样的发展机遇或威胁。

(2) 物流市场需求预测。物流市场需求预测是指在物流市场需求调查的基础上,对某一区域未来一段时间内某类物流服务或全部物流服务的需求规模、需求结构、需求走向、需求潜力、需求变动影响因素等进行预测。由于市场需求的大小直接影响着物流企业的投资决策、资源配置和战略开发,因此,市场需求预测是物流市场预测的重点。

(3) 物流市场供给预测。物流市场供给预测是指在物流市场供给调查的基础上,对某一区域未来一段时间内某类物流服务或全部物流服务的供给规模、供给结构、供给走向、供给潜力、供给变动影响因素等进行预测。因为物流市场的供给状况直接决定着物流市场未来的供求结构,因此,市场供给预测也是物流市场预测的重点。

（4）物流市场竞争格局预测。物流市场竞争格局预测是指对提供同类物流服务的物流企业的竞争状况进行预测分析，包括对物流服务市场占有率、物流服务的质量、成本、价格、品牌知名度和满意度、新服务开发、市场开拓等要素构成的竞争格局及其变化趋势进行分析、评估和预测。

4.2.3 预测的方法

预测的方法从整体上来分类可以分为定性预测、时间序列预测和因果关系预测三种。

1．定性预测

定性预测是指预测者依靠熟悉业务知识、具有丰富经验和综合分析能力的人员与专家，根据已掌握的历史资料和直观材料，运用个人的经验和分析判断能力，对事物的未来发展做出性质和程度上的判断，然后，再通过一定形式综合各方面的意见，作为预测未来的主要依据。

定性预测在实践中被广泛使用，无论是有意还是无意的。特别适合对预测对象的数据资料（包括历史的和现实的）掌握不充分，或影响因素复杂，难以用数字描述，或对主要影响因素难以进行数量分析等情况。

定性预测能发挥专家经验和主观能动性，比较灵活，而且简便易行，可以较快地提出预测结果。但是在进行定性预测时，也要尽可能地收集数据，运用数学方法，其结果通常也是从数量上做出测算。

常用的定性预测的方法有德尔菲法、市场调查法、主观概率法等。

（1）德尔菲法。德尔菲法是根据有专门知识的人的直接经验，对研究的问题进行判断、预测的一种方法，是专家调查法的一种。他是美国蓝德公司与1964年首先用于预测领域的。德尔菲法具有反馈性、匿名性和统计性特点，选择合适的专家是做好德尔菲法预测的关键环节。德尔菲法的预测速度快，预测费用低，可以整合不同的但有价值的观点和意见，适合长期预测和对新产品的预测。

（2）市场调查法。市场调查法是指运用科学的方法，有目的地、系统地收集、记录、整理有关物流需求的信息和资料，分析物流需求情况，了解物流需求的现状及其发展趋势，为物流需求的预测和相关物流管理决策提供客观、正确的资料。这种方法适合中长期预测。

（3）主观概率法

主观概率法是人们凭经验或预感而估算出来的概率。它与客观概率不同，客观概率是根据事件发展的客观性统计出来的一种概率。在很多情况下，人们没有办法计算事情发生的客观概率，因而只能用主观概率来描述事件发生的概率。

主观概率法是一种适用性很强的统计预测方法，可以用于人类活动的各个领域。

2．时间序列预测

时间序列预测方法是一种历史资料延伸预测，也称历史引申预测法。它是以时间数列所能反映的社会经济现象的发展过程和规律性，进行引申外推，预测其发展趋势的方法。它是将某种统计指标的数值，按时间先后顺序排到所形成的数列。时间序列预测法就是通过编制和分析时间序列，根据时间序列所反映出来的发展过程、方向和趋势，进行类推或延伸，借以预测下一段时间或以后若干年内可能达到的水平。其内容包括：收集与整理某种社会现象的历史资料；对这些资料进行检查鉴别，排成数列；分析时间数列，从中寻找该社会现象随时间变化而变化的规律，得出一定的模式；以此模式去预测该社会现象将来的情况。

时间序列预测法可用于短期预测、中期预测和长期预测。根据对资料分析方法的不同，又可分为：简单平均数法、加权平均数法、移动平均法、指数平滑法、季节趋势预测法、趋势需求预测法等。

（1）简单平均数法。简单平均数法也称算术平均法。即把若干历史时期的统计数值作为观察值，求出算术平均数作为下期预测值。这种方法基于下列假设："过去这样，今后也将这样"，把近期和远期数据等同化和平均化，因此只适用于事物变化不大的趋势预测。如果事物呈现某种上升或下降的趋势，就不宜采用此法。

（2）加权平均数法。加权平均数法就是把各个时期的历史数据按近期和远期影响程度进行加权，求出平均值，作为下期预测值。

（3）移动平均法。移动平均法就是相继移动计算若干时期的算术平均数作为下期预测值。移动平均法是一种简单平滑预测技术，它的基本思想是根据时间序列资料、逐项推移，依次计算包含一定项数的序时平均值，以反映长期趋势的方法。计算公式如式（4-7）。

$$F_{t+1} = \frac{\sum_{i=1-n+1}^{t} x_i}{n} \qquad (4-7)$$

式中，F_{t+1} 为 $t+1$ 期的预测值；x_t 为 t 期的观测值；n 为时间跨度。

加权移动平均法的时间跨度（加大 n 值）会使平滑波动效果更好，但会使预测值对数据实际变动更不敏感。移动平均值并不能总是很好地反映出趋势。由于是平均值，预测值总是停留在过去的水平上而无法预计会导致将来更高或更低的波动。它通过引进愈来愈多的新数据，不断修改平均值，以之作为预测值。

移动平均法适用于即期预测。当产品需求既不快速增长也不快速下降，且不存在季节性因素时，移动平均法能有效地消除预测中的随机波动，是非常有用的。

（4）指数平滑法。指数平滑法是根据历史资料的上期实际数和预测值，用指数加权的办法进行预测，如式（4-8）所示。

$$F_{t+1} = \alpha X_t + (1-\alpha) F_t \qquad (\alpha \text{ 为平滑系数，且 } 0 < \alpha < 1) \qquad (4-8)$$

平滑系数 α 的选择具有一定的主观判断，α 值越大，对近期实际需求情况给的权重就越大，模型就越快地对时间序列的变化做出反应。但 α 过大可能是预测过于敏感，随时间序列随机波动而波动。因此要根据时间序列变化程度和对预测值的要求程度决定 α 的大小。

此法实质是由内加权移动平均法演变而来的一种方法，优点是只要有上期实际数和上期预测值，就可计算下期的预测值，这样可以节省很多数据和处理数据的时间，减少数据的存储量，方法简便，是国外广泛使用的一种短期预测方法。

（5）季节趋势预测法。季节趋势预测法是物流需求每年重复出现的周期性季节变动指数，预测其季节性变动趋势。推算季节性指数常用的方法是季（月）平均法，即把各年度的数值分季（或月）加以平均，除以各年的总平均数，得出各季（月）指数。然后先对序列使用移动平均法或指数平滑法进行预测，将预测值乘以季节性指数，即得到最后的预测结果。这种方法可以用来分析生产、销售、原材料储备、预计资金周转需要量等方面的经济事物的季节性变动。

（6）趋势需求预测法。如果物流需求随时间变化趋势有明显的上升或下降规律，则称为趋势需求。这种需求的预测一般会用到二次移动平均或二次指数平滑法进行预测，即在一次移动平均的基础上再进行一次移动平均值的计算，然后用预测结果建立直线预测模型。二次指数平滑法也是同样的道理。需要注意的是一次移动平均或指数平滑法与二次移动平均或指数平滑中的 n 值和 α 值取值要相同。具体计算公式如下：

$$Y_{t+T} = a_t + b_t T \tag{4-9}$$

其中

$$a_t = 2M_t^{(1)} - M_t^{(2)} \qquad b_t = \frac{2}{n-1}(M_t^{(1)} - M_t^{(2)}) \tag{4-10}$$

式中，$M_t^{(1)}$ 为第 t 期第一次移动平均得到的值；$M_t^{(2)}$ 为 t 期第二次移动平均得到的值；n 表示时间跨度；T 表示预测 t 后 T 期的数据。

如果用指数平滑法预测，预测后面 T 期的数据公式如下：

$$Y'_{t+T} = a_t + b_t T \tag{4-11}$$

$$a_t = 2S_t^{(1)} - S_t^{(2)} \qquad b_t = \frac{\alpha}{1-\alpha}(S_t^{(1)} - S_t^{(2)}) \tag{4-12}$$

式中，$S_t^{(1)}$ 为第 t 期第一次指数平滑得到的值；$S_t^{(2)}$ 为 t 期第二次指数平滑得到的值；α 表示平滑指数。

这种方法可以对带有趋势的需求进行预测，也可以作为中长期预测的一种方法。

3. 因果关系预测

因果关系预测是利用事物发展的因果关系来推测事物发展趋势的方法，一般根据过去掌握的历史资料找出预测对象的变量与其相关事物的变量之间的依存关系来建立相应的因果预测的数学模型，然后通过对数学模型的求解来进行预测。回归分析预测法是一种最常用的因果关系预测法，是通过分析事物间的因果关系和相互影响的程度，建立适当的计量模型进行预测的方法。现实经济中，许多经济变量之间存在着固有关系，其中一些变量受另一些变量或因素的支配。我们把前一类变量称为因变量或被解释变量，后一类变量称为自变量或解释变量。回归分析模型就是反映被解释变量与解释变量之间的因果关系的分析式。

一元线性回归是一种最简单的回归分析，它是指预测对象只受一个主要因素影响，并且它们之间存在明显的线性关系。一元线性回归模型可以表示为式（4-13）。

$$Y_t = B + AX_i \tag{4-13}$$

其中

$$A = \frac{\sum_{i=1}^{n}(X_i - \overline{X})(Y_i - \overline{Y})}{\sum_{i=1}^{n}(X_i - \overline{X})^2} \qquad B = \overline{Y} - A\overline{X} \tag{4-14}$$

式中，$\overline{X}$ 为所有自变量的平均数；$\overline{Y}$ 为所有因变量的平均数。

得到预测结果后，通过相关系数 r 对这组变量的相关性进行检验。检验公式为式（4-15）。

$$r = \frac{\sum_{i=1}^{n}(X_i - \overline{X})(Y_i - \overline{Y})}{\sqrt{\sum_{i=1}^{n}(X_i - \overline{X})^2 \sum_{i=1}^{n}(Y_i - \overline{Y})^2}} \tag{4-15}$$

$0 \leqslant |r| \leqslant 1$，$|r|$ 值越大说明 X、Y 的相关性越大，预测结果越准确。

4.2.4 物流需求预测产生误差的原因分析

1. 物流需求预测方法的缺陷

上述物流需求预测的三种方法都有一定的适用范围和缺陷，因此最终的预测结果都存在误差。定性预测方法，主要依靠专家或业务人员对历史的发生值根据自己的经验进行主观估计，这种估计存在很大的主观性，因此预测结果误差一般较大。而定量分析的方法中，不管是时间序列的预测方法还是因果关系预测法的应用都存在一定的条件约束和局限性，在对物流需求进行预测的过程中，都是基于预测对象的发展规律符合假设条件的，而实际中有些因素的发展是很难控制的，因为市场不是历史的简单重复，所以在现实的物流需求预测中，都或多或少地存在误差。

2. 需求预测系统存在问题

（1）简单的系统难以应对市场需求的不确定性和多样性。伴随市场需求的不确定性和多样性，以及信息与制造技术的加速革新和产品生命周期的缩短，物流需求预测环节面临着越来越多的不确定性，而且不同的消费者也有不同的偏好体系，这都是导致预测的难度越来越大。而且在对物流需求进行预测的过程中，还存在低估（包括延迟交货、替代和丧失销售）或高估（退货、取消订货、供应商促销、价格折扣等）需求数据，造成需求预测误差。

（2）长鞭效应破坏了物流需求预测的整体优化。供应链中的每一个环节试图预测其下游环节的需求，由于在预测结果中总会或多或少地存在一些误差因子，随着供应链中每一个上游企业使用下游企业的数据去做新的预测，预测的误差因子沿着供应链的层级以指数形式放大，从而产生长鞭效应。另外，在需求预测过程中，预测者出于自身利益考虑对收到的数据加以调整，有意过滤或者加工影响需求预测结果的信心，也会将预测风险向下一个环节传导，极易由此产生预测错误。

3. 需求预测管理存在的问题

（1）相关部门协调工作不到位。需求预测管理职能不完善的企业在功能集成方面易犯的错误如下：第一，从预测部门来看，在预测结果达成"共识"之后，无法满足相关部门的需要。各部门对于需求预测的目标往往不同，如财务部门对于年收入的预测，销售部门对于某个细分市场季度销售额的预测，营销部门对于每年产品销售额的预测，生产部门基于 SKU 的生产周期预测，物流部门基于 SKU 的订单提前期的预测；第二，从预测人员来看，无法合理地给予预测人员绩效奖励，对本部门的贡献未给予奖励，或者采取平均主义均分绩效奖励，从而打消预测人员的积极性；另外，对预测人员缺乏足够的培训也是重要因素之一；第三，从预测模式来看，无法合理运用从上到下和从下到上的预测结合模式，错误地理解了需求预测和业务计划的关系，无法准确地计算预测精度，对于预测精度不作评估，或者主要基于其他因素开展预测绩效评价。

（2）缺乏问责机制和全局观念。由于预测存在不确定性的风险，所以企业没有人或部门敢于承担预测准确性差的责任。这导致了很多企业没有对预测的准确性进行衡量，没有建立对预测失准的问责机制，更谈不上采取有效措施来提高预测准确性。预测不准确很大原因是由于预测工作的管理和流程不合理。

（3）各种主客观原因产生预测误差。预测人员对市场的判断往往受知识、经验、时间、数据和方法等多方面的限制，不能对市场的未来发展做出全面、科学地分析，导致预测的局限性。很多企业一般以业务规划代替需求预测，往往会造成高估或者低估产品的市场认可程度。现阶段行业常用的市场需求预测呈现出主观预测方法较多、客观预测方法较少，简单预测方法较多、复合预测方法较少，短期预测方法较多、长期预测方法较少等弊端，导致无法约束未来的不确定因素。

4.2.5 减小物流需求预测误差的方法

为了提高物流需求预测的准确性，预测工作应该具有前瞻性、全面性、客观性、及时性、科学性、持续性和经济性等，这需要通过以下方式进行改进和提高。

1. 优化需求预测方法

（1）建立不同预测方法组合。不同的预测方法可具有不同的预测精度、预测重点。简单地选择一种预测方法，或将一些预测误差较大的方法舍弃掉，都可能丢弃一些有价值的信息，从而造成资源浪费。在预测实践中学者们已发现一种更为科学的做法，就是将不同的预测方法进行适当的组合。首先要明确和预测有关要素的范围和种类，包括地理位置、产品组合和客户群的需求；其次要明确每一个种类需求的区别，针对这些区别和不同特点，相应地选用不同的预测方法进行组合。

（2）建立协同预测方法机制。通过协同预测，供应商可以针对需求客户的不同库存策略和销售情况，配置自己的产能，这就减少了供应链上的不确定性，同时与需求客户共同建立起持续改进的平台。协同预测（Collaborative Forecasting，CF）的基本任务主要集中在四大环节：战略与计划、需求与供应管理、执行与分析、绩效评价。简单的协同预测是在单层的代理商、零售商与供应商之间开展的，而在实际的商业运作中，原料提供商、运输商、仓库管理者等在供应链中都起着重要作用。CF模式非常重视共享来自供应链上其他阶层之间的信息，根据大数据、ERP软件、物联网及微信平台等接收和分析供应链上的交易信息，使供应链上所有协同构架下的企业利益增值。例如汽车行业的需求预测，已经非常好地实现了整车企业与上游配件供应商、配件供应商与其上游原料供应商，一条产业链的协同预测。供应链企业依靠先进的需求预测引擎，利用需求分析平台提供的信息，结合企业自身获得的需求信息，首先对需求进行预测，然后将预测的结果进行比较，讨论意外事件产生的影响，利用事先设定的预测系数，将加权的结果再次输入预测引擎，得出联合的需求预测。

2. 建立有效的需求预测系统

（1）完善销售数据采集过程及建立需求预测分析体系。首先，为了保证数据采集的准确性和及时性，企业应从合作的角度出发，本着互惠互利原则，理解各方在整个市场中的利益和冲突点，通过协商达到共同的目标。其次，建立一种公平的利益分配制度，并对参与其中的各分销商进行有效地激励，防止机会主义。

（2）建立新型预测管理系统。管理系统功能核心体现在对市场的预测、对销售人员的管理、对项目销售的管理和对供应商的管理，主要包括以下功能：市场预测和分析，计划和市场研究，客户需求管理，产品及供应商管理，销售管理及控制，销售指标、业绩考核和销售合同管理。运用新型营销管理系统，预测人员能不断地用"云技术—云计算"跟踪用户的需求进展，建立、完善需求计划。科学的预测体系的形成是一个渐渐进化的过程，需要信息的社会化、方法的现代化、市场预测专业人员复合性知识的沉淀积累等基本条件。

（3）消除信息孤岛，形成高效的信息共享和集成机制。信息共享可以起到两个作用：第一，避免多层预测，减少批量订货，从而降低库存率及订货资金；第二，稳定价格，减少提前购买的动机。而预测伙伴关系必须具备两个要素：一是具有共同的愿景，相互信任、相互配合；二是共享信息与利益。要实现信息共享，就要做到各个节点企业的合作，共同分享利益，承担风险。通过信息共享保证企业供应链需求信息的一致性和稳定性，减少由于多重预测而导致的需求信息扭曲，从而使供应链各方都可以得到准确和及时的供需信息。

（4）建立快速反应和缩短订货提前期的机制。设计合理的组织结构和控制策略，保证对预测误差的快速反应。根据企业设定的客户服务水平不同，预测者应当采取一系列措施对由于预测误差造成的库存过量和销售机会丧失做出快速反应，比如可以建立应急机制处理可能出现的加急订单或延迟交付问题。但应当注意，应急处理的成本是非常高的。企业有时面临的市场变化速度远远超过了预测所能够预见到的速度，特别是在高价值产品生产行业里，市场需求的变化对企业运作的风险非常大，快速反应必将成为引导企业满足客户需求的核心方法。

3．改进需求预测管理

（1）建立预测精度评估机制。企业应建立定期对需求预测情况进行评估的机制，须确定明确的效果评估方法，来评价预测的准确性和时效性。具体来说包括基于各职能部门对于需求预测的不同要求，评估各个层次的预测精度；合理评估预测精度对于竞争战略、供应链成本、客户服务和利润的影响；提供基于图表和统计数据的绩效评估报告。对预测的准确性进行衡量和监控是非常必要的，如果不加以衡量，很难对其加以改进，预测管理也是这样。一般来说，企业应在产品的 SKU、产品类别、地域需求、客户阶层和各个业务单元等多个层次对需求预测的准确性进行衡量。评价预测结果主要考虑统计检验和直观判断两个方面，从而判断预测结果的可信度。根据对预测结果的分析和评价，确定最终的预测值。

分析预测的误差时要全面考虑：一是要考虑理论预测误差（在选用预测方案之前，利用数学统计模型所估计的理论预测值，与过去同期的实际观察值相比而产生的误差），然后分析、改进、选择较为合适的数学统计模型；二是要考虑实际预测误差，即选用预测方案之后，追踪、检查预测方案的实施结果是否合乎实际的情况，分析预测误差的大小以及产生的原因，总结经验教训，进一步改进今后的预测工作。应该注意预测是何时做出、根据哪些信息做出、其细致程度如何等问题，必要时组织专家小组进行独立预测，根据他们预测的差异来测定预测精度。另外，将异常统计数据从预测模型中清除对提高预测的准确性有着非常重要的意义。

（2）建立滚动修正的机制。需求预测是周而复始的，在一个营销周期结束后，应对需求预测情况进行全面的评估。企业应根据市场的变化，定期滚动修正企业的需求预测体系。在对需求预测的结果进行不断滚动修正的过程中，若发现预测结果与实际结果的偏差持续增大，表明预测的方法或技术有误，应立即对预测方法进行修正。如果产品销售偏差发生突然性的变化，表明该偏差信息可能隐藏着市场风险的前兆，应作为市场风险警报的重要参考，需要进一步分析偏差发生剧变的原因并发出相应的警报。修改后的预测模型连同各种经济指标、行业指标、实际需求、需求信号以及特殊事件一起作为预测数学模型的输入信息。这一系统输入的是历史和现时的准确信息，输出的是关于未来的预测信息，它包括未来的发展趋势、周期性特征和随机因素三个方面的内容。得到的预测结果经过预测者根据过去的预测误差和特殊事件进行调整，最终得到当期的需求预测结果。这是一个周而复始的过程，经过一段时间的积累，需求预测结果会与实际需求数据接近或近乎相似。另外，需要开发并使用一个可重复、跨功能并可衡量的预测控制流程。闭环预测系统可以通过使用适当的预测反馈，不断修正预测过程。

（3）设计多维度的预测绩效评价标准。古人云，"奖罚分明，方可鼓气势，显公平"。对于预测的岗位或工作，切不可只重口头宣传。预测工作多维度的评价对于预测人员的积极性和责任心会是一种激励。在这个组织中，奖金分配、职位提升和对工作人员进行评价都依赖于预测准确性的提高。这样一方面可以促进预测人员与其他业务部门的交流和沟通，另一方面可以更好地推广预测结果的应用，反过来也可以促进预测人员对于预测机制的改进。

4.3 确定订货批量

对于匀速消耗的库存来说，由于平均库存等于订货批量的一半，因此，订货批量的大小对库存持有成本和订购成本起到平衡的作用。一般情况下，订购量越大，库存持有成本就越多，而订购次数越少，库存获得成本中的订货成本就越少，如图 4-2 所示。订货批量的确定应寻找二者成本之和的最低值。

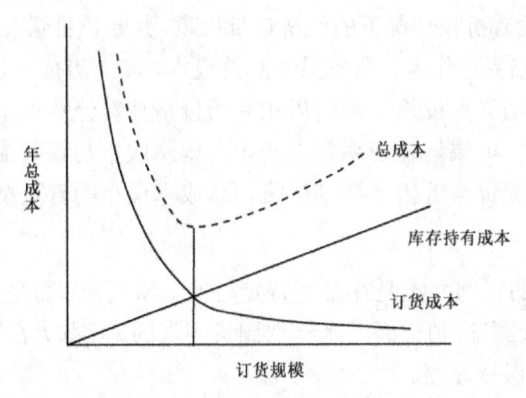

图 4-2 年总成本的构成

4.3.1 经济订货数量

1. EOQ 模型的假设

（1）该物品是成批的，或通过采购或通过制造而得到补充，不是连续生产出来的。
（2）销售或使用的速率是均匀的。
（3）没有在途存货。
（4）没有价格折扣或运输折扣，即不随着订货批量的变化而变化。
（5）不存在缺货成本。
（6）不存在可用资本的限制。

2. EOQ 模型

在上述假设条件下，库存管理的总成本只有订货成本与库存持有成本有关。那么库存管理总成本的函数就可以表示为：

$$\text{TC} = \text{库存持有成本} + \text{订货成本} = C_P \times V \times \frac{Q}{2} + C_D \times \frac{D}{Q} \qquad (4\text{-}16)$$

式中，C_p 为库存持有成本率，V 表示库存物品的价值，Q 为订货批量，C_D 为一次订货的成本，D 为年需求量。

要得到总成本的最小值，就要对以上函数中的 Q 求偏导，并使偏导数等于零，即可得到 Q 的值，如式（4-17）。此时的 Q 订货批量就为总成本最小的订货批量，即 EOQ。

$$\text{EOQ} = \sqrt{\frac{2C_D D}{C_P V}} \tag{4-17}$$

4.3.2 对 EOQ 的调整

1. 折扣对 EOQ 的影响

在某些情况下，供应商对不同批量的订货实行不同的价格，往往是随着订货批量的增大而给予更大的价格折扣。折扣表现在产品价格或运输费率的折扣上。在有折扣时，有必要确定各种折扣条件下的总成本，总成本最小的批量即最优订货批量。

（1）价格折扣。在存在价格折扣的情况下，总成本与采购成本、订货成本和库存持有成本相关。首先应该计算出没有折扣情况下的经济订货批量，判断该批量与价格折扣临界点的关系。如果小于临界点，则将临界点作为订货批量计算总成本，将二者成本进行比较，成本小的为最优批量。如果批量大于临界点批量，则用折扣后的价格重新计算批量，再计算总成本。

（2）运输费率折扣。如果运输费率存在折扣，则总成本与订货成本、库存持有成本和运输费用相关。计算方法同价格折扣一样。最终，总成本最小的订货批量为最优订货批量。

2. 连续补货

通常情况下，所订的货物并不是在某一特定时间一次到货，而是在一定时期内分批到货。此时，库存的补充是通过多次到货而不是一次到货实现的。比如，在杂货和服装零售行业中，经常以连续补货的方式保持库存。

连续补充库存系统直接将供应商与买方的持续需求联系起来，进而排除了中间库存。这加快了库存补充速度和周转，并减少了库存及相应成本。

假设库存的供应速率为 R_1，需求速率为 R_2，供应速率大于需求速率，这时库存随着补货的进行逐渐增加。当供应停止时，库存便会连续下降，直至下一次订货的到来，如图 4-3 所示。

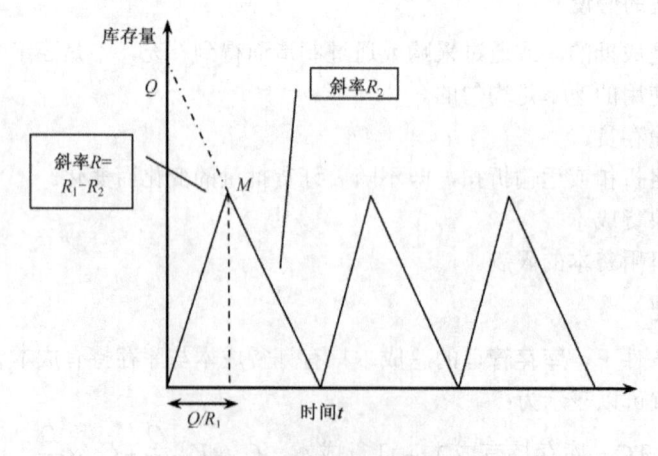

图 4-3 连续补货系统库存

此种情况下，同样是需求总成本（库存持有成本与订货成本之和）最小的批量为最优订货批量。在连续补货系统中，推导得出 EOQ 的计算公式为：

$$\text{EOQ} = \sqrt{\frac{2C_D D}{C_P V(1-\frac{R_2}{R_1})}} \quad (4\text{-}18)$$

在制造企业，生产批量的计算与连续补货系统类似。其中，生产速度相当于连续补货系统中的供应速度，为更换生产的产品而产生的准备成本相当于连续补货系统中的订货成本，而库存持有成本中的库存为制成品的库存。因此，最经济的生产批量 EBQ 也可以通过式（4-18）计算得出。

3．节日采购

订货批量决策中的另一种情况是，所订货物仅仅是为了某一特定日期所有。该日期过后，货物便成为过时品而不能够再次销售。比如，报纸销售商的报纸如果当日卖不出去，那么报纸的价值就几乎为零。在这种情况下，要决定订货批量就必须对缺货和库存两种情况所带来的风险及最后的收益进行比较与权衡。这是所有生产或销售的产品快速过时的企业都会遇到的问题，包括时装、电子产品、书籍等。

此时的订货批量可以利用决策矩阵对收益情况进行比较，选取收益最大的批量作为最优订货批量。

例如，一家甜点店的主营业务是制作新鲜的甜蛋糕。在中秋节来临之时，该甜点店开始采购月饼销售。每销售 1 盒月饼该店盈利 10 元，该月饼的采购成本为每盒 20 元。该店必须提前采购月饼以在中秋节期间销售。中秋节过后，该店只能将剩余的月饼销毁，即 1 盒月饼卖不出去，该店损失 20 元。对月饼的需求是不确定的，但是估计在 500~1 000 盒。基于以往的经验，该店得出月饼需求的概率如表 4-1 所示，请确定该店应该采购多少盒月饼。

表 4-1　甜点店每年的月饼需求盒数统计

需求量（盒）	500	600	700	800	900	1 000
概　率	0.05	0.1	0.2	0.3	0.3	0.05

因为该店每卖出 1 盒月饼收益 10 元，而未卖出的月饼每盒则损失 20 元，如表 4-2 所示，给出了不同订货批量和不同需求水平情况下，甜点店的盈利和亏损情况。

表 4-2　不同数量的月饼的利润与亏损　　　　　　　　　　单位：元

订货量（盒） \ 需求量（盒）	500	600	700	800	900	1 000
500	5 000	5 000	5 000	5 000	5 000	5 000
600	3 000	6 000	6 000	6 000	6 000	6 000
700	1 000	4 000	7 000	7 000	7 000	7 000
800	−1 000	2 000	5 000	8 000	8 000	8 000
900	−3 000	0	3 000	6 000	9 000	10 000
1 000	−5 000	−2 000	1 000	4 000	7 000	10 000

然后将不同的概率进行加权，求出每种订货水平下的期望收益，如表 4-3 所示。

表 4-3 需求概率加权得出节日期间利润与亏损　　　　　　　　　　　单位：元

需求量（盒） 概率 订购量（盒）	500 0.05	600 0.1	700 0.2	800 0.3	900 0.3	1 000 0.05	期望利润
500	5 000	5 000	5 000	5 000	5 000	5 000	5 000
600	3 000	6 000	6 000	6 000	6 000	6 000	5 850
700	1 000	4 000	7 000	7 000	7 000	7 000	6 400
800	−1 000	2 000	5 000	8 000	8 000	8 000	6 350
900	−3 000	0	3 000	6 000	9 000	10 000	540
1 000	−5 000	−2 000	1 000	4 000	7 000	10 000	355

通过矩阵可以得知，最大的期望利润为 6 400 元。因此，经济订货批量应为 700 盒。

4.4　不确定条件下的库存水平的确定

事实上，客户的需求及供应商的提前期都是不确定的。库存管理的一个主要功能就是通过合理的计划储备安全库存，从而防止缺货现象的发生。库存管理的不确定情况一般分为需求的不确定和库存补货周期（提前期）的不确定两种情况。

4.4.1　需求不确定性

销售预测能够对库存补货周期内的单位产品的需求情况做出估计。但是预测再准确，实际的需求也是在预测值上下进行波动。为了防止实际需求高于预测值而造成缺货，企业应在库存中加入安全库存。在需求不确定的情况下，库存水平等于订货批量的一半与安全库存之和。假设订货提前期为 10 天，平均的日销售量为 20 个单位，但是在 15~25 进行波动，经济订货批量为 200 单位。那么，如果日销售量总是维持在 25 个单位的水平上，则 10 天的订货提前期内将销售 250 个单位的产品，这样就会造成 50 单位产品的缺货。为了预防此类缺货的发生，企业需要储备 50 个单位产品的安全库存。如图 4-4 所示。

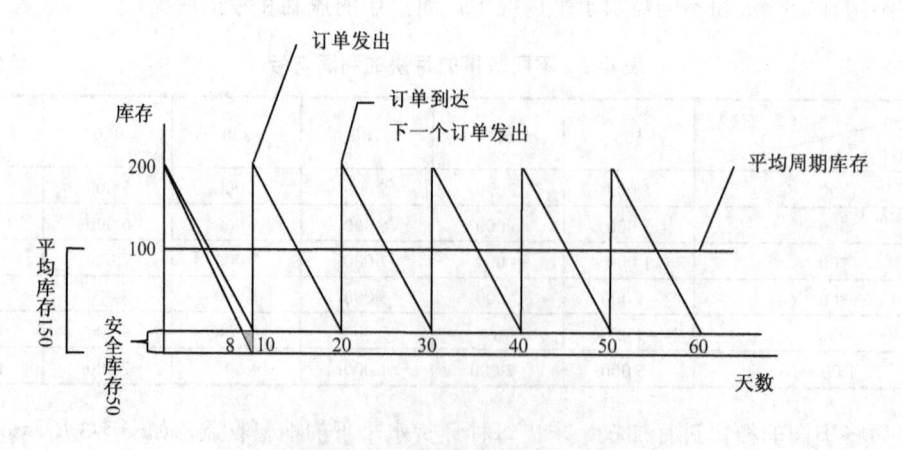

图 4-4　需求不确定情况下的安全库存情况

4.4.2 提前期的不确定性

提前期的不确定性意味着库存政策无法保证始终如一的送货运作。在实际的库存管理中,送货周期也会在预测的平均值上下波动。在实际提前期长于预测的提前期时,就会发生缺货。如上例中,假设需求量是稳定不变的,而订货提前期在 8~12 天波动。如果订货提前期为 12 天,则此周期内的总需求量为 240 个单位,这样就会出现 40 个单位的缺货现象。因此,需要储备 40 个单位的安全库存来防止此缺货的发生,如图 4-5 所示。

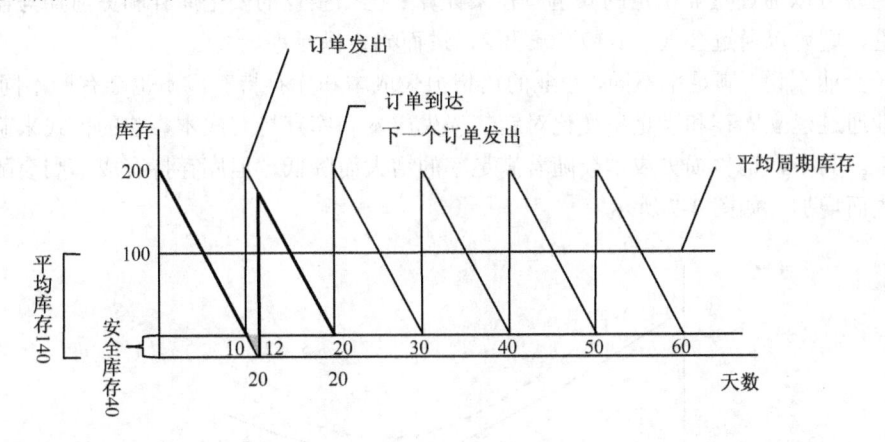

图 4-5 提前期不确定情况下的安全库存情况

4.4.3 不确定条件下的安全库存

在进行实际的库存管理决策时,常面临需求量和提前期都不确定的情况,如图 4-6 所示。

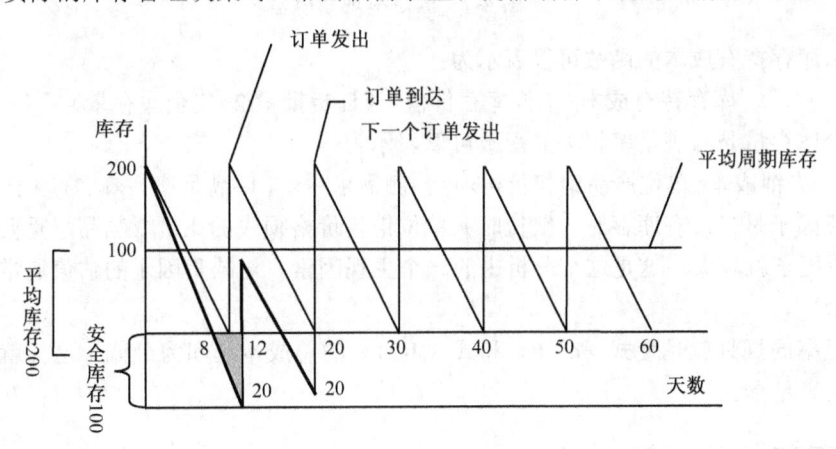

图 4-6 不确定条件下的安全库存

假设需求量和提前期的变化符合正态分布,并且两者不具有相关性,相互独立。在这种情况下,安全库存可以表示为:

$$\text{SS} = Z\sqrt{\text{LT}\delta_D^2 + D^2 \delta_{lt}^2} \tag{4-19}$$

式中,δ_D 表示需求量的标准差;δ_{lt} 表示提前期的标准差;LT 为提前期的平均值;D 为需求量的平均值;Z 为安全系数。

4.5 满足率与安全库存的规划

在库存管理中,管理者的决策要么以安全库存的形式维持额外的库存,要么冒着发生缺货而造成销售损失的风险。满足率是物流系统中的一个重要数据,反映物流库存在一定时期内的服务水平和服务质量。一般用供应量占需求量的百分比来表示,即满足率=供应量/需求量×100%。

满足率可以通过企业确定的安全库存来计算。已知企业的安全库存和提前期与需求量的不确定性,则可以通过公式(4-19)求出 Z,进而确定满足率。

对于企业来说,满足率不同,企业的销售损失成本和库存持有成本也会有所不同。因此,一般企业通过建立库存和满足率变化对销售损失成本和库存持有成本影响的模式来确定最优的满足率。其中,销售损失成本会随着满足率的增大而降低,但库存持有成本则会随着满足率的增大而增加,如图4-7所示。

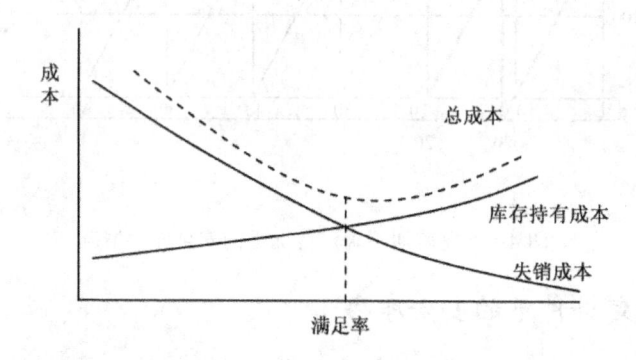

图 4-7 满足率规划模型

那么库存持有成本的函数可以表示为:

$$\text{库存持有成本} = \text{单位库存价值} \times (\text{订货批量}/2 + \text{安全库存量}) \tag{4-20}$$

安全库存量是与满足率相关的函数可以表示为:

$$\text{失销成本} = \text{单位产品销售价格} \times \text{年预测需求量} \times (1 - \text{满足率}) \times \text{缺货因子} \tag{4-21}$$

缺货因子是当没有库存时(缺货时)单位销售价格损失的比例。物品越重要,竞争越激烈,缺货因子就越大。这是这个分析中的一个主观因素。对缺货因子的估值通常会影响库存决策的水平。

满足率的规划就是使式(4-20)和式(4-21)的总成本之和为最低。这样就可以得到企业最优的满足率。

4.6 库存分配决策

4.6.1 平均份额分配法

平均份额分配法是一种简单的库存管理计划法,它为每一个分拨设施公平地分配来自上一节点的可用库存。如图 4-8 所示,说明了此方法的运作结构、计算方法、目前的库存水平和 3 个节点的日需求量,且这 3 个节点从工厂仓库进货。

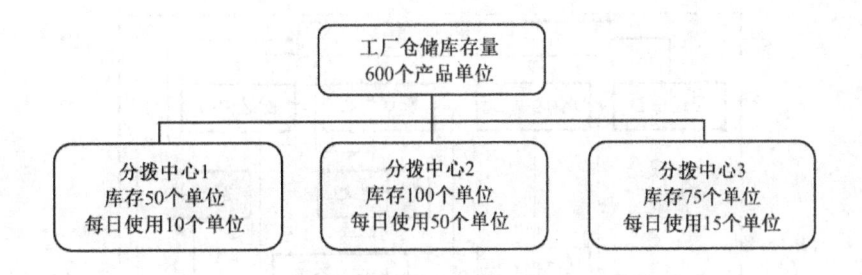

```
                    ┌─────────────────────┐
                    │   工厂仓储库存量    │
                    │   600个产品单位     │
                    └──────────┬──────────┘
            ┌──────────────────┼──────────────────┐
  ┌─────────┴────────┐ ┌───────┴────────┐ ┌───────┴────────┐
  │   分拨中心1      │ │   分拨中心2    │ │   分拨中心3    │
  │   库存50个单位   │ │  库存100个单位 │ │  库存75个单位  │
  │   每日使用10个单位│ │ 每日使用50个单位│ │ 每日使用15个单位│
  └──────────────────┘ └────────────────┘ └────────────────┘
```

图 4-8　平均份额分配法的运作

利用平均份额分配法，库存管理人员可以把工厂的库存平均分配到每一个节点的库存，分配原则是使这 3 个节点的库存水平满足的使用天数相等。因此，首先应该确定所有库存的运作天数，如式（4-22）所示。

$$DS = \frac{AQ + \sum_{j=1}^{n} I_j}{\sum_{j=1}^{n} D_j} \qquad (4\text{-}22)$$

式中，DS 为仓库现有存货天数，AQ 为来自工厂仓库的待分配库存单位，I_j 为仓库 j 的库存，D_j 为仓库 j 的日需求。

在本例中，DS=11 天。则分配给三个节点的库存加上剩余库存水平应能够满足三个节点 11 天的需求，即第一个节点分配 60 个单位，第二个节点分配 450 个单位，第三个节点分配 90 个单位。

在这种计算方法中，并没有考虑订货提前期、经济订货批量等其他方面的因素。

4.6.2　配送需求计划方法

配送需求计划方法（Distribution Requirements Planning，DRP）是一种既保证能够有效地满足市场需要，又使得物流资源配置费用最少的计划方法。

DRP 主要应用于两类企业。一类是流通企业，如储运公司、配送中心、物流中心、流通中心等，另一类是具有流通部门承担分销业务的企业。这两类企业的共同之处在于都是以满足社会需求为企业宗旨，依靠一定的物流能力（储、运、包装、搬运能力等），从制造企业或物资资源市场组织物资资源。

DRP 这种新的模式借助互联网的延伸性及便利性，使整个商务过程不再受时间、地点和人员的限制，企业的工作效率和业务范围都得到了有效的提高。企业也可以在兼容互联网时代现有业务模式和现有基础设施的情况下，迅速构建 B2B 电子商务平台，扩展现有业务和销售能力，实现零风险库存，从而降低分销成本，提高周转效率，确保获得领先一步的竞争优势。

DRP 是一种极为复杂的计划方法，要考虑多个配送阶段及各阶段的特点。DRP 在逻辑上是制造需求计划的扩展。DRP 是在一种独立的环境下运作，由不确定的顾客需求来确定存货需求，由顾客需求引导，企业无法加以控制。

如图 4-9 所示，描述了 DRP 的基本原理。它整合了产成品、在制品和计划使用的原材料资源等。

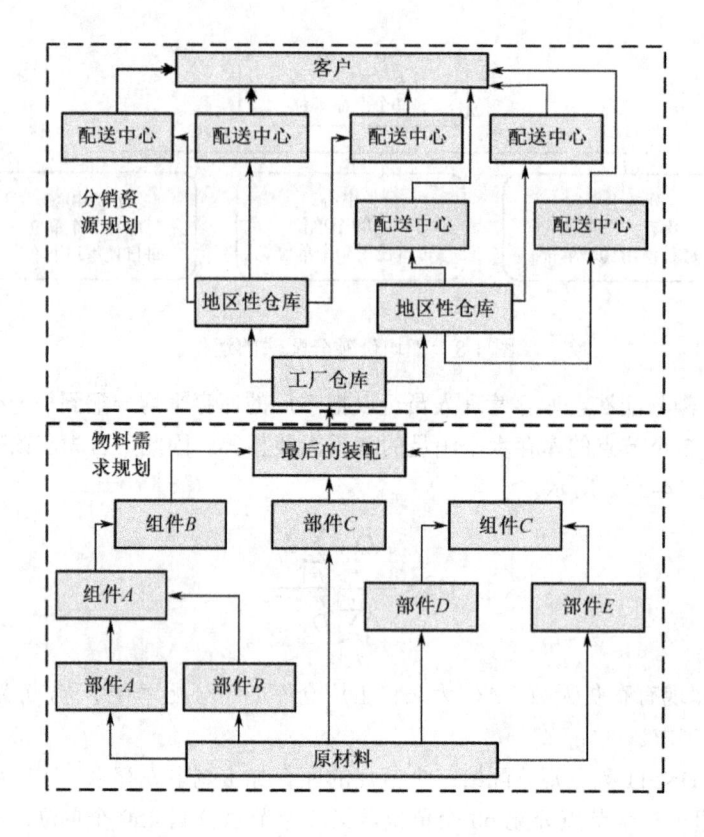

图 4-9　DRP 的运作原理

图 4-9 中的下半部分是物料需求计划，上半部分是配送需求计划。它把产成品库存从生产地转移到分配中心，最终再转到客户手中。配送需求计划负责安排周转时间以协调库存的到达，满足客户的需求。当产成品库存定位在生产地点时，物流需求计划和配送需求计划就出现了"界面"。两个系统的密切配合可以使需要的安全库存达到最小。配送需求计划主要协调库存的水平和进度，必要时还可以在不同的库存水平之间对库存的移动进行重新安排。

但是该系统存在以下三个缺陷。

（1）存货计划系统需要每一个配送中心提供精确的、经过协调的预测数。该预测数对于指导货物在整个配送渠道的流动是必需的。在任何情况下，使用预测数指导存货计划系统时，预测误差就有可能成为一个重大问题。

（2）存货计划要求配送设施之间的运输具有固定且可靠的完成周期，而完成周期的不确定因素则会降低系统的效力。

（3）由于生产故障或递送延迟，综合计划易遭受系统紧张的影响或频繁改动时间表的影响。

因此，要确保该系统的成功应该做好以下几个方面的工作。

（1）高层领导的支持。这个高层领导一般是销售副总、营销副总或总经理，高层领导是项目的支持者，其主要作用体现在三个方面。首先，高层领导为 DRP 设定明确的目标；其次，高层领导是一个推动者，向 DRP 项目提供为达到设定目标所需的时间、财力和其他资源；最后，高层领导确保企业上下认识到项目对企业的重要性。在项目过程中出现重大分歧和阻力时，方向性的决策能力是项目成功的必要条件，实际情况往往是这样的：新系统上马，短时间内，各级人员都很难适应，轻者，会有很多抱怨摆在项目组面前；重者，新系统不仅短时间内没有起到提升管理水平的作用，反而由于不适应、不熟悉等原因降低了管理效率，并引发生意指标下降。这时，如果没有高层领导的高瞻远瞩，从大局和长久发展出发，没有充分的决心和魄力，系统将会面临被搁浅的命运。高层领导激励员工解决这些问题而不是任其打退堂鼓。

（2）要专注于流程。成功的项目小组应该把注意力集中在流程上，而不是过分关注于技术。要认识到，技术只是促进因素，本身不是解决方案。因此，好的项目小组开展工作后的第一件事就是花费时间去研究现有的营销、销售和服务策略，并找出改进的方法。

（3）技术的灵活运用。在一些取得成功的 DRP 项目中，他们对技术的选择总是与要改善的特定问题紧密相关。如果销售管理部门想减少新销售员熟悉业务所需的时间，选择的标准应该是，根据业务流程中存在的问题来选择合适的技术，而不是调整流程来适应技术要求。

（4）组织良好的团队。DRP 的实施队伍通常在四个方面有较强的能力。①业务流程重组的能力；② 对系统进行客户化和集成化的能力，特别对那些打算支持移动用户的企业更是如此；③ 对 IT 部门的要求，如网络大小的合理设计、对用户桌面工具的提供和支持、数据同步化策略等；④ 实施小组具有改变管理方式的技能，并提供桌面帮助。这两点对于帮助用户适应和接受新的业务流程来说是很重要的。

（5）极大地重视人的因素。在很多情况下，企业并不是没有认识到人的重要性，而是对如何做不甚明了。我们可以尝试如下几个简单易行的方法。① 请企业未来的 DRP 用户参观实实在在的分销管理系统，了解这个系统到底能为 DRP 用户带来什么；② 在 DRP 项目的各个阶段（需求调查、解决方案的选择、目标流程的设计等），都争取最终用户的参与，使得这个项目成为用户负责的项目；③ 在实施的过程中，应千方百计地从用户角度出发，为用户创造方便。

（6）分步实现。通过流程分析，能够识别业务流程重组的一些可以着手的领域，但要确定实施优先级，每次只解决几个最重要的问题。

（7）系统的整合。系统各个部分的集成对 DRP 的成功十分重要。DRP 的效率和有效性的获得有一个过程，即终端用户效率的提高、终端用户有效性的提高、团队有效性的提高、企业有效性的提高、企业间有效性的提高。

4.7 库存管理控制决策

库存管理和控制需要解决的问题有确定库存检查周期、确定订货量及确定订货点。如果所订货物可以马上送到或提前期是稳定的且可以预见，而且需求也是稳定的且可以预见，则库存的管理和控制便会很容易，可以在预见库存为零时所订货物被送到即可。但实际上，提前期和需求并不确定，因此，库存管理和控制就是要以最低的成本来满足需求。

库存控制的责任是要测定特定地点现有库存的单位数和跟踪基本库存数量的增减。这种测量和跟踪可以手工完成，也可以通过计算机技术完成。其主要的区别是速度、精确性和成本。

为了实施期望的库存管理政策，必须对控制程序进行设计。这些程序用于明确经常性检查库存水平的要求，并与有关库存参数进行对照，以确定何时订货及订多少货。

库存控制的程序可以分为连续检查和定期检查两种方式。

4.7.1 连续检查库存控制程序

连续的存货控制过程用于检查日常的存货状态，以确定补给需要量。采用连续检查控制方式的库存系统，在每次物品出库时，均要盘点剩余库存，检查库存量是否低于预先设定的订货警戒线。如果低于订货警戒线，则应该发出订货指令。由于从订货指令发出到所购物品入库，通常需要一段时间，在此期间库存储备在不断减少，物品仍在不断地投入消费环节，直到库存储备降到最低点。当订货物品入库后，库存储备又开始得到补充，直至达到最大值。上述库存储备的变化周而复始。常用的连续检查程序有基于经济订货批量的订货点策略和基于补货水平的订货点策略两种。

1. 基于经济订货批量的订货点策略

此策略的基本思想是对库存进行连续性的检查，当库存降低到订货点水平 R 时，即发出一个订货指令，每次的订货量保持不变，都是固定值 Q。Q 为经济订货批量，R 为周期库存与安全库存之和，即 $LT \times D/2 + SS$，其中 D 为日需求量。如图 4-10 所示。

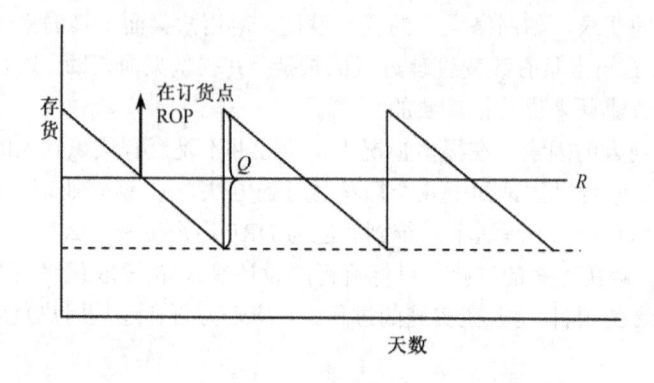

图 4-10 基于订货批量的订货点策略

此策略适合缺货费用较高、需求波动性很大且市场上易于采购的情形。

2. 基于补货水平的订货点策略

此策略是随时检查库存状态。当发现库存降低到订货点水平时，开始订货，订货后使最大库存保持不变，即常量 S。若发出订单时库存量为 I_{min}，则其订货量即 $(S - I_{min})$，如图 4-11 所示。

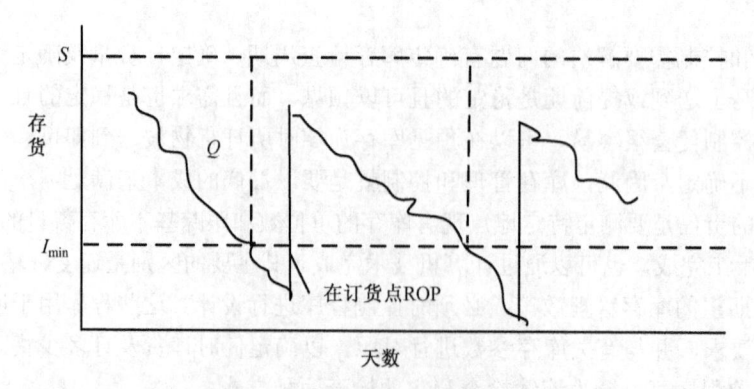

图 4-11 基于补货水平的订货点策略

3. 连续库存控制程序的常用方法

（1）双堆（三堆）系统。双堆系统又称双厢系统，是一种物品有两个相邻的存货点，当一个存货点的库存用完时，下达订单，采购物品。采用该方法的企业，在每次进货时，均将物资分成两部分储备，一部分作为订货点的库存储备（包括在订货水平库存和安全库存）单独存放，其余的作为经常性储备，供日常发料之用，如图4-12所示。当在发料过程中发现经常性储备使用殆尽时，则动用留做订货点的库存储备物资，同时立即发出订货指令。三堆（三厢）系统，则是将库存储备再分为两堆存放，将安全库存单独放在一堆。这样便可以更清楚地看出需求是否超过了预期水平。

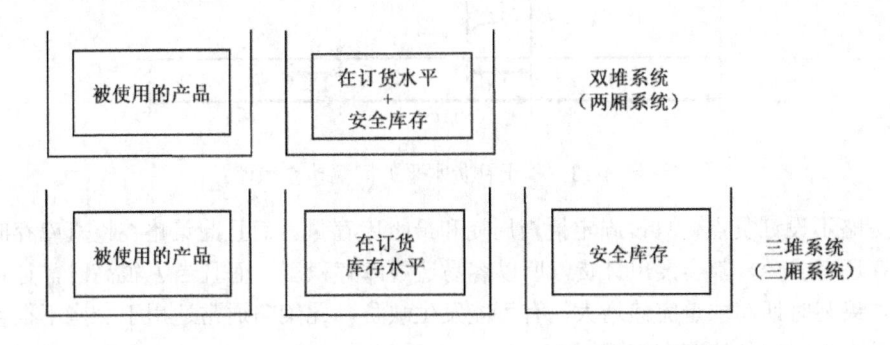

图4-12 双堆（三堆）系统

（2）收发卡片法。收发卡片法是指用特别设计的收发卡片控制订货时间的方法。收发卡片上通常标有物资代号、名称、规格、货位、最低库存储备量及物资进出库的时间、数量、领料单位等信息。管理者可以通过察看收发卡片上现有库存量与最低库存储备量等基本信息，决定是否订货或何时订货。

这种库存控制的方法一般适合低价值产品，不需要对其进行出库记录，但每次订货后都必须通过关注物品被用完的时间而重新估计使用速度。相比起来，双堆法比收发卡片法更加直观、清楚。

4.7.2 定期检查

定期检查控制方式，又称周期检查控制方式，是采用定期盘点库存，结合下一计划期预计的需求情况确定每次的订货批量，是一种用于限定时间点检查库存水平，做出相应决策的库存决策方法。如果目前库存储备较少，或者预计需求将增加时，可以适当地增加订货批量，反之，则可以减少订货批量。因此，订货批量随时间而变化，并根据需求率的变化来改变订货量。定期检查控制是按有规律的时间间隔，如每月或每周，对产品项目的存货状态进行检查。定期检查必须将基本的再订货点调整到两次检查之间的间隔时间内。

1. 基于补货水平的间隔检查策略

此策略是每经过一个固定的时间间隔 T，发出一次订货，订货量为能够将现有库存补充到最高水平 S，即 $Q=S-I$。I 为检查时的库存水平。如图4-13所示，经过固定检查期 T 发出订货，这时库存量为 I_1，订货量为 $S-I_1$。经过一定的时间（LT），库存补充 $S-I_1$，库存到达 A 点。再经过一个固定的检查时间 T，又发出一次订货，订货量为 $S-I_2$，经过一定的时期（LT，此值不确定,可以是随机值)库存达到新的高度 B。如此周期性检查库存,并不断补充库存。

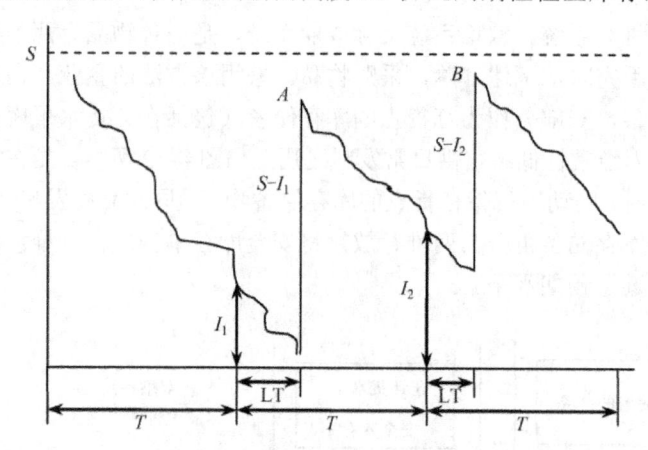

图 4-13 基于补货水平的间隔检查策略

此策略不设订货点,只设固定检查周期和最大库存量。而且此策略在检查库存时,不管剩余库存还有多少,都会发出订货,所以容易造成库存积压,而且当 I_1 很高时,订货量是很少的。如果某时期需求量突然增大,有可能发生缺货。此策略通常适用于一些不很重要的,或使用量不大的物品的库存管理。

2. 基于订货点和补货水平的间隔检查策略

此策略是基于补货水平的间隔检查策略和基于补货水平的订货点法测量的综合。这种库存控制策略有一个固定的检查周期 T,最大库存量为 S,最小库存量为 $I_{\min}$。当经过一定的检查周期 T 后,若库存低于最小库存量,则发出订货,否则不订货。订货量等于最大库存减去订货时的库存量。如图 4-14 所示,当经过固定的检查时期时,此时库存已降低到最小库存之下,因而发出一次订单,订货量等于最大库存 S 与当时的库存 I_1 之差,即 $S-I_1$。经过一定的订货提前期后,在 A 点订货到达,此时库存补充到 B 点。在第二个检查期到来时,库存点在 E,没有达到最低库存,则此时不发出订货,在第三个检查期到来时,库存点到达 F,小于最低库存,则此时又发出一次订货,订货量为 $S-I_2$,如此周期地进行下去,从而实现周期性的库存补充。

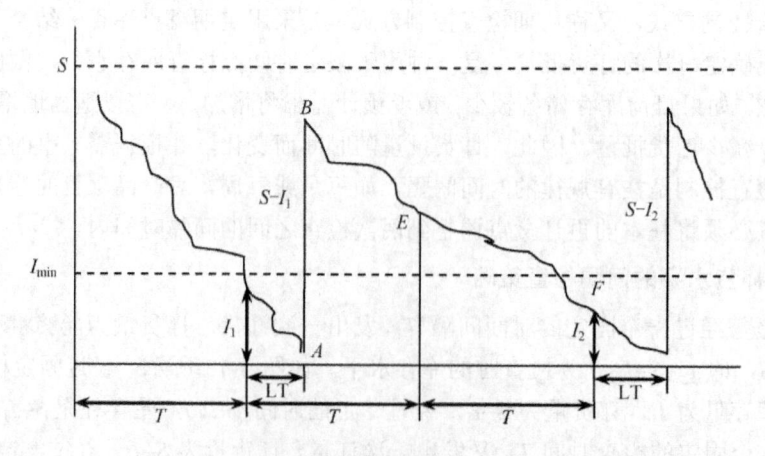

图 4-14 基于订货点和补货水平的间隔检查策略

由于此策略不一定在每次检查时都订货,故订货次数较少,从而可节省订货费用。但若检查期很长时,与基于补货水平的间隔检查系统几乎没有区别。此策略可能需要相当大的安全库存,若在检查时的库存水平稍高于订货点,则安全库存期就需要两个订货间隔期再加上前置时间。可按类似于定期系统的方法确定检查期,订货点则由安全库存量加整个前置时间与检查期内的期望需求量组成,通过分析包括前置时间和检查周期的时期内发生的需求量的偏差来确定安全库存。

4.7.3 高级库存控制策略

1. 联合协同补货

出于对订货成本的权衡,联合协同采购的适用对象为具有经济订货批量的物品。由于这种物品订货周期是确定的,于是,企业就能够建立每一个供应商的固定补货周期计划。为了满足搬运和运输的经济性,订货量应当取整箱、层、托盘和集装箱。

如图4-15所示,一家大型食品批发商采用了联合协同补货策略,图中显示了每周销售量占一整车量的百分比,以及经济补货时间相同的30种SKU的运输周期占收货周数的比例(单位是周)。联合补货策略是将合并SKU进行整车运输,从而减少了运输的车次数。

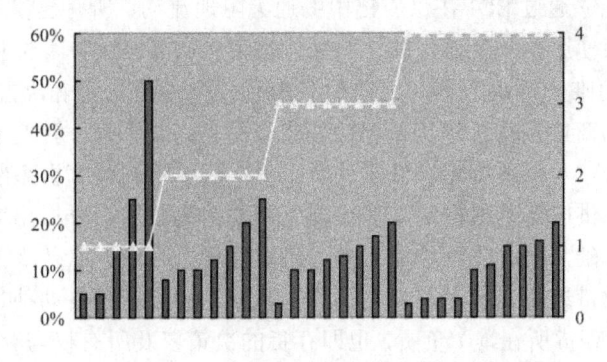

图4-15 联合补货计划实例

2. 连续补货

连续库存补充计划又称自动补货模式,是利用及时准确的销售时点信息确定已销售的商品数量,根据零售商或批发商的库存信息和预先规定的库存补充程序,确定发货补充数量和配送时间的一种计划方法,如图4-16所示。ECP、JIT、VMI都属于这种补货策略。

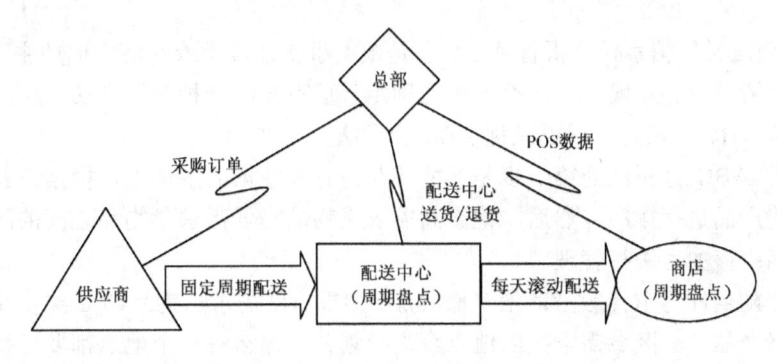

图4-16 连续补货

通常情况下，一种商品一旦被大量采购，就会促使该商品的制造商大量生产此种商品，也会使该商品在供应链中快速流动起来。随着供应链管理的进一步完善，补货到零售店的责任，现在已从零售商转到了批发商或制造商的身上。对于制造商和供应商来说，掌握了零售店的销售量和库存，就可以更好地安排生产计划、采购计划和供货计划，这是一个互助的商业生态系统。

从库存管理角度看，在库存系统中，订货点与最低库存之差主要取决于从订货到交货的时间、产品周转时间、产品价格、供销变化及其他变量。订货点与最低库存之间保持一定的距离，是为了防止产品脱销等不确定性情况的出现。为了能够快速反映客户"降低库存"的要求，供应商通过与零售商缔结伙伴关系，主动向零售商频繁交货，并缩短从订货到交货之间的时间间隔。这样就可以降低整个货物的补充过程（从工厂到门店），尽力切合客户的要求，同时减轻存货和生产波动。

自动补货系统成功的关键在于，在信息系统开放的环境中，供应商和零售商之间可以通过库存报告、销售预测报告和订购单等有关商业信息的最新数据进行实时交换，使得供应商从过去单纯执行零售商订购任务转而主动为零售商分担补充库存的责任，以最高效率补充销售点或仓库的货物库存。

为了确保数据能够通过 EDI 在供应链中畅通无阻地流动，所有已参与方（供应链上的所有节点企业）都必须使用同一个通用的编码系统来识别产品、服务及位置，这些编码是确保自动补货系统实施的唯一解决方案。之前的条形码技术正是这套解决方案的中心基础。

例如，全球知名商业巨头沃尔玛公司的补货策略是：对于每一种商品，沃尔玛店铺都制定一个安全库存水平，一旦现有库存低于这个水平，沃尔玛的计算机系统便通过计算机网络自动向供应商订货。供应商则根据沃尔玛店铺近期的销售数据，分析出商品的销售动向，再以商品库存数据为基础，同时兼顾物流成本，决定在什么时候、以什么方式向沃尔玛的店铺发货，以多频度少数量进行连续库存补充，这一系列的程序正是自动补货模式的写照。补货模式的决策由客户（存货所在地）负责，也即存货的决策权及所有权与存货的物理位置一致。

自动补货模式主要适合没有 IT 系统或没有基础设施来进行有效管理其库存的下游企业及实力雄厚、市场信息量大、有较高的直接存储交货水平的上游厂商。

4.8 库存管理的改善

4.8.1 ABC 管理

ABC 管理法又称帕累托分析管理法，它是根据事物在技术或经济方面的主要特征，进行分类排队，分清重点和一般，从而有区别地确定管理方式的一种分析方法。由于它把被分析的对象分成 A、B、C 三类，所以又称 ABC 分析法。

库存管理 ABC 分析法的第一步是在能够获得有关数据的条件下，根据销售额或对公司利润的贡献将产品进行排序。然后，检查高需求量物品与低需求量物品之间的区别，这一区别决定了物品应该如何进行管理。

库存水平随着库存节点数量的增多而增加。如果将低需求量物品即 C 类物品储存在物流中心，将这些产品的全区域需求按照地点数进行划分，那么每一个地点都要维持安全库存；如果只采用一个中心仓库，而销售预测以全区域为基础，则需求的不确定性将会减小，需要的安全库存也会减小很多。而 A 类产品因为服务水平要求较高，响应速度要快，因此，适合放在最靠近客户的配送中心分别储存。

采用库存控制策略，对于 A 类产品，进行每天检查或连续检查库存情况比较合适。B 类产品可以每周进行库存检查，而 C 类产品的检查周期则可以是 1 个月甚至更长时间。

4.8.2　SKU 管理

最小存货单位（Stock Keeping Unit，SKU）管理为库存控制的最小可用单位。例如，纺织品中一个 SKU 通常表示规格、颜色、款式。当然，单品与传统意义上"品种"的概念是不同的，用单品这一概念可以区分不同商品的不同属性，从而为商品采购、销售、物流管理、财务管理及 POS 系统与 MIS 系统的开发提供极大的便利。

季节性变化或某些其他周期性因素都会影响特定产品组中不同存储单元的需求。在这种场合，用 ABC 方法进行分类不足以保持服务水平和降低库存成本。如果只采用 ABC 分类法，为保持所有存储单元的供给，就需要持有过多的库存。因此，需要有一种能够反映 ABC 类别产品中各存储单元行为模式的系统。在图 4-17 中，给出了某公司在生产过程中使用的两种不同颜色的部件 A 的需求量。

(a) 蓝色部件 A 的需求量

(b) 绿色部件 A 的需求量

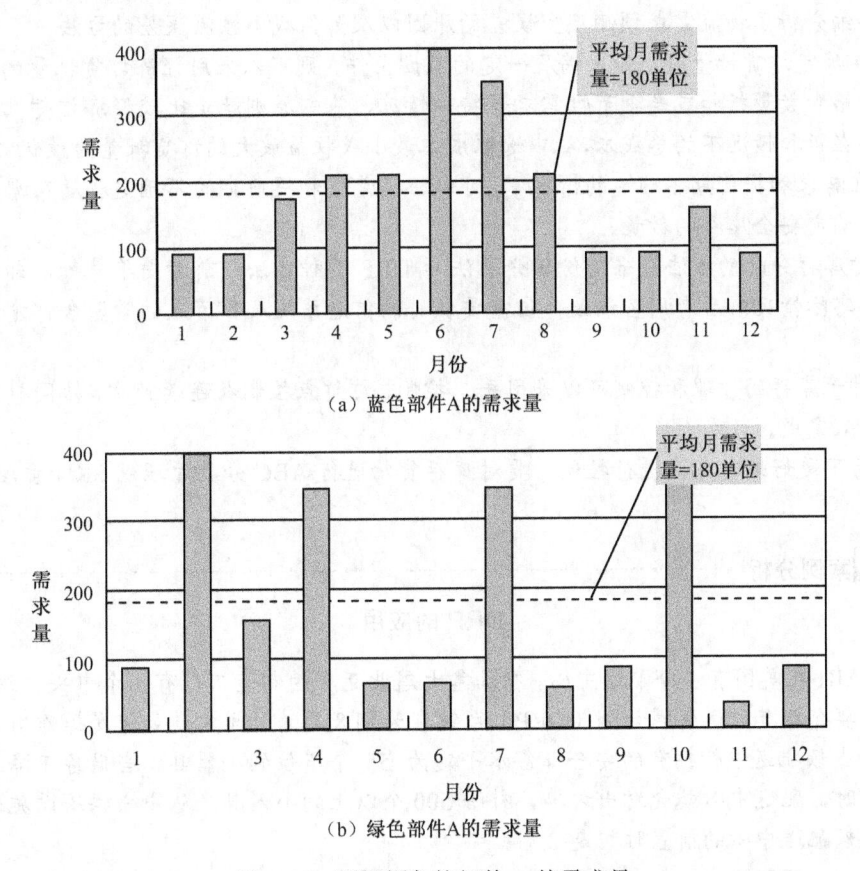

图 4-17　不同颜色的部件 A 的需求量

尽管两种颜色产品在一年中的平均需求相同，但对蓝色产品的需求要比对绿色产品的需求更容易预测。蓝色产品需求的变化量只是月平均需求的两倍，而绿色产品需求的变化则高达月平均值的 4 倍。因此，这两种颜色产品的安全库存应该分别计算，以便更好地管理控制和降低成本。在这种情况下，应采用 SKU 管理方法，分别从颜色、规格、款式等方面对产品进行细致的分析，分别制定不同的库存管理策略。

本章小结

➢ 库存（Inventory）有时被译为"存贮"或"储备"，是为了满足未来需要而暂时闲置的资源，人、财、物、信息各方面的资源都存在库存问题。

➢ 企业为了规模经济、平衡供应与需求、满足企业专业化的需要和应对不确定性给企业带来的影响而保有周期库存、安全库存、投机库存、在途库存和闲置库存。

➢ 库存管理的目标服从于企业乃至整条供应链的目标，通过对企业乃至整条供应链上的库存进行计划、组织、控制和协调，可以将各阶段库存控制在最小限度，从而削减库存管理成本，减少资源闲置与浪费，使整体库存成本降至最低。为了达到这个目标，需要进行的库存决策包括订货批量、安全库存、库存的分配方法、库存管理控制等。为了更好地降低成本，还要对库存管理进行改善。

➢ 为了确定库存水平，需要对仓库的物流需求进行预测。本章介绍了物流需求预测的方法，并详细分析了物流需求预测产生误差的原因以及如何减小预测误差的方法。

➢ 在确定订货批量时，如果满足一定的假设条件，则可以采用经济订货批量的方法。如果存在价格和数量折扣或是季节性需求等特殊情况，基本原则就是比较经济订货批量下的总成本与存在折扣情况下的总成本，从中选取成本最小或收益最大的订货批量为最优订货批量。

➢ 在需求和提前期不确定的情况下，可以根据需求和提前期的不确定程度及需要达到的满足率来确定安全库存的数量。

➢ 对库存分配的方法有平均份额分配法和 DRP 两种方法。前者简单易行，却未考虑各个节点的实际情况；后者周密细致，但需要良好的信息系统及各节点的紧密合作才能保证其实施。

➢ 对于库存的管理和控制可以采用手工控制、订货点控制及连续补货、协同补货等高级控制策略来完成。

➢ 为了更好地对库存进行控制，要对库存货物进行 ABC 分类管理或 SKU 管理。

案例分析

DRP 的应用

MMH 在美国有 3 个配送中心，在加拿大魁北克省的制造工厂有 1 个中央供给设施。这里主要介绍其配送资源计划（DRP）系统在为期 8 周的时间内是如何发挥作用的。

波士顿配送中心拥有的安全储备水平定为 55 个单位的小器具。当储备下降到该水平以下时，配送中心就会发出订单，补给 500 个以上的小器具。从中央供给设施地装运到波士顿配送中心的前置时间是 2 周。

经波士顿配送中心的 DRP 显示，有 8 周的需求预测数，称作总需求数。一开始现有存货剩余数为 352 个小器具，配送中心预测在第 5 周内将只有 42 个小器具（现有存货 122 个小器具减去总需求数中的 80 个小器具），这将低于安全储备水平。于是，DRP

在3周内（第5周减去前置时间2周）启动已计划订货数为500个小器具。如已预测的那样，备货一到，该配送中心又恢复到安全作业水平。

小器具在芝加哥属于高销量货品。所以，芝加哥配送中心的总需求比波士顿配送中心高，因而一次订货的小器具更多。

芝加哥配送中心的DRP显示，已经有800个小器具在运输途中（已定期接受数），并且应该在1周内抵达。如期抵达后，在第6周再安排接下来的800个小器具的订货，以处理在第8周内即将到来的低于安全储备的情况。

凭借经验，圣地亚哥配送中心将其安全储备表示为安全时间2周。

经检查DRP显示，从圣地亚哥配送中心了解到，如果不进行补给，第5周内将剩余30个小器具（60减30），第6周内将剩余5个小器具（30减25），在第7周内现有存货余数将为−10（5减15）。于是，圣地亚哥配送中心在第3周（第7周减安全时间2周，再减前置时间2周，总计减4周）启动已计划订货数，即150个小器具。

中央供给设施的总需求数是由各配送中心促成的。波士顿和圣地亚哥配送中心在第3周生成总计为650个小器具的需求，而芝加哥配送中心则在第6周生成800个小器具的需求。中央供给设施发现，在第6周内现有存货余额将是负值。于是，它在第3周启动一项订货量为2 200个小器具的主计划，以弥补短缺。

复习思考题

1. 库存存在的原因有哪些？
2. 库存管理的目标是什么？
3. 如何减少物流需求预测的误差？
4. 强生公司生产和销售全系列的工业空调产品，产品通过独立的分销商在全国进行销售。公司从一家制造商处采购用于空调产品的继电器，每次大约订购300箱，每箱24个单位，一年订购54次，年采购量大约16 000箱。采购价格为每份8美元，订货成本为每份10美元，库存持有成本为25%。继电器每箱的重量为25磅，强生公司支付运输成本。当运输量低于15 000磅时，每100磅的运输费率为4美元；当运输量在15 000~39 000磅时，每100磅的运输费率为3.9美元；当运输量大于39 000磅时，每100磅的运输费率为3.64美元。继电器以20箱为一托盘进行运输，求强生公司在这种情况下的最佳订货批量。
5. 库存管理的控制策略有哪些？
6. 已知某公司有5个配送中心，每个配送中心的需求情况、安全库存、订货提前期如表4-4~表4-8所示。该公司工厂的相应数据由表4-9给出。请列出该公司的工厂仓库的需求计划及给每个配送中心的送货计划。

表4-4 配送中心1需求情况（提前期3周，安全库存70个，订货批量300）

	上一周	周							
		1	2	3	4	5	6	7	8
总需求		70	80	90	100	85	70	60	90
预定接收									
预期手头	420								
计划订单									

表4-5 配送中心2需求情况（提前期2周，安全库存150个，订货批量700）

	上一周	周							
		1	2	3	4	5	6	7	8
总需求		150	150	170	160	170	160	150	180
预定接收									
预期手头	800								
计划订单									

表4-6 配送中心3需求情况（提前期2周，安全库存50个，订货批量160）

	上一周	周							
		1	2	3	4	5	6	7	8
总需求		30	25	40	30	25	20	30	35
预定接收									
预期手头	150								
计划订单									

表4-7 配送中心4需求情况（提前期1周，安全库存60个，订货批量200）

	上一周	周							
		1	2	3	4	5	6	7	8
总需求		45	60	55	60	70	50	60	40
预定接收									
预期手头	180								
计划订单									

表4-8 配送中心5需求情况（提前期1周，安全库存200个，订货批量800）

	上一周	周							
		1	2	3	4	5	6	7	8
总需求		170	150	160	180	200	150	160	170
预定接收		800							
预期手头	150								
计划订单									

表4-9 工厂仓库，需求情况（提前期2周，安全库存400个，订货批量2 000）

	上一周	周							
		1	2	3	4	5	6	7	8
总需求									
预定接收									
预期手头	1 300								
计划订单									

第 5 章 运输系统的规划与设计

学习目标

1. 了解运输方式及其特点。
2. 了解物流运输系统的功能。
3. 了解物流运输系统的作用。
4. 掌握运输网络的类型及特点。
5. 掌握送货规划与管理的方法。
6. 理解多式联运的概念。
7. 掌握多式联运的原则。

运输活动及其载体所构成的运输系统是物流系统中最重要的组成部分。通过运输活动，物流系统的各个环节有机地联系起来，物流系统的目标得以实现。运输与物流系统中的其他各方面都有着千丝万缕的联系；运输的成本直接影响企业、车间、工厂、仓库、供应商及客户等选址决策，存货水平则在很大程度上受所选运输方式的影响，而所选运输方式又决定所使用的包装等。

5.1 运输系统概述

5.1.1 运输方式及其特点

1. 铁路运输

铁路运输是以机车牵引车辆，沿着铺有轨道的运行线路，借助通信和信号的联络，用来运送货物，实现货物在不同空间转移的活动。铁路运输的优点是运量大、运输成本低、速度快、安全可靠、受气候和自然条件的影响较小、在货物运输中具有较高的连续性和准确性。铁路运输一般用来装运大宗散装产品，如煤、沙、矿物和农林产品等。铁路运输分整装车和零担、快运和慢运等类别，类别不同则运输费用也不同。但铁路运输也有其局限性，主要是线路和设站固定，如需要再转运，不但会增加运输费用和时间，而且还会增加损耗。

2. 公路运输

公路运输是指使用汽车在公路上载运货物的一种运输方式。公路运输可以直接运进和运出货物，是车站、港口、机场、码头进行货物集散的主要运输方式。公路运输的通道是公路，工具是汽车。公路能纵横交叉，汽车能四通八达，而且机动灵活，简捷方便，这是其最明显的优势。在短途货物集散运转上，它比铁路运输、空运等有较大的灵活性。尤其在实现直达（门到门）运输中，其重要性更为显著。虽然其他运输方式都各有其优势，但最终或多或少都要依靠公路运输来完成运输任务，如车站、码头、机场的货物集散都离不开公路运输。公路运输的优点是速度较快、范围广，在运输时间和线路安排上有较大灵活性，可直达仓库、码头、车站等地直接装卸。但汽车运输的载量较小，不适宜装卸大件和重件物品，也不适宜长途运输。汽车运输成本费用比水运和铁路运输要高，超过一定的运输距离，运输费用会明显增加。另外，在车辆运输的过程中震动较大，尤其是在路况较差的情况下，很容易造成货损、货差事故。

3．水路运输

水路运输是指使用船舶或其他航运工具，在江河、湖泊、运河、海洋上载运货物的一种方式。水路运输一般都具有运量大、运费低、耗能少的优点。对于运输体积大、价值低、不易腐烂的产品，是一种极为经济合理的运输方式。但水路运输常受水域、港口、船期等条件的限制，并且受季节、气候等自然条件的影响较大，运输连续性较差，速度慢，时间长。水路运输主要包括海上运输和内河运输两种方式。

水路运输的经营方式主要有班轮运输和租船运输两大类。班轮运输是指船舶在固定的航线上和港口间按事先公布的船期表航行，从事运输业务并按事先公布的收费率收取运费的一种经营方式。其具有固定航线、固定港口、固定船期和相对固定费率的"四定"特点。此外，班轮运输还具有方便供货方、手续简便、能提供较好的运输质量等优点。班轮承运人通常采取在码头交接货物，并专门负责货物的转口工作，从而为供货方提供了极大的方便。租船运输是指没有预订的船期表、航线、港口，船舶按租船人和船东双方签订的租船合同规定的条款行事的一种运输经营方式。租船运输一般用整船装运货价较低的大宗货物，如谷物、石油、化肥、木材、水泥等。租船运输在海上运输中占有十分重要的地位。租船运输无固定航线、无固定的装卸港口和船期，双方的权利义务是由双方洽商并以租船合同的形式加以确定的。租船运输受租船市场供求关系的制约，一般是船多货少时运价低，反之则高。由于租船一般是整船装运，运量大，所以单位运输成本较低，对于低值大宗货物的运输，采用租船方式较为有利。

4．管道运输

管道运输是指使用管道输送气体、液体、浆料与粉状物体的一种运输方式。按输送物品的不同，可分为气体管道、液体管道、固体浆料管道。管道运输是一种不需要动力引擎，运输通道和运输工具合二为一，借高压气泵的压力把货物经管道向目的地输送的运输方式。管道运输具有迅速安全、货损货差小、运输货物无须包装、节省费用、成本低、管理简单、不受地面气候条件影响、可连续作业的优点，但固定资产投资大，机动灵活性差（永远单向运输）。一般来讲，管道大都是由管道所有者用来运输自有产品，不提供给其他发货人使用。

5．航空运输

航空运输是指使用飞机或航空器进行货物运送的一种运输方式。航空运输的重要性已越来越明显，对那些体积小、价值高的贵重物品如科技仪表、珠宝、鲜活商品等，以及要求迅速交货或要做长距离运输的商品,是一种较为理想的运输方式。航空运输速度快、安全准确,虽然费用比铁路、公路等运输方式高,但许多企业的实践证明,它可降低所需存货的水平、仓储费用和包装成本。

目前,航空运输的经营方式主要有班机运输和包机运输。班机运输是在固定航线上定期航行,具有固定始发站、目的站和途经站的运输方式。由于班机运输是定期开航,所以收发货人都可确切掌握起点和到达时间,从而能够确保货物迅速投放市场。其不足之处是舱位有限,且运费高昂。包机运输分整架包机和部分包机两种。整架包机是指航空公司或包机代理公司,按照双方事先约定的条件和费率,将整架飞机租给租机人,从一个或几个航空站装运货物至指定的目的地的一种运输方式。其特点是可运送大批量货物,运费相对较低。部分包机是指几家航空货运代理公司(或发货人)联合包租一家飞机,一般适用于不足整机的货物,运费比班机低,但运送时间长。

6. 集装箱运输

集装箱运输是以集装箱为运输设备而进行的一种现代化的先进运输方式。既适用于各种运输方式的单独运输,又适用于不同运输方式的联合运输。集装箱运输是现代运输业的一项重要技术改革,具有装卸效率高、加速车船周转、货损货差小、包装费用省、简化货运手续、降低货运成本、劳动强度低等优点,是目前发展迅速并在商品运输中占有重要地位的一种运输方式。集装箱运输的重要作用还在于它是发展多式联运的基础。这种在集装箱基础上发展起来的综合、连贯的新型运输方式,目前在国际货物运输中发展很快,所占的比重也越来越大。

5.1.2 运输系统的含义

目前,随着运输工具与设施的不断改进和提高,现代物流中的运输观念已非平常意义上的运输,其触角已伸到企业生产经营活动的大部分领域,成为一个系统。如图 5-1 所示,厂商为在工厂从事生产活动,需要从事原材料和零部件的调达运输。由于原材料和零部件的调达常常是大量运输,因此需要选择与大量运输相适应的运输手段。

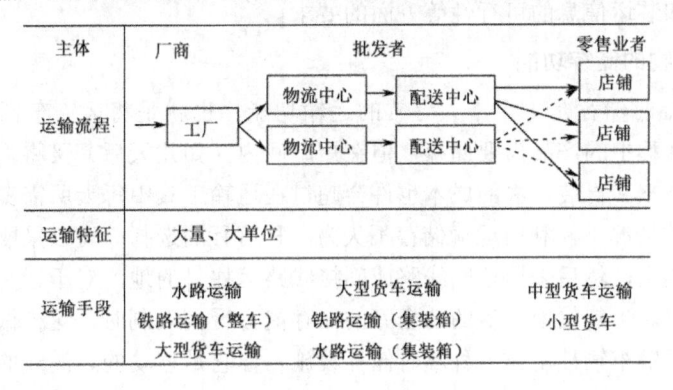

主体	厂商	批发者	零售业者
运输流程	工厂 → 物流中心 / 物流中心	配送中心 / 配送中心	店铺 / 店铺 / 店铺
运输特征	大量、大单位		
运输手段	水路运输 铁路运输(整车) 大型货车运输	大型货车运输 铁路运输(集装箱) 水路运输(集装箱)	中型货车运输 小型货车

图 5-1 企业物流运输系统

原材料、零部件在工厂进行加工、制成成品以后,就会发生商品从工厂仓库到全国主要物流中心的大规模运输,这种形态常称为"干线运输"或"核心运输"。它涉及利用货台、装卸机械等工具,并按一定的标准把商品单位化,进而在工厂和物流设施之间进行长距离的运输。这种长距离的运输既可利用大型货车,也可运用发挥长距离运输优势的铁路(集装箱)运输或水路(集装箱)运输来进行。

当商品进入厂商的物流中心后，接下来的运输业务主要是对应客户的订货而进行的发货，包括将商品向批发业的配送中心或大型零售商的配送中心运输，甚至直接向零售店铺进行商品输送，即配送。配送一般又可分为都市内配送、地域内配送和货车货场配送。配送需要将商品进行分拣，实行小单位化，进而由中型或小型货车运输。配送可采取委托形式，也可由批发商或零售商自己运输。在自己承担配送的情况下，就不仅仅是向零售店配送商品，还包括与交易对象商谈、进行商品销售状况调查、店头商品管理等输送以外的目的。

5.1.3 运输系统的功能

1．产品和货物转移功能

无论产品处于哪种形式，是原材料、零部件、装配件、在制品，还是制成品，也不论是在制造过程中将被转移到下一阶段，还是转移到最终顾客手中，运输都是必不可少的环节。运输的主要功能就是帮助产品在价值链中来回移动。既然运输利用的是时间资源、财务资源和环境资源，那么只有当它确实能提高产品价值时，该产品的移动才是重要的。

运输之所以涉及时间资源，是因为被运输产品在运输过程中是难以存取的。被运输产品通常是指转移中的货物和产品，是各种供应链战略中所要考虑的一个因素，通过运输时间的占用，可以减少生产线上和配送中心的存货。

运输之所以要使用财务资源，是因为在运输过程中会发生驾驶员劳动报酬、运输工具的运行费用，以及一般杂费和行政管理费用的分摊。除此之外，还要考虑因产品灭失损坏而必须弥补的费用。

运输还直接和间接地使用环境资源。在直接使用方面，运输是能源的主要消费者之一；在间接使用环境资源方面，由于运输造成拥挤、空气污染和噪声污染而发生相应的环境费用。

运输的主要目的就是要以最低的时间、财力和环境成本，将产品从原产地转移到规定地点。此外，产品灭失损坏的费用也必须是最低的；同时，产品转移所采用的方式必须满足顾客有关交付履行和装运信息的可行性等方面的要求。

2．产品和货物的储存功能

对产品进行临时储存是一个不太寻常的运输功能，也就是将运输车辆临时作为储存设施。然而，如果转移中的产品需要储存，但在短时间内（如几天后）又将重新转移的话，则该产品在仓库卸下来和再装上去的成本也许会超过在运输工具中每天所需支付的费用。

在仓库有限的情况下，利用运输储存不失为一种可行的选择。可以采取的一种方法是将产品装到运输车辆上，然后采用迂回线路或间接线路运往目的地。对于迂回线路来说，转移时间大于直接线路。当起始地和目的地仓库的储存能力受到限制时，这样做是合情合理的。在本质上，这种运输车辆被用作一种临时储存设施，但它是移动的、满载的，而不是处于闲置的、静止的状态。

概括而言，用运输工具储存产品可能是昂贵的，但当需要考虑装卸成本、储存能力限制或延长前置时间时，从物流总成本或完成任务的角度来看或许是正确的。

3．物流节点衔接

在物流系统中，如果没有一个很好的衔接，不同物流节点就犹如一座"孤岛"，只有把各个"孤岛"通过运输系统衔接起来，才能成为一个物流系统。在传统的物流系统中，运输不仅承担着实物转移功能,而且还承担着信息沟通与传递功能,或者说此时运输在物流系统衔接中发挥着核心作用。在现代物流系统中,运输与信息网络并行实现了物流系统的衔接,前者侧重于实物衔接,而后者侧重于信息衔接。

事实上,如果把物流系统比作人体的生理系统,那么各个物流节点就像人体的各个器官,而运输与信息网络则是沟通各个器官的血液和神经系统。没有运输系统参与工作,整个物流系统就会像人体缺乏血液供应一样,最终会导致整个系统衰亡、坏死;即使运输系统效率不高,也会对整个物流系统产生致命性的危害。

5.1.4 运输系统的作用

运输可以创造"场所效应"。场所效应是指由于物品所处的空间场所不同,同种产品的使用价值的实现程度不同,因此其效益也就不同。正是由于场所的变化和位移,最大限度地提高了产品的价值。通过运输可以将不同的"物"运到场所效应最高的地方,使其充分发挥物的潜力,实现资源的优化配置,使物品的使用价值和价值发挥得最好、最大。同时,运输还是"第三利润源"的主要源泉。

1. 运输服务是有效组织物品输入和输出的关键

一般而言,企业的工厂、仓库与其供货厂商和各客户之间的地理分布直接影响着物流的运输费用。因此,运输条件是企业选择工厂、仓库、配送中心等物流设施配置地点需要考虑的主要因素之一。

2. 运输影响着物流的其他构成因素

例如,选择的运输方式决定着装运货物的包装要求;使用不同类型的运输工具决定着与其配套使用的装卸搬运设备,以及接收和发运站台的设计;企业库存储存量的大小,直接受运输状况的影响;发达的运输系统能比较适量、快速和可靠地补充库存,以降低必要的储存水平。

3. 运输费用在物流总费用中占有较大比重

运输费用在物流总费用中通常占有很大的比重。可见,组织合理运输,以最小的费用,较快的时间,及时、准确、安全地将货物从其产地运到销地,是降低物流费用和提高经济效益的重要途径之一。

5.1.5 运输系统的规划与设计

1. 运输系统规划与设计的关键因素

为了确保运输系统功能的实现,促进整个物流系统的协调运行,在进行运输系统规划时,要综合考虑如下几个关键因素。

(1)运输成本。运输系统规划需要考虑成本问题,这里的成本不是运输系统本身的成本,而是物流系统总成本。简而言之,通过合理的运输系统规划,确保使物流系统总成本降到最低限度,这意味着低费用的运输不一定能获得最低的物流总成本。这也是物流一体化的具体体现。显然,从整个物流系统的角度来考虑合理的运输系统规划与从运输系统成本本身来考虑运输系统规划相比,前者要更为复杂。

（2）运输速度。确保及时送达是运输系统规划的核心目标，该目标的实现需要适当的运输速度来实现。一般情况下，在进行运输系统规划时，运输速度当然越快越好，但这需要一个前提来保证，即在成本可接受的情况下。因为在绝大多数情况下，运输速度和运输成本呈现同向变化，高的运输速度同时也会产生高的成本。例如，某直销企业在给经销商发送货物时有三种选择：铁路运输、邮政运输和航空运输，这三种运输方式送达所需时间递减，送达所需成本则递增，其中，航空运输的成本远远高于铁路运输的成本。因此，在进行运输系统规划时，并不是速度越快越好，而是选择恰当的运输方式，实现运输速度与运输成本之间的平衡。

（3）运输一致性。运输一致性是指在若干次装运中履行某一特定运输任务所需的时间，与计划的时间或前几次运输所需的时间是否一致。运输一致性是运输可靠性的反映，如果某个运输作业花费时间变动的弹性非常大，这种不一致性就会导致整个物流系统的不一致性，从而产生低效率。因此，在进行运输系统规划时，要认真考虑运输的一致性问题。

（4）与物流节点的匹配程度。如前所述，物流运输系统的核心功能是发挥在各物流节点之间的一个桥梁作用。显然，桥梁作用的发挥首先就要求运输系统与其他物流节点之间的良好对接。例如，公路集装箱运输车辆的规格必须与散货堆场的集装箱规格一致，否则就无法完成二者之间的对接，导致运输系统无法发挥作用。当然，运输系统与其他物流节点的匹配还涉及很多其他类似的问题，需要在运输系统规划时综合考虑。

2. 运输系统规划与设计的内容

在进行运输系统规划与设计时，要综合考虑以下几个方面的内容。

（1）确定运输战略。在进行运输系统规划与设计时，首先需要对运输系统所处的环境进行分析，环境分析主要包括国家的宏观运输政策、运输市场的发展状况、物流系统综合战略、其他物流节点的情况等。在对上述问题进行分析的基础上，确定运输系统战略，明确运输系统规划的方向。物流运输战略的确定直接决定运输系统规划的其他要素，例如，如果某企业的物流运输战略为速度最快，那么在选择运输方式时，速度就成为首要的参考指标。

（2）确定运输线路。在物流系统中，当物流节点相对稳定时，在各个物流节点之间会形成若干条不同的运输线路，不同运输线路的差异可能体现为线路上节点的数目，也可能体现为线路上节点的先后顺序。不同的运输线路由于节点数目或顺序的差异会产生不同的运输效果，以满足物流节点的不同需求。因此，运输线路的选择不仅是运输系统规划的主要内容，而且也是运输战略的充分体现。运输线路的选择往往需要借助许多其他方法来实现，如运筹学等。

（3）选择运输方式。在运输战略明确，运输线路选定的情况下，选择适当的运输方式是保证运输系统目标实现的重要保证。目前，运输方式主要包括公路运输、铁路运输、航空运输、水路运输、管道运输等，在选择具体的运输方式时，既可以选择单一的运输方式，也可以选择多种运输方式的联运。

（4）运输过程控制。物流运输系统目标的实现依赖于有效的过程控制，由于运输过程的空间变动性，对运输过程控制的难度要远远高于对固定节点的控制。因此，在进行运输系统规划时，如何实现对运输系统的有效控制特别是过程控制，既是运输系统规划的难点也是重点。传统物流对运输过程的可控性差，但是随着信息技术的发展，信息化水平的提高，对运输过程的控制越来越依赖于信息技术，如 GPS 系统、GIS 系统等。在信息技术的支持下，对运输过程的控制已越来越有效,而且对提高运输系统的效率作用也越来越突出。

3. 运输系统规划与设计的重点

物流运输系统规划与设计就是按照货物流通规律组织货物运输,力求用最少的劳动消耗取得最高的经济效益。也就是说,在有利于生产,有利于市场供应,有利于节约流通费用、运力及劳动力的前提下,使货物运输通过最短的里程,经过最少的环节,用最快的时间,以最小的损耗和最低的成本,把货物从出发地运到客户指定的地点。运输合理化包括路线合理化和装载合理化两种方式,是物流中心进行运输管理的最基本要求。运输路线合理化,可以节省运力,缩短运输时间;装载合理化是在有限的运输资源条件下,最大限度地利用车辆运载能力及空间。合理化运输的目的是节约运输成本,提高运输质量,增强物流中心的竞争优势。

由于运输是物流中最重要的功能要素之一,物流运输系统规划与设计在很大程度上依赖于运输合理化。运输合理化有很多影响因素,起决定性作用的有五方面的因素,称作合理运输的"五要素"。

(1) 运输距离。在运输过程中,运输时间、运输货损、运费、车辆或船舶周转等运输的若干技术经济指标,都与运距成一定的比例关系,运距长短是运输是否合理的一个最基本因素。缩短运输距离给宏观者、微观者都会带来好处。

(2) 运输环节。每增加一次运输,不但会增加起运的运费和总运费,而且必须会增加运输的附属活动,如装卸、包装等,各项技术经济指标也会因此而下降。所以,减少运输环节,尤其是同类运输工具的环节,对合理运输起到一定的促进作用。

(3) 运输工具。各种运输工具都有其使用的优势领域,对运输工具进行优化选择,按运输工具的特点进行装卸运输作业,发挥所用运输工具的最大作用,是运输合理化的重要一环。

(4) 运输时间。运输是物流过程中需要花费较多时间的环节,尤其是远程运输,运输时间占全部物流时间的绝大部分,所以,运输时间的缩短对整个流通时间的缩短起着决定性的作用。此外,运输时间短,有利于运输工具的加速周转,充分发挥运力的作用;有利于货主资金的周转;有利于运输线路通过能力的提高,对运输合理化有很大的贡献。

(5) 运输费用。运费在全部物流费中占很大比例,运费高低在很大程度上决定整个物流系统的竞争能力。实际上,运输费用的降低,无论对货主企业还是对物流经营企业来说,都是运输合理化的一个重要目标。运费的判断,也是各种合理化实施是否行之有效的最终判断依据之一。从上述五方面考虑运输合理化,就能取得预想的结果。

物流运输系统规划与设计的工作是多方面的,所涉及的范围十分广泛,还应该靠生产、交通运输和流通等部门共同协作来组织实施。从工作内容来说,包括按经济区域组织货物流通,制定货物合理流向,开展直线直达运输和"四就"(就站、就港、就厂、就仓)直拨运输,选择合理的运输线路和运输方式,提出高车辆有载行程等任务。从所涉及的单位来说,与厂商生产单位、商业采购和销售单位,以及各经营单位等都有密切的联系。在承、托双方的内部,又涉及计划、业务、调度、储运、财务等部门和环节。因此,组织合理运输的工作是纷繁复杂的,需要因时、因地进行计划安排,选取切实可行的途径和方法。

4. 运输系统规划与设计的目标

运输系统的总目标应该是在满足客户服务政策的前提下,用最低的运输成本连接供货地点和客户。为了实现这个目标，需要知道物流系统所需服务的对象、反应时间及服务过程中的其他时间限制、采购地点和物料流动量。

运输系统的最优化模型可以用下列模型来表示。

最小化：总运输成本；

约束条件：客户服务政策、运输能力；

其中，总运输成本包括：货运、车队、燃料、设备维护、劳动力、保险、装卸、逾期或滞留费用、税收或费用、跨国费用。

运输方案对存货持有成本和仓储成本有着重大的影响。在制定目标计划时，必须考虑上述两个成本和运输方案间的相互作用。

客户服务政策包括反应时间要求、配送时间、数量要求、频率要求，以及运送途中尽可能避免损坏；运输能力包括通道能力、车辆能力、容器能力、劳动力能力、工作量差异。

运输方案的目标和限制贯彻在整个运输计划中，如物流网络设计、运送规划、运输方式和承运人选择，以及运输费率谈判等。

5.2 运输网络的规划与设计

5.2.1 直接运输网络

在直接运输网络中，所有的货物从供应商处直接运达零售商店，如图 5-2 所示。在此运输网络中，每一次运输的线路都是指定的，管理者只需决定运输数量并选择运输方式。这需要管理者在运输费用和库存费用之间进行权衡。

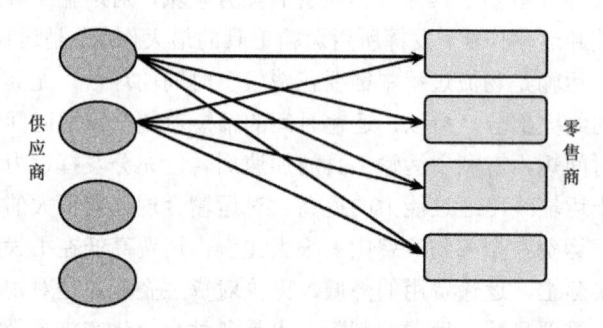

图 5-2 直接运输网络

直接运输网络的主要优势在于无须中介仓库，而且在操作和协调上简单易行。运输决策完全是地方性的，一次运输决策不影响其他的货物运输。同时，由于每次运输都是直接的，因而从供应商到零售商的运输时间较短。

如果零售店的规模足够大，对供应商和零售店来说，每次的最佳补给规模都与卡车的最大装载量相接近，那么直接运输网络就是可行的。但对于小的零售店而言，直接运输网络的成本相对过高。

5.2.2 利用"Milk Run"的直接运送

"Milk Run"是指一辆卡车从一个供应商那里提取货物送至多个零售店时所经历的线路，

或者从多个供应商那里提取货物送至一个零售店时所经过的线路,如图 5-3 所示。在这种运输体系中,供应商通过一辆卡车直接向多个零售店供货,或者由一辆卡车从多个供应商那里装载货物运送到一家零售店。

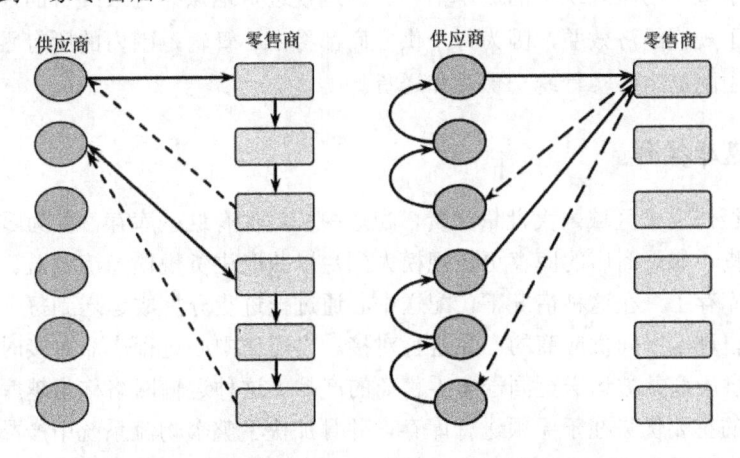

图 5-3 利用"Milk Run"的直接运输

直接运输具有无须中介仓库的优势,而"Milk Run"线路通过多家零售店在一辆卡车上的联合运输大大降低了运输成本。如果运输是有规律性、经常性、小规模的运送,而且多个供应商或零售商在地理位置上接近,则"Milk Run"将会显著地降低成本。

5.2.3 设有配送中心的运输网络

此运输网络在供应商和零售商中间设有配送中心,首先将货物运送到配送中心,再送到零售店,如图 5-4 所示。

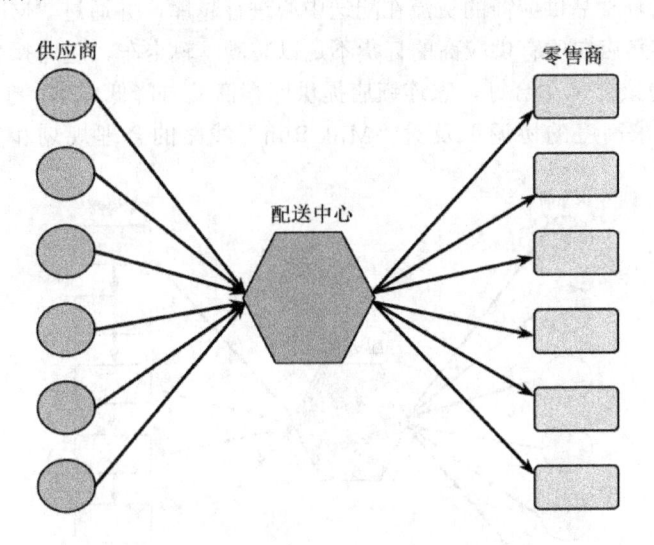

图 5-4 设有配送中心的运输网络

企业根据零售店的空间布局来划分区域,在每个区域分设有配送中心。供应商将货物送至配送中心,然后由配送中心选择合适的运输方式再将货物送到零售店。

在这种运输网络中，配送中心是供应商和零售商的中间环节，发挥两种不同的作用：一是进行货物的保管；二是起着转运点的作用。当供应商和零售商的距离较远、运费高昂时，配送中心有利于减少物流系统中的成本消耗。通过使进货地点靠近最终目的地，配送中心使物流系统获取了规模经济效益，因为每个供应商都将中心管辖范围内的所有零售店的进货送至配送中心，由配送中心实行统一保管和送货。

5.2.4 越库操作

如果运输经济要求区域内大批量订货，配送中心就保有这些库存，并为零售店更新库存进行小批量送货。如果商店的库存更新规模大到足以获取进货规模经济效益，则配送中心就没有必要保有库存了。在这种情况下，配送中心通过把进货分拆成运送到每一家零售店的较小份额，将来自许多不同供应商的产品进行对接。当配送中心进行产品对接时，每辆卡车则装有来自不同供应商并被运送至同一家零售商的产品。这种运输网络称为越库操作。

越库操作的主要优势在于无须进行库存，并且加快了整个物流系统中产品的流通速度。同时，越库操作也减少了处理成本，因为没有从仓库搬进搬出，但是，成功的货物对接需要高度的协调性和进出货物时的步调要高度一致。

因此，越库操作适合大规模的可预测的商品，要求建立配送中心，以在进出货物两个方面的运输都能获取规模经济。

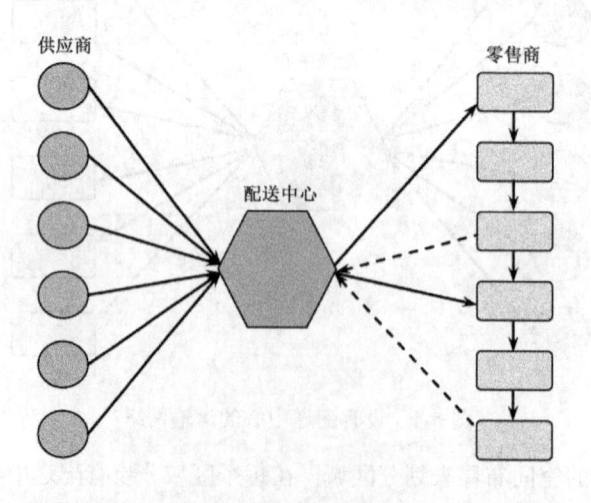

5.2.5 设有配送中心的"Milk Run"运输网络

如果每家零售商的进货规模都较小，则配送中心就可以使用"Milk Run"线路向零售商送货了，如图5-5所示。"Milk Run"通过联合的小批量运送减少了送货成本。例如，日本的7-11公司将来自新鲜食品供应商的货流在配送中心进行越库，并通过"Milk Run"向零售店送货。因为每个零售店向所有供应商的订货不足以装满一辆卡车，越库操作和"Milk Run"的联合使用可以使该公司在给每一家连锁店提供库存商品时降低成本。但使用越库操作和"Milk Run"也要求高度的协调以及对"Milk Run"线路的合理规划和安排。

图 5-5　设有配送中心的"Milk Run"运输网络

5.3 送货规划与管理

运输系统是指在接到客户订单后,及时对订单信息进行处理,然后进行送货,即共同运送订单集合。送货规划是指选择送货频率和决定每次送货包含哪些订单、运输方式、合适的承运人、线路和送货计划的过程。送货管理则是将所送货物分配到运输容器中并且跟踪整个送货过程。

5.3.1 运输方式的选择

各种运输方式都有其优缺点,企业在进行选择采用时,必须结合自己的经营特点和要求、商品性能、市场需求和缓急程度等,对各种方式的运载能力、速度、频率、可靠性、可用性和成本等因素进行综合考虑和合理筛选。一般而言,企业在选择运输方式时,应该重点考虑以下因素。

1. 商品性能特征

这是影响企业选择运输方式的重要因素。一般情况下,粮食、煤炭等大宗货物适宜选择水路运输;水果、蔬菜、鲜花等鲜活商品,电子产品,宝石及节令性商品等宜选择航空运输;石油、天然气、碎煤浆等则适宜选择管道运输。

2. 运输速度和路程

运输速度的快慢、运输路程的远近决定了货物运送时间的长短。在途运输货物犹如企业的库存商品,也会形成资金占用。因此,运输时间的长短对能否及时满足销售需要,减少资金占用有着重要影响。所以运输速度和路程也是选择运输方式时应考虑的一个重要因素。一般来说,批量大、价值低、运距短的商品适宜选择水路或铁路运输,而批量小、价值高、运距长的商品适宜选择航空运输,批量小、距离近的商品则适宜选择公路运输。

3. 运输能力和密度

运输能力是以能够应付某一时期的最大业务量为标准,运输能力的大小对企业分销的影响很大,特别是一些季节性商品,旺季时会使运输达到高峰状态,若运输能力小,不能合理、高效率地安排运输,那么就会造成货物积压,商品不能及时运往销地,进而使企业错失销售良机。运输密度包括各种运输工具的班次,如车、船、飞机班次,以及各班次的间隔时间。运输密度对于商品能否及时运送,使其在顾客需要的时间内送达顾客手中,争取顾客,及时满足顾客的需要和扩大销售至关重要。

4. 运输费用

企业开展商品运输工作,必然要支出一定的财力、物力和人力,各种运输方式的运用都需要企业支付一定的费用。因此,企业在进行运输决策时,要受其经济实力及运输费用的制约。如果企业经济实力弱,就不可能使用运费高的运输工具,如航空运输;也不能自设一套运输机构来进行商品运输工作。

5. 运输期限

运输期限必须与交货日期相联系,应保证运输时限。要调查各种运输工具所需要的运输时间,根据运输时间来选择运输方式。一般情况下,运输时间的快慢顺序依次为航空运输、汽车运输、铁路运输、船舶运输。各种运输方式可以按照其速度编组来安排日程，加上两端及中转的作业时间，就可以计算出所需的运输时间。在商品流通中，要研究这些运输方式的现状，进行有计划的运输，期望有一个准确的交货日期是最基本的要求。

6．运输批量

运输批量和运输费用之间有比较紧密的关系。因为大批量的运输成本低，所以企业应尽可能使商品集中到最终消费者附近，选择合适的运输方式进行运输是降低成本的良策。一般来说，15吨以下的商品用汽车运输；15~20吨及以上的商品用铁路运输；数百吨以上的原材料之类的商品，如有水路，则应选择船舶运输。

7．市场需求的缓急程度

市场需求的缓急程度也决定着企业应当选择何种运输方式。如果是市场急需的商品，就必须选择速度快的运输方式，如航空运输或汽车直达运输，以免贻误时机；反之，则选择成本较低且较慢的运输方式。

对运输方式的选择做进一步定量分析，应考虑不同运输方式所提供的服务特征，这些服务特征中最重要的是成本、速度和可靠性。因此，服务成本、平均运达时间（速度）和运达时间的变动性（可靠性）应作为选择运输方式的依据。

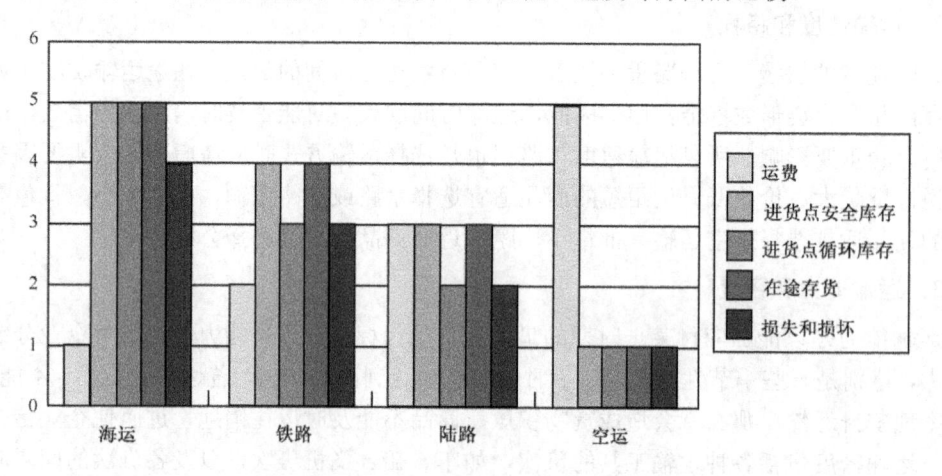

如图5-6所示，是各种运输方式在运费、安全性、速度等方面的比较。

图5-6 各种运输方式的比较

5.3.2 送货频率的确定

送货频率对运输成本、存货持有成本、运输管理成本和客户满意度的影响如表5-1所示。

表5-1 送货频率对物流成本和业绩的影响

送货频率	存货持有成本			运输成本		客户满意度
	在途	批量	安全库存	运费	管理成本	
变大	↓	↓	↓	↑	↑	↑
变小	↑	↑	↑	↓	↓	↓

总在途存货、每批量存货、安全库存水平及成本都会随着送货频率的增大而下降。因为

此时收货人收到的货物批量较少，而对应需求或者供应变化的灵活度将增加。

运输管理成本会随着送货频率的增大而上升，因为送货的一次性支出更多，如书面文件的准备和装载工作量增大等。

运费也会随着运输频率的增大而上升，因为每次送货量小意味着运输折扣低，如果是企业自己运输，则装载率降低，而空驶率升高。

随着送货频率的增大，客户满意度将上升，因为客户收到货物的频率越高，表明企业客户的反应速度越快，客户的满意度也就越高。

例如，某公司负责 BMW 的库存及运输业务。为了降低 BMW 的仓储设备成本，该公司积极减少本身存货数量，导致供货商送货频率的提高。例如，每周多次送货，甚至每天送货，从而造成货运成本提高。

5.3.3 运输线路的规划设计

1. 最短路线法

（1）起讫点不同的单一问题决策。对分离的、单个始发点和终点的网络运输选择问题，最简单和直观的方法是最短路线法。它对于解决起讫点不同的单一问题的决策十分有效。网络由节点和线组成，点与点之间由线连接，线代表点与点之间运行的成本（距离、时间或时间与距离加权的组合）。初始，除始发点外，所有节点都被认为是未解的，即均未确定是否在选定的运输路线上。起始点作为已解的点，计算时从原点开始。

（2）计算方法及步骤。

1）第 n 次迭代的目标。寻求第 n 次最近始发点的节点，重复 n=1，2，3，…，直到最近节点是终点为止。

2）第 n 次迭代的输入值。(n-1) 个最近始发点的节点是由以前的迭代根据离始发点最短路线和距离计算得出的。这些节点及始发点成为已解的节点，其余的节点是尚未解的点。

3）第 n 个最近节点的候选点。每个已解的节点由线路分支通向一个或多个尚未解的节点，在这些未解的节点中，有一个以最短路线分支连接的是候选点。

4）第 n 个最近节点的计算。将每个已解节点及其候选点之间的距离和从始发点到该已解点之间的距离加起来，总距离最短的候选点即是第 n 个最近的节点，即始发点到达该点最短距离路径。

（3）最短路线法举例。如图 5-7 所示，是一张高速公路网络示意图，其中 A 点是始发点，J 点是终点，B、C、D、E、F、G、H、I 是网络中的节点，节点与节点之间以线路连接，线路上标明了两个节点之间的距离，以运行时间（min）表示。要求确定一条从原点 A 到终点 J 的最短运输路线。

首先列出表 5-2。第一个已解的节点就是起点 A。与 A 点直接连接的未解的节点有 B、C 和 D 点。第一步，可以看到 B 点是距 A 点最近的节点，记为 AB。由于 B 点是唯一选择，所以它成为已解的节点。随后，找出距 A 点和 B 点最近的未解节点。只需列出距各个已解的节点最近的连接点，即 A—C，B—C，记为第二步。注意从起点通过已解的节点到某一未解节点所需的时间应该等于某一未解节点到达这个已解节点的最短时间加上已解节点之间的时间，也就是说，从 A 点经过 B 点到达 C 点的距离为 BC+AB=156 min，而从 A 直达 C 的时间为 138 min。现在 C 也成了已解节点。

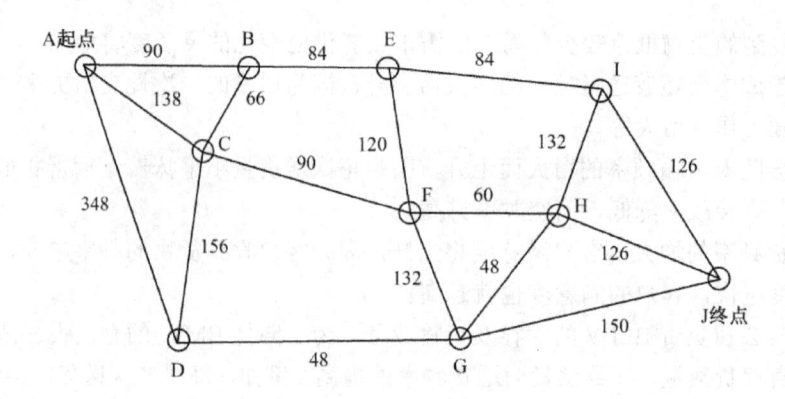

图 5-7 高速公路网络示意图

表 5-2 最短路线方法计算

步骤	直接连接到未解节点的已解节点	与其直接连接的未解节点	相关总成本	第 n 个最近节点	最小成本	最新连接
1	A	B	90	B	90	AB*
2	A B	C C	138 90+66=156	C	138	AC
3	A B	D E	348 90+84=174	E	174	BE*
4	A C E	D F I	348 138+90=228 174+84=258	F	228	CF
5	A C E F	D D I H	348 138+156=294 174+84=258 228+60=288	I	258	EI*
6	A C F I	D D H J	348 138+156=294 228+60=288 258+126=384	H	288	FH
7	A C F H I	D D G G J	348 138+156=294 228+132=360 288+48=336 258+126=384	D	294	CD
8	H I	J J	288+126=414 258+126=384	J	384	IJ*

注：*号表示最小成本法。

第三次迭代要找到与各已解节点直接连接的最近的未解节点。表 5-2 中，有三个候选点，从起点到这三个候选点 D，E，F 所需的时间，相应为 348 min、174 min、228 min，其中连接 BE 的时间最短，为 174min，因此，E 点就是第三次迭代的结果。

重复上述过程直到到达终点 J，即第八步。最小的路线时间是 348 min，连接见表 5-2 即以（*）符号标出者，最优路线为 A—B—E—I—J。

2. 经验试探法

物流管理人员经常遇到始发点就是终点的线路选择问题,即起点与终点重合问题。经验告诉我们,当运行路线不发生交叉时,经过各停留点的次序是合理的。同时,如有可能应尽量使运行线路呈菱形形状。如图5-8所示是通过各点的运行路线示意图,其中,图5-8a是不合理的运行路线,图5-8b是合理的运行路线。根据上述两项原则,物流管理人员可以很快地画出一张路线图,而如果用电子计算机计算反而需要花费好几个小时。当然,如果点与点之间的空间关系并不真正代表其运行时间或距离(如有路障、单行道路、交通拥挤等),则用计算机寻求路线上的停留点的合理次序更为方便。

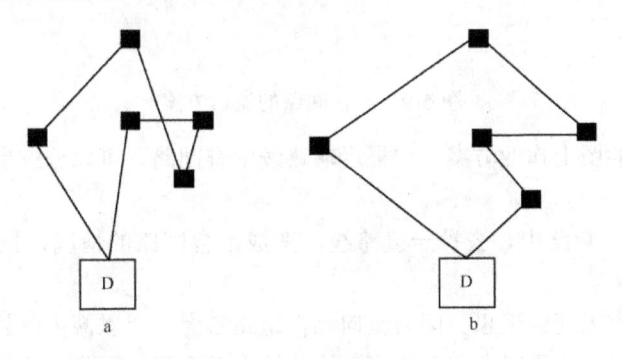

图 5-8 运输路线

3. 多起讫点问题的决策

如果有多个货源地服务于多个目的地,则所要面临的问题是:要指定各目的地的供货地,同时要找到供货地、目的地之间的最佳路径。该问题经常发生在多个供应商、工厂或仓库服务于多个客户的情况下。如果各供货地能够满足的需求数量有限,则问题会更加复杂。解决这类问题常常可以运用一类特殊的线性规划算法,即运输线路图上作业法。

(1)运输线路图上作业法。由于运力安排得不合理,常出现两种浪费现象,即对流现象和迂回现象。所谓对流,就是在一段路线上有同一物品往返在运输;所谓迂回,就是在成圈(构成回路)的道路上,从一点到另一点有两条路可以走,一条是小半圈,一条是大半圈,如果选择的路线距离大于全回路程的一半,则就是迂回现象。圈上作业法可以避免对流和迂回现象。运用线性规划理论可以证明,一个运输方案,如果没有对流和迂回现象,它就是一个运力最省的最优方案。

(2)不含回路的图上作业方案。运输路线上不含回路,方法比较简单。从各个端点开始,按"各端供需归零站"的原则进行调配。如图5-9所示,有4个起运站:①、③、⑥、⑧,供应量分别为:7,8,6,4;另有4个目的地(运输终点):②、④、⑤、⑦,需求量分别为:2,8,7,8。圆圈内的数字表示站号,圆圈旁的数字表示供需量。其中,有负号的数字表示需求量,不带负号的数字表示供应量。为了便于检查对流现象,我们把流向箭头统一画在右旁。箭头旁标出的带括号的数字表示调运量。从端点①开始,把7个单位的物资供给②,②尚余2个单位,再供给③;端点④的8个单位物资由③供给,③尚余5个单位,供给⑤;端点⑧的4个单位供给⑥,⑦的8个单位由⑥供给,⑥尚余2个单位供给⑤。这样即可得出一个最优的调运方案。

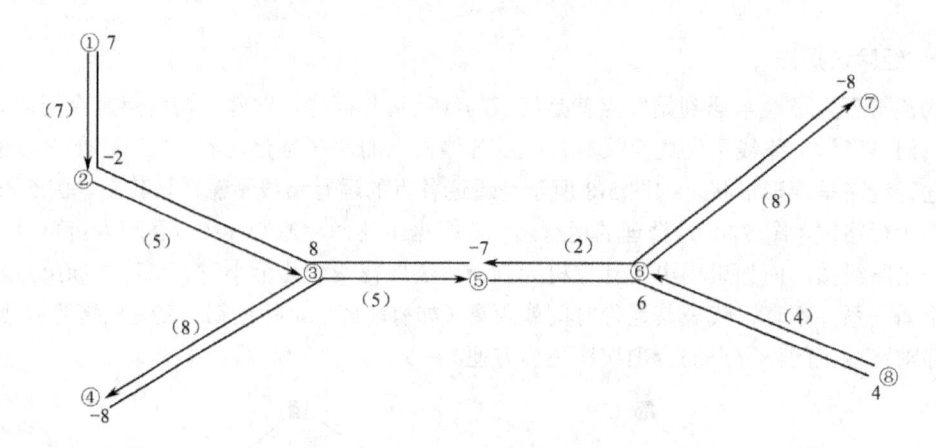

图 5-9 不含回路的调运方案

（3）含有回路的图上作业方案。如果运输路线中有回路，可以分三步逐渐求解，直至寻求到最优方案。

第一步，在每个回路中，去掉一段路线，变成不含回路的情况，按上述方法做出调运方案。

第二步，检查有无迂回现象。因为流向画在道路右旁，所以圈内圈外都画有一些流向。应分别检查每个回路，如果圈内和圈外流向的总长度都不超过回路总长度的一半，那么，这个回路上就没有迂回现象了，这个方案就是最优方案。否则，转第三步。

第三步，改变原来的去段和破圈方式，转第二步，如图 5-10 所示。

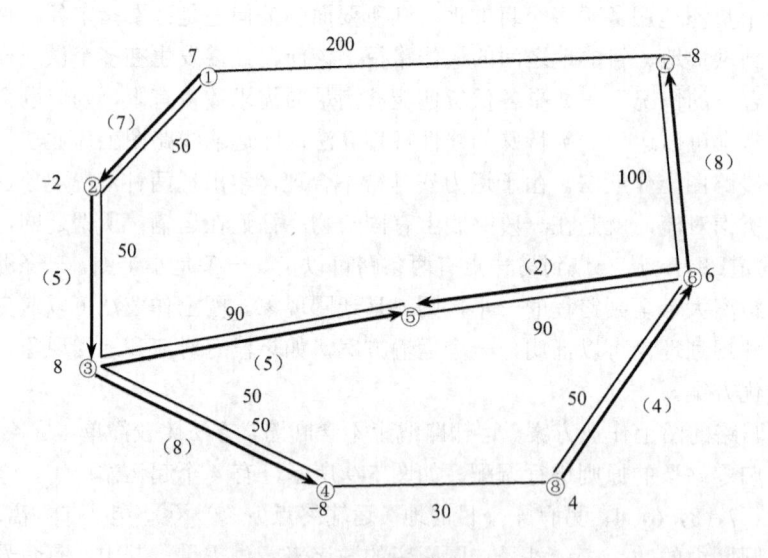

图 5-10 含有回路的调运方案

如图 5-10 所示，由①，②，③，⑤，⑥，⑦组成的回路中，去掉①~⑦的线路；由④，⑧，⑥，⑤，③组成的回路中，去掉④~⑧的线路；如此便与图 5-9 所示的情况一样了。于是，可以得出类似的调运方案。图中各线路旁的不带括号的数字表示两点间的距离。在图 5-10 上部的回路中，总长度为 580，调运方案外圈总长度为 50+50+90+100=290，内圈总长度为 90，均不超过回路总长度的一半。而在图 5-10 下部的回路中，回路总长度为 310，而外圈总长度为 50+90+50=190，大于回路总长度的一半，所以此方案不是最优方案，应当调整。去掉①~⑦，⑤~⑥的线路，运输道路便不含回路了。按照前面的办法，可做出调运方案，如图 5-11 所示。

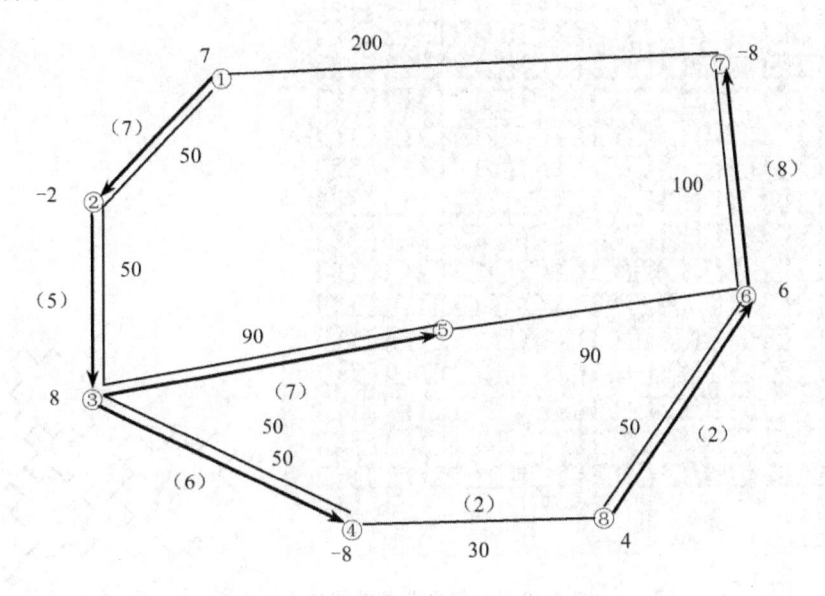

图 5-11　最优调运方案

第四步，确定最优方案。对各回路进行检验，对各回路的内圈和外圈分别计算，如果都不超过回路总长度的一半，即不存在迂回现象，那么就是最优方案了。

当节点很多时，用手工计算比较复杂，如果把网络的节点和连线的有关数据存入数据库中，则最短路线方法就可用电子计算机求解。绝对的最短距离路径并不能说明穿越网络的时间最短，因为该方法没有考虑各条路线的实际运行质量。因此，对运行时间和距离都设定权数才可以得出比较具有实际意义的路线。

5.3.4　行车路线和时刻表的规划与设计

运输系统的管理人员需要做的一个重要决策就是确定送货线路及送货日程安排。在此决策中，管理人员需要确定以哪种运输工具向客户送货，并决定向客户送货的先后顺序。在对运输工具安排时有两个目标：一是缩短运输工具的行程和运输时间，以减少运费；二是避免出现像货物延误之类的失误。一般情况下，采用希尔平斯基曲线法、扫描法、节约矩阵分析法可以帮助管理者做出以上决策。

1. 希尔平斯基曲线

希尔平斯基曲线（Sierpinski Curve）是空间填充曲线的一种，它通过自我复制和连接可以无限地扩展。很明显，希尔平斯基曲线是一个闭合的线路，而且有着优异的对称性，如图 5-12 所示。

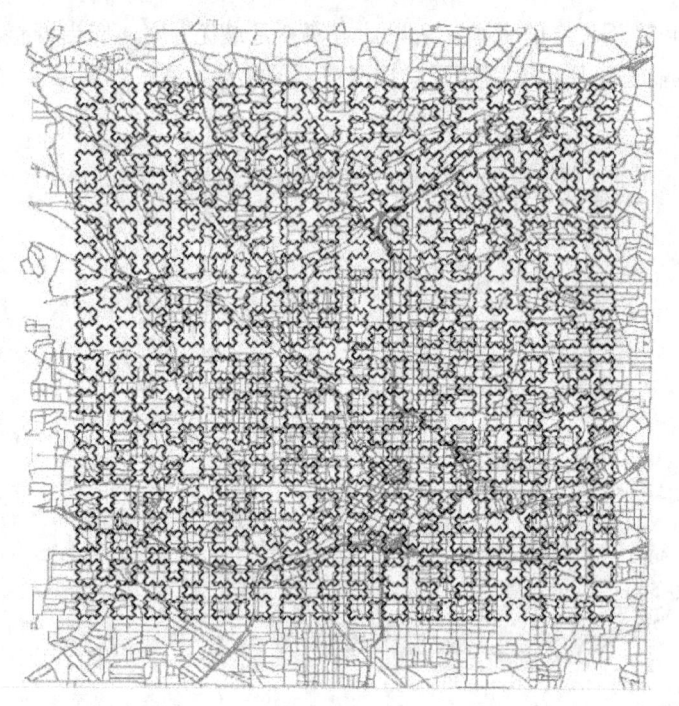

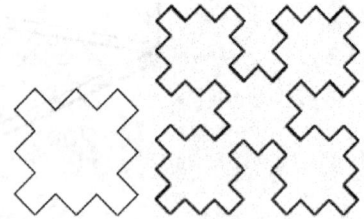

图 5-12 希尔平斯基曲线填充示例

可以在曲线上任意取一点作为起点,当然,这一点也就是终点,以沿曲线绕行一周的距离作为 1,则在这个线路上的其他任何一点都对应一个 0~1 的数值,这个数值就是确定先后次序的依据,即数值小的点先访问,而数值大的点依次排在后面访问。

(1) 分割希尔平斯基曲线确定顺序数值。用希尔平斯基曲线填充 VRP (Vehicle Routing Problem, 车辆路径问题) 所要经过的点后,该如何确定各个点的访问顺序呢?例如,求出图 5-13 中 A、B 点的顺序,最简单的方法就是分割法。

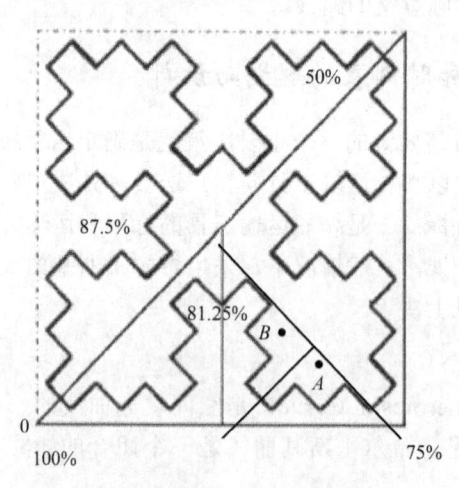

图 5-13 确定 A、B 两点的送货顺序

不妨假设左下角为起始点 0(也是终点 100%),由于曲线的闭合性和对称性,则对角点为 50%,而且左上方半个区域的点总是优先于右下方半个区域的点,两个顶点分别为 25% 和

75%。第一次从左下角向右上角分割后,可以知道 A、B 点的顺序数值都在 50%~100%;继续将 50%~100% 的区域分割为两个相等的三角形,可进一步知道 A、B 点的顺序数值在 75%~100%;再继续分割剩下的区域,可知 A、B 点的顺序数值在 75%~87.5%;第四次分割后,A 点的顺序数值在 75%~81.25%,B 点的顺序数值则在 81.25%~87.5%;所以,A 点先于 B 点。

实际上,由于所有的点会相互连接成一条封闭的线路,因而无论以何处作为起点,访问线路都不会有什么变化,问题的关键在于求出点的次序。需要注意的是,要把仓库(如图 5-14 中的 D 点)包括进去才能得到正确的路线。

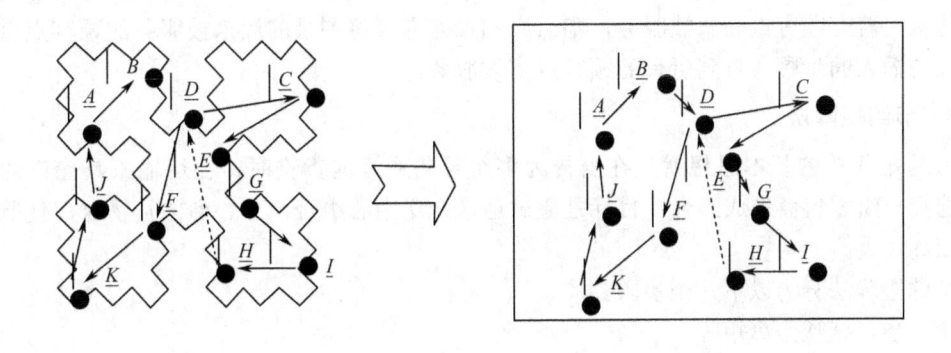

图 5-14 两辆车 10 个用户的分配路线

(2) 多个运输工具的分配。简单的希尔平斯基曲线问题只假定了一台交通工具,而 VRP 问题则考虑了一家公司协调多台交通工具进行运输作业的情况。在希尔平斯基曲线方法中,安排 n 个交通工具的路线其实也很简单,只要把访问路线平分为 $1/n$ 即可,而访问顺序不变。假设一个物流公司有 3 辆运输车,要完成 60 个客户,则 1 号司机就负责送货到线路图上第 1~20 号客户,2 号司机负责送货到第 21~40 号客户,以此类推。当然,在实际操作中也不必要如此精确。

希尔平斯基曲线方法还具有很强的灵活性。如果增加新的访问点,只需要在图上确定它的顺序数值,把它插入到已有的点的序列里面去即可;如果出动的车辆数目有变化,只需要简单地重新划分路线。由于只规定了访问序列,具体的道路选择可以由司机灵活掌握,如根据交管部门的临时限制、车流高峰等情况变换道路。

值得注意的是,虽然每辆车分配到的客户数目都差不多,但实际位置的远近很可能不一样,每辆车的路线长短可能差别较大,这就需要不均匀地分配送货量。但如果客户接近于均匀分布,则可以采用希尔平斯基曲线确定客户点的次序。在此基础上,再在各车之间平均分配送货量。这样,每辆车行驶距离的差异就会比较小。

基于空间填充曲线的方法具有快速、灵活、运算量少的特点,因而可以很好地解决确定访问顺序,规划最短路线问题。但对含有满载约束、分批装货、回程装载、时间窗约束的 VRP 的复杂情况则无法给出解答。

2. 扫描法

扫描法是求解车辆路线问题的方法,此方法采用先分群再排路线的方式。用极坐标表示各需求点的区位,然后任取一需求点作为起始点,定其角度为零度,以顺时针或逆时针方向,以车容量为限制条件进行服务区域之分割，再借由交换法进行需求点的排序，建构车辆排程路线。

扫描法一般可分为两个步骤。

第一步，利用极坐标来表示各需求点的区位，然后任取一需求点为起点，以车辆容量为分群的约束，再以该需求点为零度按顺时针或逆时针的方向，进行顾客的扫描分群。

第二步，依据求解旅行商问题的算法，求解各顾客群的排程。

以插入法进行各顾客群的排程，并检查时间可行性，若有顾客点无法满足时间窗的约束，则先排除此顾客点。若所有的顾客群都已排入行程，则所有的顾客点都已被服务，完成了路线的建构；若有顾客点尚未被服务，则沿原扫描方向，将剩余的尚未被服务的顾客点重复进行扫描与插入的步骤，直到所有的顾客点都被服务。

3. 节约矩阵法

节约矩阵法的基本思想就是在安排为多个零售商运送货物时，在运输工具允许的范围内，选择一组零售商形成组合，目标是通过运送配送中心组合内零售商的货物时，使节约的运送距离最大。

节约矩阵法分为以下几个步骤。

第一步，确认距离矩阵。

第二步，确认节约矩阵。

第三步，将客户划归不同运输线路的运输工具。

第四步，为运输线路排定客户送货的顺序。

其中，前三步用于将客户分配到运输工具上去，第四步为每辆运输工具设定行驶线路以缩短行程。

（1）确认距离矩阵。距离矩阵就是运送模型中配送中心及各个零售商之间的距离。在这里，也可以用两点之间的运输成本代替两点之间的距离。在坐标系中，$A(x_a, y_a)$、$B(x_b, y_b)$两点之间的距离计算式为：

$$d = \sqrt{(x_a - x_b)^2 + (y_a - y_b)^2} \tag{5-1}$$

假设客户和配送中心之间的距离如表 5-3 所示。该公司共有 4 辆卡车，每辆卡车的载重量为 200 个单位。

表 5-3 客户的坐标及需求

	X 坐标	Y 坐标	订单规模
仓库	0	0	
客户 1	0	12	48
客户 2	6	5	36
客户 3	7	15	43
客户 4	9	12	92
客户 5	15	3	57
客户 6	20	0	16
客户 7	17	-2	56
客户 8	7	-4	30

	X 坐标	Y 坐标	订单规模
客户 9	1	−6	57
客户 10	15	−6	47
客户 11	20	−7	91
客户 12	7	−9	55
客户 13	2	−15	38

利用式（5-1）计算每个客户到配送中心及两个客户之间的距离，可得到如表 5-4 所示的距离矩阵。

表 5-4 客户与配送中心的距离矩阵

	配送中心	客户 1	客户 2	客户 3	客户 4	客户 5	客户 6	客户 7	客户 8	客户 9	客户 10	客户 11	客户 12	客户 13
客户 1	12	0												
客户 2	8	9	0											
客户 3	17	8	10	0										
客户 4	15	9	8	4	0									
客户 5	15	17	9	14	11	0								
客户 6	20	23	15	20	16	6	0							
客户 7	17	22	13	20	16	5	4	0						
客户 8	8	17	9	19	16	11	14	10	0					
客户 9	6	18	12	22	20	17	20	16	6	0				
客户 10	16	23	14	22	19	9	8	4	8	14	0			
客户 11	21	28	18	26	22	11	7	6	13	19	5	0		
客户 12	11	22	14	24	21	14	16	12	5	7	9	13	0	
客户 13	15	27	20	30	28	22	23	20	12	9	16	20	8	0

（2）确认节约矩阵。节约矩阵是指将两个客户的订货放在一辆卡车上联合运输时节约的累积。节约可以按照距离、时间或成本来计算。节约距离的计算式如下：

$$S(A, B)=D(DC, A)+D(DC, B)-D(A, B) \tag{5-2}$$

式中，$S(A, B)$为节约的距离；$D(DC, A)$为 A 客户到配送中心的距离；$D(DC, B)$为 B 客户到配送中心的距离；$D(A, B)$为 A、B 客户之间的直接距离。

利用式（5-2）计算出上例中的节约矩阵如表 5-5 所示。

表 5-5 节约矩阵

	客户 1	客户 2	客户 3	客户 4	客户 5	客户 6	客户 7	客户 8	客户 9	客户 10	客户 11	客户 12	客户 13
客户 1	0												
客户 2	11	0											
客户 3	21	15	0										
客户 4	18	15	28	0									
客户 5	10	14	18	19	0								
客户 6	9	13	17	19	29	0							
客户 7	7	12	14	16	27	33	0						
客户 8	3	7	6	7	12	14	15	0					
客户 9	0	2	1	1	4	6	7	8	0				

续表

	客户1	客户2	客户3	客户4	客户5	客户6	客户7	客户8	客户9	客户10	客户11	客户12	客户13
客户10	5	10	11	12	22	28	29	16	8	0			
客户11	5	11	12	14	25	34	32	16	8	32	0		
客户12	1	5	4	5	12	15	16	14	10	18	19	0	
客户13	0	3	2	2	8	12	12	11	12	15	16	18	0

（3）将客户划归不同运输线路的运输工具。节约矩阵力图是将客户划归不同的运输线路中以使节约最大化。这一划分过程是一个重复进行的程序。最初将每一客户划分到各自独立的运输线路中去。如果两条运输线路上的运输总量不超过运输工具的最大载重量，那么二者的合并就是可行的。在任何反复进行的步骤上，总是试图使能够节约最大的两条线路合并成一条新的可行线路。这一过程一直持续到不能再合并时为止。

上例中，通过上面过程的反复，企业可以将客户分为（1，3，4）、（2，9）、（6，7，8，11）、（5，10，12，13）四组。然后再给每一组分配一辆运输卡车。

（4）排定线路内的送货顺序。改变送货顺序对交通工具的行程有显著影响。排定线路内的送货顺序的目标是尽量缩短每一运输工具必需的行程。送货顺序的决定是：首先得到一个最初的行程安排，然后运用线路改进程序得到一个距离较短的送货顺序，这一过程一直持续到不能再改进为止。通常情况下，可以采用最远插入法、最近插入法、最近邻居法或旋转法得到线路内送货顺序的安排。

5.4 多式联运规划设计

5.4.1 多式联运的含义与特征

1. 多式联运的含义

多式联运是在集装箱运输和优化组合不同运输方式的基础上发展起来的一种综合、连贯的新型运输方式。目前，在国际货物运输中发展得很快，所占的比重也越来越大。它是按照多式联运合同，以至少两种不同的运输方式，由多式联运经营人负责完成整个货运过程，将货物从发货地运到交货地的一种运输方式。其主要特点是在不同运输方式间自由变换运输工具。例如，将拖车上的集装箱装上飞机，或铁路车厢被拖上货船等。这种转换运载工具的服务是使用单一运输方式的托运人享受不到的。多式联运服务通常需要彼此合作的各承运人在单独提供的服务之间达成协议，即服务成本和绩效特征介于所涉及的那些运输服务之间。

国际多式联运是一种利用集装箱进行联运的新的运输组织形式。通过采用海、陆、空等两种以上的运输手段，完成国际间的连贯货物运输，从而打破了过去海、铁、空、公等单一运输方式互不连贯的传统做法。根据1980年颁布的《联合国国际货物多式联运公约》（简称"多式联运公约"）及1997年我国交通部和铁道部共同颁布的《国际集装箱多式联运管理规则》的定义，国际多式联运是指按照多式联运合同，以至少两种不同的运输方式，由多式联运经营人将货物从一国境内接管货物的地点运至另一国境内指定地点交付的货物运输。

2. 多式联运的特征

（1）必须要有一个多式联运合同。合同中必须明确规定多式联运经营人（承运人）和托运人之间的权利、义务、责任、豁免的合同关系和多式联运的性质。多式联运经营人则根据合同规定，负责完成或组织完成货物的全程运输并一次性收取全程运费。所以，多式联运合同是确定多式联运性质的根本依据，也是区别多式联运和一般传统联运的主要依据。

（2）必须使用一份全程多式联运单据。全程多式联运单据是指证明多式联运合同及证明多式联运经营人已接受货物并负责按照合同条款交付货物所签发的单据。它与传统的提单具有相同的作用，也是一种物权证书和有价证券。国际商会为了促进多式联运的发展，于1975年颁布了《联合运输单据统一规则》，对多式联运单据做了认可的规定，如信用证特殊规定，银行可接受多式联运经营人所签发的多式联运单据，这就为多式联运的发展提供了有利条件。

（3）必须是至少两种不同运输方式的连贯运输。多式联运不仅需要通过两种运输方式而且必须是两种不同运输方式的组合，例如，海—海、铁—铁或空—空等，虽经两种运输工具，由于是同一种运输方式，所以不属于多式联运范畴之内，而海—陆、海—空、陆—空或铁—公等，尽管也是简单的组合形态，却都符合多式联运的基本组合形态的要求。所以，确定一票货运是否属于多式联运方式，至少两种不同运输方式的组合是其判断的一个重要因素。为了履行单一方式运输合同而进行的该合同所规定的货物接送业务，则不应视为多式联运，如航空运输长期以来普遍盛行汽车接送货物运输业务，从形式上看已构成航空—汽车组合形态，但这种汽车接送习惯上视同航空业务的一个组成部分，作为航空运输的延伸，故《公约》规定，把这种接送业务排除在多式联运之外。这样进一步明确了两种不同运输方式组合的内容，以避免多式联运法规同单一方式法规在这个问题上产生矛盾。

（4）必须是国际货物运输。这是区别于国内运输和是否适合国际法规的限制条件。也就是说，在国际多式联运方式下，货物运输必须是跨越国境的国际运输。

（5）必须由一个多式联运经营人对全程运输负总责。这是多式联运的一个重要特征。多式联运经营人也就是与托运人签订多式联运合同的当事人，也是签发联运单据的人，他在联运业务中作为总承运人对货主应负有履行合同的责任，并承担自接管货物起至交付货物时止的全程运输责任，以及对货物在运输途中因灭失损坏或延迟交付所造成的损失负赔偿责任。多式联运经营人为了履行多式联运合同规定的运输责任，可以自己办理全程运输中的一部分实际运输，把其他部分运输以自己的名义委托给有关区段的运输承运人（俗称分承运人）办理，也可以自己不办理任何部分的实际运输，而把全程各段运输分别委托有关区段分承运人办理，分承运人与原发货人不发生任何关系。分承运人只与多式联运经营人发生联系，他们之间的关系只是承托关系。

（6）必须是全程单一运费费率。多式联运经营人在对货主负全程运输责任的基础上，制定一个货物发运地至目的地全程单一运费费率，并以包干形式一次向货主收取。这种全程单一运费费率一般包括运输成本（全程各段运输费用的总和）、经营管理费用（如通信、制单及劳务手续费等）和合理利润。

5.4.2 国际多式联运的优越性

多式联运是货物运输的一种较高组织形式，它集中了各种运输方式的特点，扬长避短，融为一体，组成连贯运输，达到简化货运环节、加速货运周转、减少货损货差、降低运输成本、实现合理运输的目的。相对于传统单一运输方式而言，多式联运具有无可比拟的优越性，主要表现在以下几个方面。

1. 责任统一，手续简便

在多式联运方式下，无论全程运输距离多么遥远，无论需要使用多少种不同运输工具或途中要经过多少次转换，一切运输事宜统一由多式联运经营人负责办理，而货主只要办理一次托运、签订一个合同、支付一笔全程单一运费、取得一份联运单据，就履行完全部责任。由于责任统一，一旦发生问题，也只需找多式联运经营人便可解决。与单一运输方式的分段托运、多头负责相比，不仅手续简便，而且责任更加明确。

2. 减少中间环节，缩短货运时间，降低货损货差，提高货运质量

多式联运通常是以集装箱为媒介的直达连贯运输，货物从发货人仓库装箱验关铅封后直接运至收货人仓库交货，中途无须拆箱转载，减少很多中间环节。即使经过多次换装，也都是使用机械装卸，丝毫不触及箱内货物，货损货差和偷窃丢失事故大为减少，从而能够较好地保证货物安全和货运质量。此外，由于是连贯运输，各个运输环节和各种运输工具之间，配合密切，衔接紧凑，货物中转迅速及时，减少了在途停留时间，所以能较好地保证货物安全、迅速、准确、及时地运抵目的地。

3. 降低运输成本，节省运杂费用，有利于贸易开展

多式联运是实现"门到门"运输的有效方法。对货方来说，货物装箱或装上第一程运输工具后就可取得联运单据进行结汇，结汇时间相对提早，有利于加速货物资金周转，减少利息支出。采用集装箱运输，还可以节省货物包装费用和保险费用。此外，多式联运全程使用的是一份联运单据和单一运费，这就大大简化了制单和结算手续，从而节省了大量人力、物力，尤其是便于货方事先核算运输成本，选择合理运输路线，为开展贸易提供了有利条件。

4. 实现"门到门"运输的有效途径

多式联运综合了各种运输方式，扬长避短，组成直达连贯运输，不仅缩短了运输里程，降低了运输成本，而且还加速了货运周转，提高了货运质量，是组织合理运输、取得最佳经济效果的有效途径。尤其是采用多式联运，可以把货物从发货人内部仓库直运至收货人内部仓库，为实现"门到门"的直达连贯运输奠定了有利基础，工业上自动化大生产是通过自动化生产线，而多式联运可以说是运输大生产的多式联运生产线。

5.4.3 国际多式联运的经营人

多式联运经营人既不是发货人的代理或代表，也不是承运人的代理或代表，而是一个独立的法律实体，具有双重身份。对货主来说，他是承运人；对实际承运人来说，他又是托运人。他一方面与货主签订多式联运合同，另一方面又与实际承运人签订运输合同。他是总承运人，对全程运输负责，对货物灭失、损坏、延迟交付等均承担责任。

作为多式联运经营人，必须要做好以下几个方面的工作。

1. 要建立集装箱货运站

开办国际多式联运的目的是改变传统运输交接方式，不再仅仅是把港口和车站作为货物的交接地点，而是将其延伸到港口或车站以外进行交接。实行多式联运后，货主不必到港口或车站交接货物，在集装箱货运站即可装箱、拼箱、拆箱、完成货物交接、存储、中转等。因此，集装箱货运站在国际多式联运中发挥着极其重要的作用。多式联运经营人必须建立和完善集装箱货运站，以便办理货物的交接和保管工作。同时，还应加强集装箱货运站的科学管理，降低经营费用，提高运输效率，保证物流工作的顺利进行。集装箱货运站一般建立在交通发达的大中型城市，并且与海关、商检、保险等机构联结在一起，以便联合办理多式联运的有关手续。同时，集装箱货运站还应根据业务需要配备必要的机械设备，如搬运和装卸集装箱的各种吊车及装箱、拆箱的各种机具，还应配备各种业务管理人员，以适应工作的需要。

2．要建立和完善国内外联运业务网点

国际多式联运是跨国运输，需要国内外有关方面共同合作才能进行有效的联合运输。首先，在建立和完善国外业务合作网点方面，可以通过与那些资信可靠、有经营经验和能力的货运公司订立协议，建立业务代理关系；也可以在国外货运公司内参股或入股，同国外货运公司联营或合营；还可以在国外直接建立子公司或分支机构，独立承办自己的运输业务。其次，在建立和完善国内业务合作网点方面，应加强国内各地区间运输网点的建设，开通各种运输渠道，加强跨地区的横向联系与合作，充分调动国内各有关方面的积极因素。

3．要制定多式联运统一费率

国际多式联运环节多，情况复杂，而费率是揽货业务的关键，因此，必须制定一个既能盈利又能进行有效竞争的统一费率，以利于开展业务。国际多式联运费率一般由运输成本、经营管理费用和利润构成。制定费率必须贯彻合理、薄利、单一的原则，还必须根据实际情况灵活运用。如根据货运数量选取优惠费率于普通费率，根据不同商品品种给予一定回扣，根据双方合作关系给予优惠或回扣等。

4．要建立、完善科学的信息管理体系

多式联运要求安全、快速地运送货物，要实现这一点，必须以科学的信息系统做保证。货运信息在多式联运中具有十分重要的意义，整个运送活动的每一个环节都离不开信息，特别是必须随时了解和掌握货物的运输状态，在中转地的到达、装卸、发运、交接等实时信息。一旦发生问题，可以迅速采取措施加以处理，从而保证货运的顺利进行。

5.4.4 国际多式联运的组织形式

由于国际多式联运具有其他运输组织形式无可比拟的优越性，因而这种国际运输新技术已在世界各主要国家和地区得到推广和应用。目前，具有代表性的国家多式联运主要有远东—欧洲、远东—北美等海陆空联运，其组织形式包括以下几类。

1．海陆联运

海陆联运是国际多式联运的主要组织形式，也是远东—欧洲多式联运的主要组织形式之一。目前，组织和经营远东—欧洲海陆联运业务的主要有班轮公会的三联集团、北荷、冠航和丹麦的马士基等国际航运公司，以及非班轮公会的中国远洋运输公司、台湾长荣航运公司和德国那亚航运公司等。这种组织形式以航运公司为主体，签发联运提单，与航线两端的内陆运输部门开展联运业务，与陆桥运输展开竞争。

2．陆桥运输

在国际多式联运中，陆桥运输（Land Bridge Service）起着非常重要的作用。它是远东—

欧洲国际多式联运的主要形式。陆桥运输是指采用集装箱专用列车或卡车,把横贯大陆的铁路或公路作为中间"桥梁",使大陆两端的集装箱海运航线与专用列车或卡车连接起来的一种连贯运输方式。严格地讲,陆桥运输也是一种海陆联运形式。只是因为其在国际多式联运中的独特地位,所以在此将其单独作为一种运输组织形式。目前,远东—欧洲的陆桥运输线路有西伯利亚大陆桥和北美大陆桥。

(1)西伯利亚大陆桥(Siberian Land Bridge)。西伯利亚大陆桥是指使用国际标准集装箱,将货物由远东海运到俄罗斯东部港口,再经跨越欧亚大陆的西伯利亚铁路运至波罗的海沿岸。如爱沙尼亚的塔林或拉脱维亚的里加等港口,然后再采用铁路、公路或海运运到欧洲各地的国际多式联运的运输线路。

西伯利亚大陆桥于 1971 年由原全苏对外贸易运输公司正式确立。现在全年货运量高达 10 万标准箱(TEU),最多时达 15 万标准箱。使用这条陆桥运输线的经营者主要是日本、中国和欧洲各国的货运代理公司。其中,日本出口欧洲杂货的 1/3,欧洲出口亚洲杂货的 1/5 是经这条陆桥运输的。由此可见,它在沟通亚欧大陆,促进国际贸易中处于十分重要的地位。

西伯利亚大陆桥运输包括"海铁铁"、"海铁海"、"海铁公"和"海公空"四种运输方式。由俄罗斯的过境运输总公司担当总经营人。它拥有签发货物过境许可证的权利,并签发统一的全程联运提单,承担全程运输责任。至于参加联运的各运输区段,则采用"互为托、承运"的接力方式完成全程联运任务。可以说,西伯利亚大陆桥是较为典型的一条过境多式联运线路。

西伯利亚大陆桥大大缩短了从日本、远东、东南亚及大洋洲到欧洲的运输距离,节省了大量的运输时间。从远东经俄罗斯太平洋沿岸港口去欧洲的陆桥运输线全长 13 000 km。而相应的全程水路运输距离(经苏伊士运河)约 20 000 km。从日本横滨到欧洲鹿特丹,采用陆桥运输不仅可使运距缩短 1/3,运输时间也可节省 1/2。此外,在一般情况下,运输费用还可节省 20%~30%,因而对货主有着很大的吸引力。

由于西伯利亚大陆桥所具有的优势,因而随着它的声望与日俱增,也吸引了不少远东、东南亚及大洋洲地区到欧洲的运输,使西伯利亚大陆桥在短短的几年时间中得到了迅速发展。但是,西伯利亚大陆桥运输在经营管理上存在的一些问题,如港口装卸能力不足、铁路集装箱车辆不足、严寒气候的影响等,在一定程度上阻碍了它的发展。尤其是随着中国兰新铁路与中哈边境的土西铁路的接轨,一条新的"欧亚大陆桥"形成,为远东至欧洲的国际集装箱多式联运提供了又一条便捷路线,使西伯利亚大陆桥面临严峻的考验。

(2)北美大陆桥(North American Land Bridge)。北美大陆桥是指利用北美的大铁路从远东到欧洲的"海陆海"联运。该陆桥运输包括美国大陆桥运输和加拿大大陆桥运输。美国大陆桥有两条运输线路:一条是从西部太平洋沿岸至东部大西洋沿岸的铁路和公路运输线;另一条是从西部太平洋沿岸至东南部墨西哥湾沿岸的铁路和公路运输线。美国大陆桥于 1971 年年底由经营远东—欧洲航线的船公司和铁路承运人联合开办"海陆海"多式联运线。后来,美国几家班轮公司也投入营运。目前,主要有四个集团经营远东经美国大陆桥至欧洲的国际多式联运业务。这些集团均以经营人的身份,签发多式联运单证,对全程运输负责。加拿大大陆桥与美国大陆桥相似,由船公司把货物海运至温哥华,经铁路运到蒙特利尔或哈利法克斯,再与大西洋海运相接。

北美大陆桥是世界上历史最悠久、影响最大、服务范围最广的陆桥运输线。据统计,从远东到北美东海岸的货物有 50%以上是采用双层列车进行运输的,因为采用这种陆桥运输方式比采用全程水运方式通常要快 1~2 周。例如,集装箱货从日本东京运到欧洲鹿特丹港,采用全程水运(经巴拿马运河或苏伊士运河)通常需 5~6 周时间,而采用北美陆桥运输则仅需 3 周左右的时间。

随着美国和加拿大大陆桥运输的成功营运,北美其他地区也开展了大陆桥运输。墨西哥大陆桥(Mexican Land Bridge)就是其中之一。该大陆桥横跨特万特佩克地峡(Isthmus Tehuantepec),连接太平洋沿岸的萨利纳克鲁斯港和墨西哥湾沿岸的夸察夸尔科斯港,陆上距离约 337 km。墨西哥大陆桥于 1982 年开始营运,目前,其服务范围还很有限,对其他港口和大陆桥运输的影响还很小。

在北美大陆桥强大的竞争对手面前,巴拿马运河可以说是最大的输家之一。随着北美西海岸陆桥运输服务的开展,众多承运人开始建造不受巴拿马运河尺寸限制的超巴拿马型船(Post-Panamax Ship),从而放弃使用巴拿马运河。可以预见,随着陆桥运输的效率与经济性的不断提高,巴拿马运河将处于极为不利的地位。

(3)新亚欧大陆桥。新亚欧大陆桥东起中国的连云港等港口,西至荷兰鹿特丹。它以中国、独联体、欧洲铁路为陆上桥梁,把太平洋与大西洋及波罗的海、黑海连接起来,是新兴的亚欧国际集装箱运输陆上通道。由于它是连接亚欧的第二座大陆桥,故称为新亚欧大陆桥。

与西伯利亚大陆桥相比,新亚欧大陆桥具有四个显著的优势:① 亚欧之间的货运距离比西伯利亚大陆桥缩短陆上距离 2 000~2 500 km;② 它使东亚与中亚、西亚的货运距离大幅度缩小;③ 由于运距的缩短,它在运输时间和运输费用上比西伯利亚大陆桥有所减少,更有利于同海运竞争;④ 新亚欧大陆桥气候温和,一年四季可以不间断地进行作业。

(4)其他陆桥运输形式。北美地区的陆桥运输不仅包括上述大陆桥运输,而且还包括小陆桥运输(Minibridge)和微桥运输(Microbridge)等运输组织形式。

小陆桥运输从运输组织方式上看与大陆桥运输并无太大的区别,只是其运送的货物的目的地为沿海港口。目前,北美小陆桥运送的主要是日本经北美太平洋沿岸到大西洋沿岸和墨西哥湾地区港口的集装箱货物。当然也承运从欧洲到美西及海湾地区各港的大西洋航线的转运货物。北美小陆桥在缩短运输距离、节省运输时间上的效果是显著的。以日本——美东航线为例,从大阪至纽约全程水运(经巴拿马运河)航线距离 17 964 km,运输时间为 21~24 天;而采用小陆桥运输,运输距离仅 13 704 km,运输时间为 16 天,大约节省 1 周的时间。

微桥运输与小陆桥运输基本相似,只是其交货地点在内陆地区。北美微桥运输是指经北美东、西海岸及墨西哥湾沿岸港口到美国、加拿大内陆地区的联运服务。随着北美小陆桥运输的发展,新的矛盾开始出现,主要的矛盾如货物由靠近东海岸的内地城市运往远东地区(或反向),首先要通过国内运输,以国内提单运至东海岸交船公司,然后由船公司另外签发由东海岸出口的国际货运单证,再通过国内运输运至西海岸港口,最后海运至远东。货主认为,这种运输不能从内地直接以国际货运单证运至西海岸港口转运,不仅增加了费用,而且还耽误了运输时间。为解决这一问题,微桥运输应运而生。进出美、加内陆城市的货物采用微桥运输既可节省运输时间,又可避免双重港口收费,从而节省了费用。例如,往来于日本和美东内陆城市匹兹堡的集装箱货,可从日本海运至美国西海岸港口,如奥克兰,然后通过铁路直接联运至匹兹堡,这样可完全避免进入美东的费城港,从而节省了在该港的港口费支出。

3. 海空联运

海空联运又被称为空桥运输（Airbridge Service）。在运输组织方式上，空桥运输与陆桥运输有所不同，陆桥运输在整个货运过程中使用的是同一个集装箱，不用换装；而空桥运输的货物通常要在航空港换入航空集装箱。不过，两者的目标是一致的，即以低费率提供快捷、可靠的运输服务。

海空联运方式始于20世纪60年代，但到80年代才有了较大的发展。采用这种运输方式，运输时间比全程海运少，运输费用比全程空运便宜。20世纪60年代，将远东船运至美国西海岸的货物，再通过航空运至美国内陆地区或美国东海岸，从此出现了海空联运。当然，这种联运组织形式是以海运为主，只是最终交货运输区段由空运承担。1960年年底，苏联航空公司开辟了经由西伯利亚至欧洲航空线；1968年，加拿大航空公司参加了国际多式联运；80年代，出现了经由中国香港、新加坡、泰国等至欧洲航空线。目前，国际海空联运线主要有以下几种线路。

（1）远东—欧洲。目前，远东与欧洲间的航线有以温哥华、西雅图、洛杉矶为中转地，也有以香港、曼谷、海参崴为中转地。此外，还有以旧金山、新加坡为中转地。

（2）远东—中南美。近年来，远东至中南美的海空联运发展较快，因为此处港口和内陆运输很不稳定，所以对海空运输的需求很大。该联运线以迈阿密、洛杉矶、温哥华为中转地。

（3）远东—中近东、非洲、澳洲。这是以香港、曼谷为中转地至中近东、非洲的运输服务。在特殊情况下，还有经马赛至非洲、经曼谷至印度、经香港至澳洲等联运线，但这些线路货运量一般较小。

总之，运输距离越远，采用海空联运的优越性就越大。因为同完全采用海运相比，其运输时间更短。同直接采用空运相比，其运费率更低。因此，从远东出发，将欧洲、中南美及非洲作为海空联运的主要市场是较为合适的。

本章小结

> 物流运输系统是物流系统的中枢神经系统，承担着改变空间状态的主要任务，具有产品或货物的转移功能和储存功能，是社会经济生活中不可或缺的重要环节，在物流系统中占有举足轻重的地位。

> 选择正确的运输线路，其实质是消除商品迂滞、重复装运等现象，使各种运输工具安全、迅速运行，最大限度地减少商品运输里程，缩短商品在途时间，降低运输费用，尽快实现商品的使用价值和价值，以满足市场需要。在运输线路的选择和优化上，可以选择最短线路法、经验试探法、图上作业法等方法。

> 运输方式包括铁路运输、公路运输、水路运输、航空运输、管道运输五种基本形式，而集装箱运输已成为各种运输方式中的主要方式。五种运输方式各有利弊，在选择具体线路时要充分考虑商品性能、运输速度和路程、运输的能力和密度、运输费用、运输期限、运输批量和市场需求的缓急程度等多方面因素。

> 多式联运是目前最为流行的运输方式，广为各国所采用，应根据不同的环境和要求，选择不同的多式联运方式。随着国际经济往来的增加，国际货物跨国转移的数量也在不断增加，国际多式联运随之形成，成为国际物流系统的重要组成部分，包括路桥联运、海陆联运、海空联运等组织形式。

案例分析

嘉里积极扩张全球物流版图

2004年12月31日，郭鹤年家族企业郭兄弟集团掌控的香港上市公司嘉里建设，通过旗下的物流企业——嘉里物流联网有限公司，收购了国内最大的物流公司即大通国际运输有限公司50%的权益，并在2005年1月13日将股份增持为70%，成交价为3.8亿元人民币，大通国际正式更名为嘉里大通物流有限公司。

1985年成立的大通国际是中国第一家合资国际货运代理企业，以空运货代业务起家，通过20世纪90年代中期与美资联邦快递和安邦快递的合作，国资背景的大通凭借国际快件业务而迅速崛起，并在1998年涉足国内快件和物流业务。2004年，在中国国际货运代理协会的有关评选中，大通公司分别名列海运业务、空运业务、综合实力第10、第4和第8名，其未经审计的年销售额已达约30亿元人民币。120个办事处遍布内地所有省份，并在11个策略性地点设有区域配送中心，大通国际具有足以让嘉里物流眼热的"泛中华区基础设施覆盖"，连同超过700个内地区域性营运牌照，以及包括戴尔、微软、惠普、IBM和3M等公司在内的一大批固定大客户。为了配合嘉里物流有步骤地进入中国内地市场，进一步拓展亚洲乃至全球的物流网络，郭氏集团一直努力编织着一张覆盖海、陆、空的立体运输网络。

更具战略性的是，嘉里大通将最大限度地提高包括货仓、配送中心、码头、港口及货柜相关设施的使用能效，利用这些基础设施源源不断地创造衍生和附加价值。1998年4月，嘉里物流在中国内地建立了一个物流中心——上海菱华物流中心。2001年，嘉里物流又与盐田港口局合作，合资经营深圳盐田港物流中心，2003—2004年，嘉里物流又先后在天津、北京、上海外高桥、深圳福田等地建立了物流中心。前后6年，嘉里物流仅在保税区内建设仓库就投入了4.6亿元人民币，建造了11万平方米的物流中心。另外，嘉里的基础设施还包括10万平方米的集装箱堆场和集运中心、5 000多个可控制的集装箱及对深圳凯丰码头的权益等。

经过8年的发展，嘉里物流的销售业绩从1997年纯仓库收入的4.02亿港元，爆炸式增长到2004年以物流收入占81%的23亿港元。在嘉里大通并入之后，2005年整个嘉里物流的销售额飙升至51亿港元，其中，纯物流的收入将占到93%。很明显，仓储业务已打好了一个基础，嘉里物流已经从一家传统的香港仓库公司，蜕变成一家综合型的物流营运商。

物流服务和基础设施建设双管齐下，使嘉里物流的整体营运效率大大提高。为了将协同效应发挥到极致，郭鹤年将其掌握的香港国际机场亚洲航空货运站的15%权益及深圳赤湾集装箱码头25%权益一并注入嘉里物流，让这些设施与物流业务进一步融合，从而产生更强的协同效应。

截至2004年12月31日，嘉里物流营业额为25.02亿港元，总利润增长378%，达4.40亿港元，扣除亚洲航空货运站及赤湾集装箱码头的贡献，物流业务实际销售额增长了61%，利润则增长了174%，也就是说，组合后的两部分资产都获得了超过100%的利润增长，真正实现了双赢。此外，嘉里物流在东南亚地区建立的物流服务网络也采取了与中国内地类似的大举并购策略。

复习思考题

1. 如何选择最佳运输线路?
2. 简述各种运输网络的特点。
3. 简述运输方式的种类及其特征。
4. 选择不同的运输方式应考虑哪些因素?
5. 现代运输方式是怎样进行优化组合的?
6. 何为多式联运?何为国际多式联运?
7. 国际多式联运的基本构成条件有哪些?

第 6 章　物流节点的规划与设计

> **学习目标**
> 1. 理解物流节点的概念和类型。
> 2. 了解物流节点的功能。
> 3. 掌握物流节点规划与设计的内容。
> 4. 掌握物流节点内部布局的方法。
> 5. 掌握物流设施选址的方法。

6.1 物流节点的概念与类型

6.1.1 物流节点的概念

物流节点是指物流网络中连接物流线路的结节处,又称物流接点。节点是以一定的设施形态存在,在物流系统中发挥着不同的作用。线路与节点相互交织连接构成了物流网络。

运输线上的物流节点,我国称为货站、车站、编组站。另一种物流节点是进行储备的物流设施,包括仓库或仓库团地等;从广义上讲,配送中心、物流中心等也可归纳在节点中。

物流过程按其运动状态来看,有相对运动的状态和相对停顿的状态。货物在节点时处于相对停顿的状态,在线路上处于相对运动的状态。其中,包装、装卸、储存、配货、流通加工等活动都是在节点上完成的。节点和线路结合在一起,构成了物流的网络结构。节点和线路的相互关系和配置形成物流系统的比例关系。这种比例关系就是物流系统的结构。

6.1.2 物流节点的类型

1. 转运型节点

转运型节点是指处于运输线路上,以连接不同线路和不同运输方式为主要功能的节点。铁道运输线路上的车站、货站、编组站;水运线路上的港口、码头;空运线路上的空港,以及连接不同方式的转运站和中转仓库等节点都处于运输线路上,并且主要通过中转将不同的线路和不同的运输方式连接起来,货物在这类节点上停顿的时间一般都比较短。

2. 储存型节点

储存型节点是指以保管存放货物为主要功能的节点，包括储备仓库、营业仓库等。由于储备的需要，生产和消费的季节性等原因，一些货物通常需要较长时间的储存。因此，储存型节点主要是带有储备性质的仓库。由于货物储存量较大，周转速度较慢，因此对仓库的货物保管、养护的要求比较高。

3. 集散型节点

集散型节点是指以集中货物或分散货物为主要功能的节点，包括集货中心和分货中心。集货中心是将一定范围内来源分散、批量小，但总量较大的货物集中起来，以便进行大批量处理或发货。分货中心是对集中到达的数量巨大的货物进行拆分处理，形成新的货体和新的包装形态，以适应大量、集中生产和小批量、分散的要求。

4. 配送型节点

配送型节点是指连接干线物流与末端物流，以货物配备和组织送货为主要功能的节点。配送中心是配送型节点的典型代表。配送中心是现代物流业发展中出现的新型物流设施，具有集货、分货、分拣、倒装、加工、配货，为客户调节库存，送货服务及收集和传递信息的功能。在现代物流中，配送活动已不再是单纯的物流活动，而是与销售或供应等营销活动结合在一起，成为营销活动的重要内容。

5. 综合型节点

综合型节点是指在一个节点中将若干功能有机结合在一起，有完善的设备，有效的衔接和协调各个工艺流程的集约型设施。流通中心、物流中心等都属于这一类节点。这种具有多功能的节点是为适应物流大量化、复杂化、细致准确的要求而出现的。在一个节点中实现多功能的连接和转化，不仅简化了物流系统，而且还大幅度地提高了物流效率，是现代物流系统中节点发展的方向之一。

上述物流节点的分类并不是绝对的。在实际物流活动中，各类节点的功能往往是交叉并存的。现代物流的发展对节点的要求不断提高，传统的单一型节点出现向多功能、综合型转变的趋势。转运节点可以是流通仓库、中心仓库、运输场站、物流中心（中心仓库＋运输场站）、配送仓库等。转运节点的物流功能一般包括：装卸、配送；物流在进、出口的控制；货运单元的构造和解体；进库、出库；缓冲和仓储；包装和再包装；分拣与配送等。

6.1.3 物流节点的功能

1. 连接功能

物流节点将物流线路连接起来，使各个线路通过节点成为相互贯通的网络系统，节点的配置决定着物流系统的基本框架。物流活动往往需要若干环节，在不同的线路间进行转换，才能够达到终点。在这个过程中，不同线路之间的输送形态、输送装备、输送数量都各不相同。如果没有节点，不同线路之间的连接就非常困难，甚至中断。只有通过节点才能够使不同线路连接起来，成为连续不断畅通无阻的网络。具体而言，物流节点的连接功能包括：通过转换运输方式连接不同运输手段；通过加工、分拣、配货等连接干线物流和末端物流；通过储存保管连接不同时间的供应物流与需求物流；通过集装箱、托盘等集装箱处理使运输一体化。

2．信息功能

物流系统中的每一个节点同时又是一个信息点。由于节点是连接线路的枢纽，各方面的信息都在节点流进流出。因此节点成为信息收集、处理、传递的集中地。若干个节点的信息流与物流系统的信息中心连接起来，形成了指挥、管理、调度物流系统的信息网络。如果说设备、设施、线路是物流系统的硬件，那么信息网络就是物流系统的软件。如果软件出现问题，则硬件将无法正常运行。因此，节点的信息功能是物流系统运行必不可少的前提条件。

3．管理功能

物流系统的管理机构一般都集中于节点之中，大大小小的节点都是一定范围的指挥、管理、调度中心。物流系统运行的有序化和效率性在很大程度上取决于物流节点管理功能的水平。

根据物流节点的作用、类型、地理位置等因素，物流系统节点除具备上述功能外，还具备配套功能、延伸功能和服务功能。

4．配套功能

（1）车辆停靠及辅助服务。可提供车辆停靠的场地和车辆检修、加油、配件供应等服务。

（2）金融生活配套服务。可提供餐饮、住宿、购物、提款、保险等服务功能。

（3）工商、税务、海关的服务。

5．延伸功能

除了具备上述基本功能外，现代物流节点还附加以下功能。[①]

（1）货物调剂中心（库存处理中心）。物流节点一般能够有效处理库存物资与开展新产品展示会。

（2）系统技术设计。吸引高科技进入节点，从事物流软件的开发设计和物流设备的开发设计。

（3）咨询培训服务。利用丰富管理经验，为企业或客户提供咨询，提供高附加值服务。

6.1.4 物流节点的作用

对整个物流系统而言，节点是系统的终端，是直接面对服务对象的部分，直观而具体地体现了物流系统对需求的满足程度，实现了物流整体效益的提高。具体表现在以下几方面。

（1）准确、可靠的物流活动，提高了供应保证程度，减少了生产和流通领域对于库存的需求，从而降低了社会的总库存。

（2）集中高效的物流活动，可以简化物流的流程，提高物流系统的效率和服务水平。

（3）合理、顺畅的物流活动，可以提高车辆和装载利用率，降低物流成本、节约能源、减少污染，缓解大中型城市的交通运输紧张状况。

物流节点建设与选择的根据是配送的频率和顾客的要求，以实现配送时间最少、物流成本最低和服务质量最高为目的。重点是要明确各类转运节点的功能定位，提高专业化水平，

---

① 李云清. 物流系统规划[M]. 上海：同济大学出版社，2004.

实现物流作业的高效化，并解决各种运输环节的连接和各类转运站点的合理配置问题。

节点除了根据顾客的订单进行货物分配外，为实现对物流系统的控制，节点还要进行货物的存储、顾客所需货物的收集、零散货物的集装化、配送任务的批处理、包装、货物单元集装化和出货控制。为此，相应的管理工作有订单的接收和验证、货物的库存安排、送货任务的分配、物流任务的形成、数量和质量的跟踪。

物流节点服务内容应根据物流系统节点的功能定位、任务及相关影响因素进行综合分析，按照服务目标市场的分类进行规划设计。一般来说，一个城市或一个区域甚至一个国家的物流节点系统具有部分或全部物流服务的内容，如表 6-1 所示。

表 6-1 物流节点作用

目标市场及细分		选址	作用
国际物流	国际物流服务	港口	保税仓储、商品展示、临港加工、拆箱拼箱、公海货物转换、铁海运输转换及办公业务
		机场	保税仓储、商品展示、临港加工、拆箱拼箱、快递、公航运输转换及办公业务
		公路、铁路车站	保税仓储、商品展示、临港加工、拆箱拼箱、公海货物转换、铁海运输转换及办公业务
	国际货物运输服务	港口、机场与公、铁车站	海运、航空运输、铁路运输、公路运输
区域物流	港铁联运	港口与铁路货站结合点	铁路运输、海铁运输转换、仓储、加工
	铁路运输	铁路货站	铁路运输、卡车集输货物、仓储、加工
	公空联运	公路货运枢纽站与机场结合点	航空货物的集中、分拨
	公铁联运	公路货站与铁路货站的结合点	公铁运输转换、卡车集输货物、仓储、加工
	公路运输	公路枢纽站	卡车集输货物、仓储、加工
	供应链管理	工业园区旁	采购、运输、仓储、配送
配送物流	商业配送	城市中心边缘区	仓储、加工、配送

6.2 物流节点规划与设计的内容

物流节点规划与设计主要包括物权、节点数量和规模、节点选址和节点布局等，如图 6-1 所示。

首先考虑的是租用公共仓库还是自己建设私有仓库。然后考虑根据费用或其他选择标准确定建立几个节点，以及建立的最佳地址。一般来说，设施选址对土地使用和建筑费用、地方税收和保险、劳动力成本及可得性或到其他设施的运输费用都有很大影响，后者对物流费用的影响较大。设施布局的主要目标是使总费用最小，同时还需考虑其他因素，如特定设施间能否相互连接和禁止建立设施的特定区域。当然，这些决策的基本标准就是在满足客户服务水平的基础上使仓储成本降至最小。

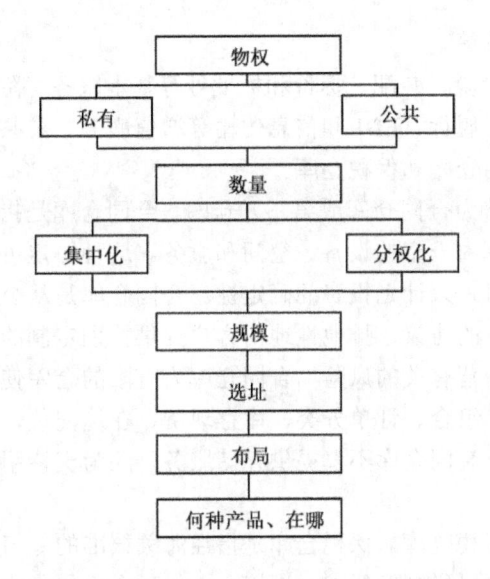

图 6-1 物流节点规划与设计的内容

6.3 物权的决策

选择采用公共设施还是自营的私有设施是节点决策最重要的决策之一，即企业应该购买、建造或租用自己的仓库，还是应该按照需要租用公共仓库。显然，这两种方式各有利弊。如图 6-2 所示，显示了公用仓库和私有仓库的总成本。

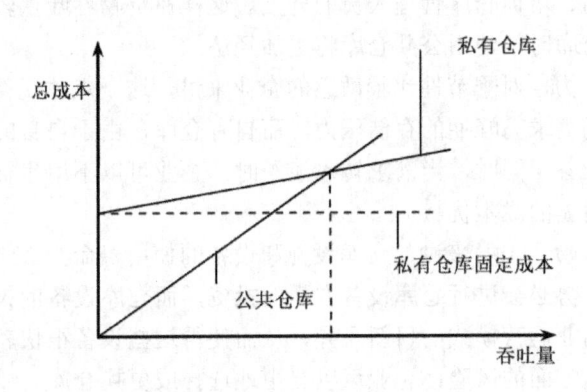

图 6-2 私有仓库与公共仓库的比较

在图 6-2 中，公共仓库全是变动成本，当仓库存储的吞吐量增加时，企业必须租用更多的空间，租用的空间费用是以每平方米或每单位重量进行收费的。而企业的自营仓库含有固定成本。由于私有仓库只有运营成本，因此变动成本的费率会比公共仓库要低。这样会有某一点是使用公共仓库和私有仓库的临界点。即当仓库的吞吐量达到一定规模后，私有仓库的总成本会比公共仓库低。

6.3.1 公共仓库

公共仓库是指国家或企业向社会提供的仓库，专门用于向客户提供相对标准的仓库服务。如保管、搬运和运输等。

公共仓库可以提供检验、装配、标价和标批号等基本服务。除此之外，还能提供包装、订单拣选、拆包装、订单履行、EDI 和信息传输等增值服务。公共仓库包括一般意义上的提供仓储服务的仓库、合同仓库和保税仓库。

公共仓库的发展趋势为合同仓库或第三方仓库。合同仓库是指在一定的时期内，按照一定的合同约束，使用仓库内一定的设备、空间和服务。这种协定可以给仓库所有者和仓库使用者以更多的稳定性和对未来计划投资的确定性。合同仓库是从公共仓库中延伸出来的一个分支，是"一种长期互惠的协议，排他性地向客户提供特别定制的存储和物流运输服务，由供方与客户共同分担与经营有关的风险"。合同仓库为有限的仓库使用者实现了定制化的物流服务，包括存储、拆包、组合、订单分类、库存现货、在途混装、库存控制、运输安排、信息传递等物流增值服务。合同仓库不仅提供存储服务，还为支持用户企业的物流渠道提供物流增值服务包。

另一种公共仓库是保税仓库。保税仓库是指经海关核准的专门用于存放保税货物的专用仓库。根据国际上通行的保税制度要求，进境存入保税仓库的货物可暂时免纳进口税款，免领进口许可证件（能制造化学武器的和易制毒化学品除外），在海关规定的存储期内复运出境或办理正式进口手续。

1. 公共仓库的优势

（1）节约资金投入。使用公共仓库的最大优势就是可以节省资金的投入，减小企业财务方面的压力。企业可以节省在土地购买、仓库建设和仓库作业设备方面的投资，以及仓库初期的运行成本和雇用、培训仓库管理人员的开支。这样在货物吞吐量较小，使企业无法持续并有效地使用私有仓库时，使用公共仓库将更加经济。

（2）缓解存储压力。对季节性比较敏感的企业来讲，这一点体现得较为明显。公共仓库的使用能够缓解市场需求高峰期的存储压力，而自有仓库，由于自身的限制，在短期内不可能承受如此庞大的业务。同时，当需求转入淡季时，企业可以不用租赁公共仓库，从而节省资金，为企业带来明显的成本优势。

（3）减少投资风险。一般来讲，仓库设施和设备的使用寿命为 20 年至 40 年。如果企业投资建造自有仓库，势必会进行仓库设备方面的投资，而仓库设备的投资风险主要来自技术设备的不断革新和商业运营模式的日新月异，从而使得这些设备很快就会过时。但对公共仓库而言，就不存在这方面的风险，企业可以自由地选择或更换仓库。

（4）较高的柔性化水平。公共仓库可以根据企业的实际需要进行地点或存储空间的变化。如果仓库所在地的商业经营模式发生了改变，或者企业的经营方向发生了转变，那么拥有一个自有仓库或长期的仓库合约将会成为企业的额外负担。而公共仓库却不存在此问题，短期的公共仓库合约使企业能够根据市场形势的变化（如顾客群的扩大或缩小）、不同运输方式的选择、地区产品销售的特点或公司的财务状况等情况，自由地进行公共仓库的租赁决策。公共仓库的优点之一就是使用者不需要进行初始资本的支出。

2. 公共仓库的局限

（1）沟通方面的难题。能否有效地进行沟通已成为租赁公共仓库的一个主要难题。随着信息技术的飞速发展和电子商务的蓬勃兴起，仓库作业的许多中间环节完全可以通过互联网来实现。但对公共仓库而言,并不是所有的计算机终端接口和网络管理系统都是标准化的,它与企业进行数据传输和信息沟通时不一定协调,这就给仓库的信息化管理带来一定的阻碍。而在多数情况下,公共仓库也不可能为了一个顾客而额外增加计算机设备。

(2) 缺少个性化服务。在公共仓库里,有时可能得不到个性化的服务。许多公共仓库的处理设备仅仅是为了提供本地化的服务,对于一些企业的特殊要求,公共仓库提供的个性化服务却少之又少。例如,厂商希望得到个性化的服务(如较严格的冷藏要求),但在公共仓库里可能无法得到满足。

(3) 空间的可得性差。公共仓库不是企业随时随地想要就有的。空间的短缺在一定的市场将会季节性的出现,这给公司的物流战略和市场战略都带来负面影响。除非企业与短缺地区的一家公共仓储建立了良好的关系,否则,在需求紧张的时候,企业可能存在找不到公共仓储空间,或仓储空间价格很高的情况。

6.3.2 私有仓库

私有仓库是指由企业自己拥有并管理的仓库。私有仓库的初期投资较大,但在以后的日常运行中成本却很低。

当企业的私有仓库不能满足大量物料保管和搬运的要求时,解决的途径之一就是再自建仓库,以满足企业发展的要求。也就是说,私有仓库适合组织实力强、市场潜力大的企业。

1. 私有仓库的优势

(1) 较强的控制能力。企业能够在私有仓库内,按照自己的意愿存储产品,从而对仓库具有较强的控制能力。一旦顾客的需求或市场状况发生变化,企业就能够对仓库进行直接的控制和管理,使企业能够较容易地将仓库管理集成到企业的整个物流管理系统中去。

(2) 低成本优势。从长期情况来看,私有仓库的运行成本相对较低。如果仓库能够得到有效利用,则仓库运行成本大约为物流成本的 15%~25%,甚至更低。在实际操作过程中,企业对仓库的利用率为 70%~80%。一般认为,如果对私有仓库的利用率达不到 75%,那么就应该考虑租赁公共仓库。

(3) 充分发挥人力资源的优势。企业一旦拥有私有仓库,就可以充分利用企业的人力资源。当企业自己的工作人员在管理仓库时,对仓库的存储和维护会更加细心。同时,还可以充分利用专业化带来的优势。虽然一些公共仓库允许它们的客户在进行仓库管理时可以使用它们的雇员,但并不能从根本上解决上述问题。

(4) 税收和无形资产方面的优势。拥有私有仓库,能够带来税收方面的优势,因为在建筑设施和技术设备方面的投入和折旧能够减少企业应该支付的税额。同时,私有仓库还可以给企业带来无形资产方面的优势。当企业拥有自建仓库时,能够给顾客一种持续、长久和稳定的商业运作印象,使人感到企业的产品供给是长期稳定和可依赖的。

2. 私有仓库的局限

(1) 缺乏柔性化。由于私有仓库具有固定的大小规模和技术水平,使得私有仓库缺乏一定的柔性。在满足不同程度的顾客需求时,私有仓库的存储能力在短期内都将受到一定的限制。当顾客的需求较低时,还会导致仓库设施的闲置和仓库空间的浪费。

同时,由于私有仓库的位置一般比较固定,使得企业不能迅速地随市场情况的变化而变化，这将会失去许多重要的商业机会。另外，如果私有仓库不能够迅速地满足产品的市场需求，那么顾客服务水平和销售额将不可避免地下降。

（2）财务方面的限制。由于建造仓库的成本比较高，对多数企业而言，一般不一定具有足够的资金实力来建造或购买。另外，建造仓库属于长期、高风险的投资项目（由于其特殊化的内部设计和建造以至于以后很难销售出去），企业会很慎重地考虑。

同时，对仓库管理人员支付的工资和培训费用、对仓库管理设备的购买和仓库作业系统的设计使得建造私有仓库变得费时又费钱。另外，从企业自身的角度来看，一般都愿意将资金投入到一些高回报的投资项目上去，以便能够获得及时而高效的回报。

（3）投资回报率较低。对私有仓库的投资决策分析就是要考察私有仓库的投资回报率。在大多数的情况下，私有仓库的投资回报率都很低，很难获得与其他投资项目一致的投资回报率。

6.3.3 公共仓库和私有仓库的选择

综上所述，企业在进行仓库物权决策时，应考虑的因素及选择的结果如表 6-2 所示。

表 6-2 影响企业物权决策的因素

企业特征	私有仓库	公共仓库
吞吐量	高	低
需求变化	稳定	波动
市场密度	高	低
特殊的物理控制	是	否
顾客服务需求	高	低
安全需求	高	低
多重用途需求	是	否

因此，在进行物权决策时，主要应考虑以下几点因素。

1．可变成本和固定成本

仓储的可变成本与货物存储量成正比，但仓储的固定成本不随货物量的变化而变化。当存储量较小时，最好选择公共仓库；随着存储量的增加，采用私有仓库则更为有利，可将固定成本进行分摊。

2．存储量

考虑足够的存储量分摊固定成本，从而使企业采用私有仓库的平均成本低于公共仓库的平均成本。

3．稳定的需求

即能使私有仓库较为经济的运营储存量。

4．市场密度

在人口密度小的地区，宜在多个地点采用公共仓库。

5．控制

私有仓库有利于管理控制（安全、冷藏及服务控制），可充分利用空间，可设立多个办公室。

6.4 仓库数量和规模的决策

节点决策的另一项内容是决定仓库的数量及其规模。仓库数量和规模的决策是相互关联的,随着仓库数目的增加,仓库的平均规模将会下降。一般的趋势是在企业的配送系统中拥有数量较少但规模较大的仓库。仓库地点与数量的设置要求以对顾客交货服务与分销成本的平衡为原则,即要有利于增加企业利润;有利于减少向顾客发货、运输的费用;有利于为顾客提供满意的服务。

6.4.1 影响仓库规模的因素

仓库规模通常用地面空间的平方米来进行定义,有时也用整个设施的立体空间来定义。现在的趋势是用立体空间定义,因为平面空间忽略了空间的垂直存储能力。

仓库的规模是为了满足存储和办公的需要。在仓库里存储的货物包括周期库存和安全库存。因此在进行仓库规模决策时,需要考虑客户服务水平、所服务市场的规模、投入市场的产品数目、产品大小、所用的物料搬运系统、吞吐量(存货周转率)、生产提前期、规模经济、库存布置、通道要求、仓库中的办公区域、需求水平和方式等。

随着企业服务水平的提高,企业需要更多的仓储空间来存储更高水平的库存。而且随着企业服务市场的增多,也需要更多的存储空间,企业常通过对接库存或提高库存周转率来解决这类问题。当企业拥有多种产品和产品类别时,特别是这些产品互不相同时,企业需要更大的仓库以便于维持每种产品的最低存货水平。通常情况下,当产品需求量大、库存周转率低、提前期长、使用人工装卸搬运系统、含有办公区域、需求不稳定和不可预测时,企业需要更大的仓储空间。

此外,物料的搬运设备不同,仓储空间的需求也不一样。因为不同的搬运设备其空间利用率是不同的,因此,企业的仓库规模决策常常与搬运设备决策同时进行。

表 6-3 列举了企业仓库规模的影响因素。

表 6-3 企业仓库规模的影响因素

增加仓库规模的因素	减少仓库规模的因素
市场或者企业扩张	产品或销售减少
较短的产品生命周期	存储数目减少
库存存储单元数目增加	需求变动较少(包括生命周期长的产品)
基于快速反应的直接交换	客户处理存储交货
消除分销商	制造批量规模较小
扩展至特定产品	存货周转较高
出口/进口货物	信息系统完善
产品流程加长	快速运输
最小制造批量规模的增加	承运商合并
更快反应时间的要求	对接系统

6.4.2 节点数量的确定

在进行节点数量的决策时,主要是在成本和收益之间进行权衡。成本包括销售机会损失成本、库存成本、仓储成本及运输成本。这些成本之间的关系如图 6-3 所示。

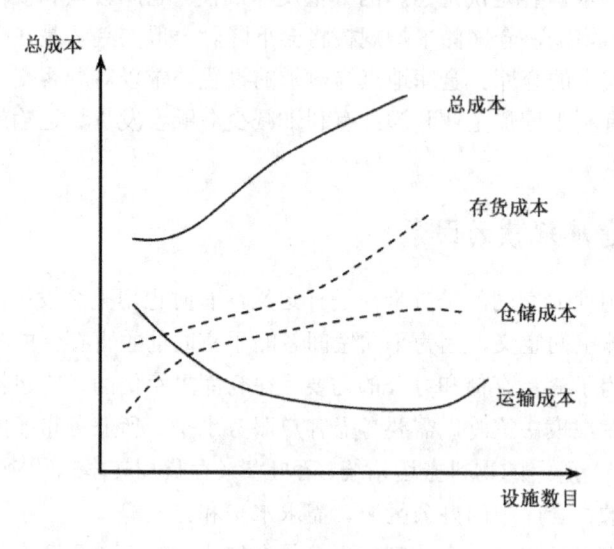

图 6-3　物流总成本与仓库数目之间的关系

图 6-3 中没有将销售损失成本表示出来,是因为不同企业的销售损失成本中的损失因子不尽相同,且很难估计和计算。

如图 6-3 所示库存成本会随着设施数目的增加而增加。因为每个设施都会有相应的安全库存,这样总的安全库存或库存水平就会提高,因此库存成本也会随之上升。仓储成本也会随着设施数目的增加而增加。因为更多的仓储就意味着拥有、租赁或者租用更多的空间。当拥有一定的仓库数目后,成本增加的趋势将会减缓,特别是在企业租用仓库时,因为规模折扣的存在,这种现象更加明显。而企业的运输成本刚开始随着仓库的增加而降低,但最终会因为使用太多的设施,运输成本曲线将会由于进出运输成本的总和而升高。企业必须关注产品的整体运输成本,而不仅仅是从货物到仓库的搬运成本。总之,节点数量少,就意味着要在制造商或供应商那里进行拆装运输。运输通常以整车或车辆荷载为基础计算费率,这两种运输方式都会减少每单位的成本。当客户订单到来时,产品采用零担运输运出仓库,但费率较高。当仓库数量增加到一定程度时,企业可能无法再产生运输的规模效益,因此费率会升高。

如果不考虑销售损失成本,则总成本是节点数目越少越好。但是有些企业的销售损失成本很高,这就需要通过提高设施数目,来提高客户服务水平,进而减少销售损失成本。

6.5 物流系统节点选址的决策

6.5.1 物流系统节点选址规划的原则

物流系统节点选址的规划是指在具有若干供应点和需求点的经济区域内选择一个地址

设置物流节点的规划过程。在这个过程中，要遵循以下几条原则。

1. 科学选址原则

物流系统节点如何选址，取决于出于哪种考虑建立物流系统节点。比如，如果以解决市内交通拥挤、缓解城市压力为重点考虑建立物流系统节点，则应将其建在城乡连接处；如果以经济效益为重点考虑建设物流系统节点，则可以将其建在交通枢纽地区或产品生产与销售的集散地区；如果根据物流系统节点在城市物流产业发展及物流体系中的地位和作用而对其进行分类的话，可分为综合物流系统节点和专业物流系统节点两类。前者以现代化、多功能、社会化、大规模为主要特征，后者则以专业化、现代化为主要特征，如港口集装箱、保税、空港、钢铁基地、汽车生产基地等专业物流系统节点。专业物流系统节点选址只要求符合自身的专业要求。综合物流系统节点的选址，主要按照以下原则来确定。

（1）位于城市中心区的边缘地区，一般在城市道路网的外环线附近。

（2）位于交通枢纽中心地带，至少有两种以上运输方式连接，特别是铁路和公路。

（3）位于土地开发资源较好的地区，用地充足，成本较低。

（4）位于城市物流的节点附近，现有物流资源基础较好，一般有较大物流量产生，如工业中心、大型卖场等，可利用和整合现有的物流资源。

（5）有利于整个地区物流网络的优化和信息资源的利用。

2. 统一规划原则

物流系统节点功能的发挥，通常需要很多政策、社会设施等宏观因素和条件的指导和支持，这些职能必须由政府出面积极推动甚至实施。政府在物流系统节点的规划建设中，应当扮演好基础条件的创造者和运作秩序的维护者的角色，根据长远和近期的货物流通量，确定物流系统节点长远和近期的建设规模。在充分掌握第一手材料的基础上，搞好物流系统节点的规划。这要求政府针对具体问题进行具体分析，按照区域经济的功能、布局和发展趋势，依据物流需求量和不同特点进行统一规划，尤其要打破地区、行业的界限，按照科学布局、资源整合、优势互补、良性循环的思路进行规划，防止各自为政、盲目布点、恶性竞争、贪大求洋，避免走弯路、误时间、费钱财。

3. 市场化运作原则

规划建设物流系统节点，既要由政府牵头统一规划和指导协调，又要坚持市场化运作的原则。物流系统节点的运作以市场为导向，以企业为主体，在物流系统节点的功能开发建设、企业的进驻和资源整合等方面，都要具备优良的基础设施、先进的物流功能和周到有效的企业服务，以吸引物流企业和投资者共同参与，真正使物流系统节点成为物流企业公平、公开和公正竞争经营的舞台。

4. 高起点现代化原则

现代物流系统节点是一个具有关联性、整合性、集聚性和规模性的总体，其规划应该是一个高起点的中长期规划，并具有先进性和综合性。在设计物流系统节点时，主要应考虑以下几点因素。

（1）城市与区域主要物流方向。

（2）各种运输方式、运输节点的分布。

（3）产业布局及物流市场、资源的布局。

（4）物流用地的区位优势。

（5）对现有物流设施的充分利用。

（6）有利于整个物流网络的优化。

（7）有利于各类节点的合理分工、协调配合。

5．柔性化原则

由于现代物流系统节点的建设投资大、周期长、效应长、建设风险大，因而现代物流系统节点的规划应采取柔性规划，建立科学的投资决策机制和项目风险评估机制，突出规划中持续改进机制的确定，确立规划的阶段性目标，建立规划实施过程中的阶段性评估检查制度，以保证规划的最终实现。

6．人才优先原则

物流系统节点的建设规划是十分复杂而又庞大的工程，涉及的专业领域也很广泛，必须有众多的各类专家型人才参与才能妥善地完成。所谓专家型人才，是在某个领域积聚了多年经验、在理论上有一定造诣、有一定技术专长的人员。他们各有专长，但都不是万能的。如按专业划分，有土建专家、机械专家、计算机专家等。在项目进行的不同阶段，应该让不同类型的专家在各自领域发挥不同的作用。

6.5.2 物流设施选址方案模型

1．布局规划的步骤

物流系统节点的合理布局是以物流系统和社会经济效益为目标，用系统学的理论和系统工程的方法，综合考虑货物流通的供需状况、运输条件、自然环境等因素，对物流配送中心的设施位置、规模、供货范围等进行研究和设计，以达到成本最小、流量最大、服务最优的目标。

（1）约束条件分析。物流系统节点的布局规划的目的就是使系统总成本达到最小，但是在规划设计时，面临的约束条件有：① 资金约束，不同的区位价格差异较大；② 交通运输条件，由于只能选择方便到达客户处的运输方式。如对大多数客户来说，公路运输是唯一可选择的模式，那么在选址时就应侧重于公路交通枢纽附近或交通干线附近；③ 能源条件，供热、供电等能源系统是物流节点赖以生产的基础；④ 周边软环境约束，税收、关税等与物流节点布局决策直接相关。除此之外，一些特殊商品的物流节点还受到温度、湿度、雨量等自然因素的约束。

（2）确定初选址。在明确上述约束条件后，就可以聘请专家和高层管理人员初步确定选址范围，即确定初始选址地点。

（3）收集整理资料。确定物流节点布局方案需要对影响其位置选择的相关因素进行定量和定性分析，这就需要收集整理大量的数据资料作为依据。调查资料包括：① 客户分布；② 客户生产经营状况；③ 产品特征；④ 物流量；⑤ 交通状况；⑥ 运输批量、频率；⑦ 物流节点建设成本；⑧ 客户对时效性的要求；⑨ 其他。

（4）定量分析。随着数学和计算机的普及，数学方法已广泛应用于解决设施选址问题。在具体的物流节点布局方案时，需要根据对现有已知条件的掌握、选址要求等，针对不同情况选用一个或多个具体模型进行定量分析。

（5）结果评价。结合市场适应性、土地条件、服务质量等，对计算结果进行评价，看其是否具有现实意义及可行性。

（6）确定布局方案。以定量分析结果为基础，通过专家判断法、模拟法等定性分析来求出和解，但是所得解不一定为最优解，可能只是符合条件的解。最后，确定布局方案。

物流系统节点布局规划的步骤[①]如图6-4所示。

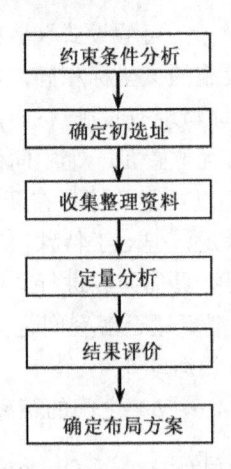

图6-4 物流系统节点布局规划的步骤

2. 设施规划布局方案模型

确定物流设施最优位置的主要目标是使总运营成本最小，设施选址的固定费用一般是最初投资的年费用，包括土地使用、设备和建筑费用。重新选址费用包括将设备移到新设施地址的费用、新设施初建费用和关闭旧址处的设施费用。新设施选址还包括其他限制因素，如所选位置的数量及可得性、供应源能力、消费点的需求、建新设施的总资金等。

（1）单一设施选址模型。在所有设施选址问题中，新设施选址的模型最为简单。这里所提出的模型考虑的是开放连续解空间和基于运输费用的目标函数。问题定义如下：给出现有设施位置、新设施和现有设施之间的运输量，确定使总运输费用最小的最优选址方案。这里的运输费用是以运输距离乘以运输量来确定的。

1）直角选址模型。当解空间是一个工厂、仓库或城市时，根据线路结构，物质移动以直角形式进行时最适合此模型。现有设施 A 坐标 (x, y) 和新设施 P 坐标 (a, b)，两坐标点之间的直角距离为 $d(A, p)$，定义如式（6-1）：

$$d(A, p) = |x - a| + |y - b| \tag{6-1}$$

当有 m 个现有设施（$A_1, A_2, \cdots, A_m$）时，每个旧设施和新设施有一流量 w_j，使总位移最小的新设施选址问题可表示为：

$$\min \sum_{j=1}^{m} w_j \left(|x_j - a| + |y_j - b| \right) \\ = \min \sum_{j=1}^{m} w_j |x_j - a| + \min \sum_{j=1}^{m} w_j |y_j - b| \tag{6-2}$$

---

① 李云清. 物流系统规划[M]. 上海：同济大学出版社，2004.

式（6-2）可分解为两个单独最小化问题，得到下面两式，即：

$$\min f(x) = \min \sum_{j=1}^{m} w_j |x_j - a| \tag{6-3}$$

$$\min f(y) = \min \sum_{j=1}^{m} w_j |y_j - b| \tag{6-4}$$

为了能够简易地确定新设施的坐标，可假设式（6-2）的最优解满足下面两个特性：

新设施的 x 坐标将和某一现有设施的 x 坐标相同，新设施的 y 坐标也和某一现有设施的 y 坐标相同，但新设施的 (x, y) 坐标与现有设施 (x, y) 的坐标并不同时一致。

新设施的 x 坐标（y 坐标）的最优位置是一个中间位置，不超过一半的运输量在新设施位置左边（y 坐标的下边），同时不超过一半的流量在新设施的右边（y 坐标的上边）。

一般情况下，这两个假设可以满足，但对于特殊情况如三点一线问题，处于圆周上的点等不一定按上述方法来确定，可以根据具体问题进行具体分析。

2) 欧几里得选址模型。这个模型更适合解空间是一个地区、国家或一个城市，且物体沿着可修改的欧几里得距离表示的直线运动。

现有设施 $A(x, y)$ 与新设施 $P(a, b)$ 之间的距离被定义为下式：

$$d(A, P) = k\left[(x-a)^2 + (y-b)^2\right]^{\frac{1}{2}} \tag{6-5}$$

式中，k 是将欧几里得距离变为实际距离的转换因子，它依赖于区域的实际调查情况。有 M 个现有设施（$A_1, A_2, \cdots, A_m$），每个现有设施同新设施间有一个流量 w_j，使总移动费用最小的新设施选址模型可表示为：

$$\min \sum_{j=1}^{m} k r_j w_j \left[(x_j - a)^2 + (y_j - b)^2\right]^{\frac{1}{2}} \tag{6-6}$$

式中，r_j 为到位置 j 的单位运输费用。该最小化问题可以用简单的求偏导来解决。对 a、b 各求偏导，令它们为 0，可得 a、b 值为：

$$a = \left(\sum \frac{x_j r_j w_j}{d_j}\right)\left(\sum \frac{r_j w_j}{d_j}\right)^{-1} \tag{6-7}$$

$$b = \left(\sum \frac{y_j r_j w_j}{d_j}\right)\left(\sum \frac{r_j w_j}{d_j}\right)^{-1} \tag{6-8}$$

式中，d_j 代表新设施和现有设施 j 之间的距离。因为新设施位置未知，解决此问题可用迭代方法，迭代方法能保证收敛到最优值，这种方法也被称为重心法，其迭代步骤为：

第一步，用下式确定初始 a、b 值。

$$a = \left(\sum x_j r_j w_j\right)\left(\sum r_j w_j\right)^{-1} \tag{6-9}$$

$$b = \left(\sum y_j r_j w_j\right)\left(\sum r_j w_j\right)^{-1} \tag{6-10}$$

第二步，用 a、b 作为新设施坐标，用式（6-5）计算 d_j。

第三步，用式（6-7）和式（6-8）解出 a、b。

第四步，检查坐标 (a, b) 相邻两次迭代的变化是否大于某指定的一较小的值，如果是，返回第二步；否则，停止，得到最优解。

3）加权因素分析。这种方法既可考虑影响设施地址的定量因素，又可考虑定性因素，但在分析之前需要确定一系列候选地点。其具体步骤如下：

第一步，确定选择地点时需要考虑的因素及标准、各评价标准的权重或相对重要性。表 6-4 提供了一系列由 Chosh 和 Melafferty（1687 年）提出的影响地点选择较重要的一些因素。

表 6-4 影响地点选择的主要因素

分 类	因 素
费用结构	土地费用、建筑费用、税收、保险及其他
法律规定	分区规划、租借条款、地方商业规章
人口统计	人口基数、收入状况、劳动力供给
交通运输	运输类型及流量、运输方式、到达车站或港口的方便程度
竞争结构	竞争对手、类型
备选地点特征	停车的方便性、建筑物的状况从其他主要街道看此地的能见度

第二步，给每个地点的所有因素从 1 到 10 进行打分。

第三步，计算每个地点加权分数，并选择加权评分最高的地点作为选址地点。

$$v(j) = \sum w(j) \times s(i,j) \tag{6-11}$$

式中，$v(j)$ 为加权评分；$w(j)$ 为因素 i 的权重；$s(i,j)$ 为地点 j 在因素 i 上的打分。

（2）多设施选址模型。多设施选址是指在存在 m 个现有设施的情况下，为多于一个的新设施进行选址，同时新设施（如 n 个新设施）需服务于现有设施的问题。当 $m=n$ 时，只需在每个现有设施旁建一个新设施即可；当 $m>n$ 时，问题就很困难了，这需要考虑开放连续解空间和运输费用。为现有工厂和市场服务的新仓库的选址、为拼车装货网络建立撤装站、在一生产设施上建保管设施、在一个城市里建消防站都是多设施选址的例子。这些多设施选址问题多采用以中线、重心法为基础解决最近距离和欧几里得距离的选址方法。

1）基于聚类的方法。m 代表顾客区域的数量，n 代表新的配送中心数量。聚类模型分为两步：在第一步中，将 m 个顾客区域按他们距离接近程度分成 n 组。第二步，将每一组中新设施的最佳位置通过使用中线或重心法确定。当新设施数量没有预先制定时，可用合适的聚类方法确定分组的数量，这个数量等于所需的新设施的数量。

例如，某公司拟建两个配送中心以满足市场需求，顾客位置分为 4 个地区，如表 6-5 所示，给出了地区位置及需求量。

表 6-5 地区位置及需求量

顾客区域	位置坐标	需求量	运输费率
1	(3, 8)	5 000	0.04
2	(8, 2)	7 000	0.04
3	(2, 5)	3 500	0.065
4	(0, 4)	3 000	0.065

在这个例子中，$m=4$，$n=2$。把现有设施通过最近距离聚类方法聚类成两组，用距离作为相似系数。这里用直角矩阵来形成如表 6-6 所示的距离相似矩阵。

表 6-6　距离相似矩阵

	1	2	3	4
1	0	11	4	7
2	11	0	6	4
3	4	6	0	5
4	7	4	5	0

应用最近距离聚类方法可产生下面两组。

第 1 组：顾客区域 1 和 3；

第 2 组：顾客区域 2 和 4。

这样，本例就有两个单一设施选址问题。第一个是在顾客区域 1 和 3 中选址，第二个是在顾客区域 2 和 4 中选址。服务于第一组的新设施的最佳位置在区域 3，因为这样可最大限度地节省运输费用。同样，服务于第二组的新设施的最佳位置在区域 4。因此，两个配送中心分别为顾客区域 3 和 4。

2）穷举法。上面这个例子，一种可能的分配是将顾客区域 1 给新设施 1，顾客区域 2、3、4 给新设施 2。在这种分配下，新设施 1 的位置和顾客区域 1 的位置相同。新设施 2 的位置可用中线和重心法确定。另一种可能是把顾客区域 2 分给新设施 1，现有设施 1、3、4 分给新设施 2，在这种情况下，新设施 1 的位置和顾客区域 2 的位置相同，新设施 2 的位置则用中线法或重心法确定，不同分配方案如表 6-7 所示。

表 6-7　新设施分配方案

分配	新设施 1	新设施 2	分配	新设施 1	新设施 2
1	区域 1	区域 2、3、4	3	区域 3	区域 1、2、4
1	区域 2	区域 1、3、4	4	区域 4	区域 1、2、3

因为配送中心 1 和 2 是相同、无差别的，所以只存在四种可能的分配，第二个配送中心则根据重心法确定。如表 6-8 所示，列出了设施的最优位置及其运输费用。

表 6-8　设施的最优位置及其运输费用

分配	第二个设施位置	总运输费用	分配	第二个设施位置	总运输费用
1	(6, 2)	3 457.50	3	(6, 4)	2 550.00
2	(3, 5)	2 072.50（最优位置）	4	(3, 2)	3 630.00

最优位置是运输费用最小的位置，两个配送中心的位置分别是（6, 2）和（3, 5），区域 2 由第一个配送中心（6, 2）服务，区域 1、3、4 由第二个配送中心（3, 5）服务。

6.6　物流节点设施布局规划

物流节点设施布置规划是在物流节点经营策略的指导下，根据物流节点的功能转换活动，将物流设施所涉及的对象及节点本身、人员配备、机械设备和物料管理作业等，利用信息系统做出最有效的优化组合与资源配置，并与其他相关设施相协调，以期达到安全、经济、高效的目标，满足物流节点经营的需求。常用的物流设施布局规划方法有三种：一是 Muther

（1661 年）提出的系统设施布局设计，这种过程和一些工程决策过程类似，主要步骤是首先生产候选布局方案，其次根据某些规则选出最好的方案。另两种方法是基于计算机的方法——CRAFT 和 ALDEP。CRAFT 是为现有设施的改建做布局，从初始布置开始，通过对各设施最初布局进行一系列变换来改进布局效果。当任何布局的改变都不能带来一点改进时，程序结束。ALDEP 则是为新建设施做新的布局，从初始状态开始，逐个设施进行选择和放置决策。选择决策主要确定放到厂内的下一设施是什么，放置决策则决定它将被安排到什么地方。

6.6.1 系统布置设计

系统设施布局方法的主要步骤可以用图 6-5 的流程图形式来表示。在系统布置设计法中，规划的资料收集归纳为 P—产品、Q—产量、R—工艺过程、S—辅助部门、T—时间这五个基本要素。

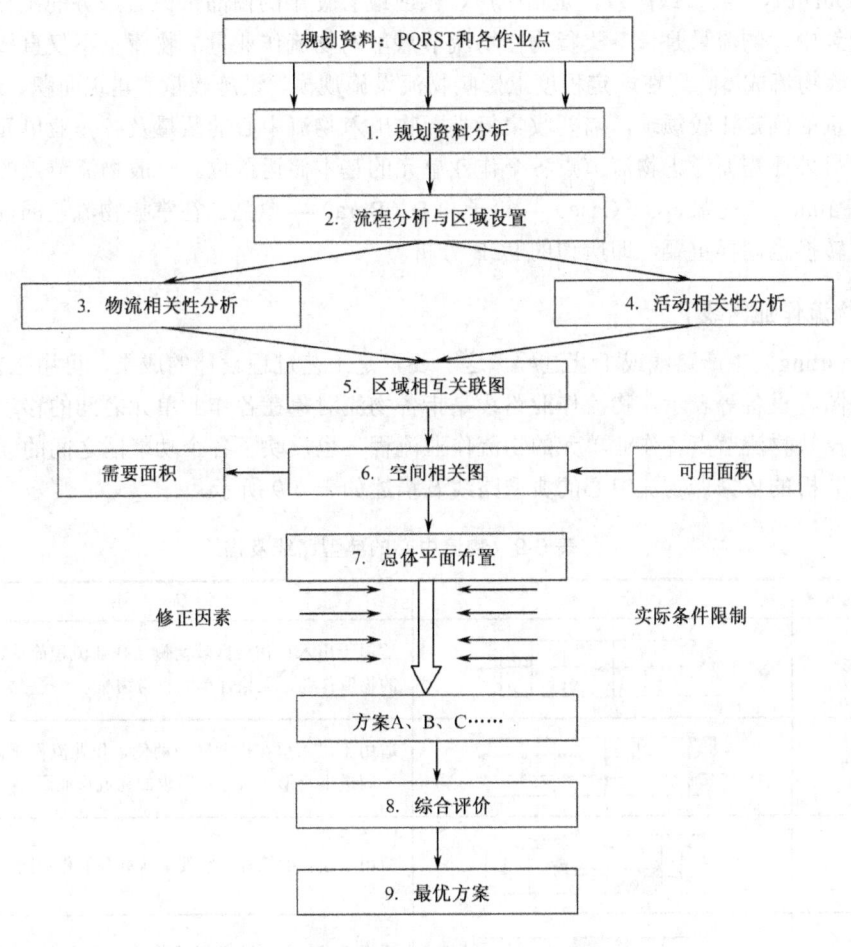

图 6-5 系统布置设计方法的步骤

该方法首要工作是对各作业单元之间的相互关系做出分析，包括物流关系和非物流关系，经过综合得到各作业单元间的空间相关图。根据相互关系中各作业单元之间相互关系的密切程度，决定各作业单元之间距离的远近，安排各作业单元的位置，绘制作业单元位置相关图。将各作业单元实际占地面积与作业单元位置相关图结合起来，形成作业单元空间相图。通过作业单元相关图的修正和调整，得到数个可行的布置方案，最后采用系统评价方法对各方案进行评价择优，以得分最高的布置方案作为最佳布置方案。

6.6.2 基础资料分析

1. 物流对象 P

P（Production）产品或材料或服务，是指待布置工厂将生产的商品、原材料或者加工的零件和成品等。在物流节点规划中，物流对象是进出物流节点的货物。不同的物流对象对整个物流作业路线的设计、设施设备、存储条件都有不同的要求，一定程度上决定了布置规划的不同，因此需要对货物进行分类。

2. 物流量 Q

Q（Quantity）数量或产量，是指生产、供应或者使用的商品量或者服务的工作量。在物流节点规划中，物流量是指各类货物在物流节点里的物流作业量。物流量不仅直接决定着装卸、搬运等物流成本，还在一定程度上影响物流设施规模、设施数量、建筑面积、运输量等。但是物流量的确定比较烦琐，需要收集每类货物出入物流中心的数量及各作业单元之间的流量变化。另外还需要考虑物流节点各个作业单元的基本储运单位。一般物流节点的储运单位包括 P（Pallet）——托盘、C（Case）——箱子和 B（Bara）——单品。在掌握物流量的同时，掌握储运单位转换也同样重要，即所谓的 PCB 分析。

3. 物流作业路线 R

R（routing）生产路线或工艺过程，这一要素是工艺过程设计的成果，可用工艺路线图、工艺过程图、设备等表示。物流作业路线是指物流对象在各作业单元之间的移动路线，作业路线既反映物流节点各作业单元的物流作业流程，也反映了各个功能区之间的联系，是后面相关性分析的依据。物流中心的典型路线及描述如表 6-9 所示。

表 6-9 物流中心的典型路线及描述

作业路线 R	图示	描述
直线形		适用于出入口作业区域两侧，作业流程简单、规模较小的物流作业，无论订单大小与物品
双直线形		适用于出入口在作业区域两侧，作业流程相似但有两种不同进出货形态或作业需求的物流作业
锯齿形		适用于较长的流程，需要多排并列的作业区
U 形		适用于出入口在作业区域的同侧，可依进出货频率大小安排接近进出口端的储区，缩短拣货搬运路线
分流形		适用于批量分拣后进行分流配送的作业

续表

作业路线 R	图示	描述
集中形		适用于因储存特性将订单分割在不同区域拣取后做集货的作业

4. 辅助部门 S

S（Supporting Service）辅助服务部门，在实施系统布置工作以前，必须就生产系统的组成情况有一个总体的规划，可以大体上分为生产车间、职能管理部门、辅助生产部门、生活服务部门以及仓储部门等。

5. 时间 T

T（Time）时间或时间安排，指在什么时候，用多长时间生产出产品，包括各工序的操作时间、更换批量的次数。

6.6.3 作业区域相互关系分析

作业区域相互关系分析是对节点的物流路线和物流量进行分析，用物流强度和物流相关表来表示各功能区域之间的物理关系强弱，包括物流相关性分析、非物流相关性分析和综合物流相关性分析。

1. 物流相互关系分析

物流相互关系分析是对物流节点各区域间的物流量进行分析，通过划分物流强度等级的方法来研究物流状况，建立物流相关图，如图 6-6 所示。关联等级密切程度的定义如下：A 表示绝对重要，E 表示特别重要，I 表示重要，O 表示一般，U 表示不重要。

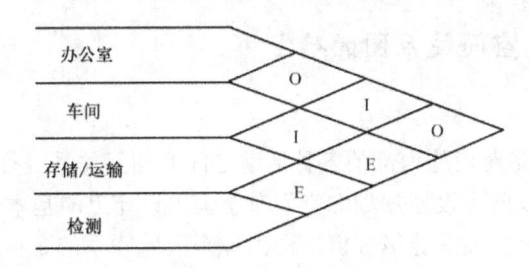

图 6-6 物流相互相关

2. 非物流相关性分析

非物流相关性分析即活动相关性分析，用来考虑除物流外的其他因素对配送中心各区域间相互关系的影响，包括管理关系、流程关系、作业相关程度、环境关系及其他特殊原因的分析。可以使用非物流关系相关图来表示。在 SLP 中，将非物流相关性根据其作业流程的持续性、物料搬运、管理方便、作业性质相似、安全卫生、使用相同的实施等划分为 A、E、I、O、U、X 六个等级，依次表示相关性逐渐减弱。

3. 综合物流相互关系分析

作业单元之间物流相互关系与非物流相互关系往往并不一致，为了确定各作业单元之间综合相互关系的密切程度，需将前面两个表合并。求出合成的相互关系—综合物流相互关系，然后从各作业单元之间的综合相互关系出发，实现各作业单元的合理布置。

综合相互关系的确定有以下四步完成。

1）确定各级关系级别的级值，即量化物流强度等级和非物流的密切程度等级，A=4，E=3，I=2，O=1，U=0，X=-1。

2）确定物流关系（m）与非物流关系（n）的相对重要性。一般来说，物流与非物流关系之间的比重应该在 1:3~3:1。当比值大于 3:1 时，说明物流关系占主导地位；当比值小于 1:3 时，说明物流关系影响很小。

3）确定综合关系级别。当作业单元数目为 N 时，总的作业单元对数为 $P=N(N-1)/2$，计算量化的所有作业单元之间综合相互关系。设任意两个作业单元分别为 A_i 和 A_j（$i \neq j$），其量化的物流相互关系等级为 MR_{ij}，量化的非物流关系等级为 NR_{ij}，则作业单元 A_i 和 A_j 之间的相互关系密切程度计算公式为 $TR_{ij}=m \times MR_{ij}+n \times NR_{ij}$，以此计算出两个作业单元间的关系级别。

4）综合相互关系的等级划分。第三步计算得到的是量值，需要通过等级划分，才能建立出与物流相关表类似的符号化的作业单元综合相互关系表。综合相互关系等级划分为 A、E、I、O、U、X 6 个等级，划分等级的比例如表 6-10 所示。

表 6-10 作业单元综合相互关系等级划分

符号	含义	所占比例（%）
A	绝对重要	2~5
E	特别重要	3~10
I	重要	5~15
O	一般	10~25
U	不重要	45~80
X	禁止	待定

6.6.4 作业单元空间关系图的确定

1. 定性关联图法

定性关联图法主要是对设施内部的各种活动之间的相互关系进行定性分析，确定两两活动区域间的关联程度，以此为设施规划的空间布置提供设计上的基本依据。其具体步骤如下。

1）根据各区域的相互关系等级分析，做出各个区域联系的定性关联图。关联图左边是各个作业区域，如图 6-7 所示。两个区域的交叉位置标记这两个区域的相互关系等级。

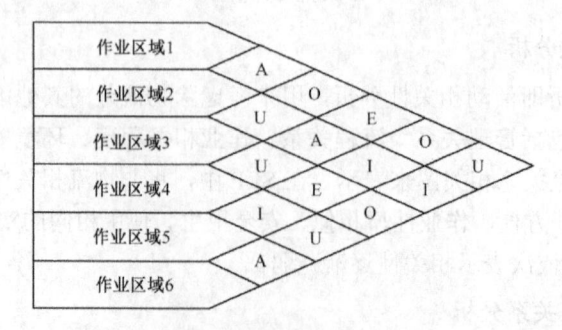

图 6-7 物流节点各区域间的定性关联图

2）根据定义的关联图制作关联线图底稿表。将上述关联图转换成表示两两区域联系的关联线底稿表，如表 6-11 所示。

表 6-11 关联线底稿表

关联等级 \ 作业区域	1	2	3	4	5	6
A	2	1, 4		2	6	5
E	4		5	1	3	
I		5, 6		5	2, 4	2
O	3, 5		1, 6		1	3
U	6	3	2, 4	3, 6		4, 1
X						

关联线底稿表的横向表示各个作业区域，纵向表示关联等级，通过关联线底稿表将每个区域与其他区域的综合关联性表示出来。

3）根据关联图底稿表构建关联线图。首先选定与其他作业区域关系最紧密的区域为第一布局区域。在此例中与其他作业区域联系最为密切是区域 2，所以首先选择区域 2 为第一布局区域。然后在剩余区域内选取与区域 2 联系最为紧密的区域作为第二布局区域，此例中与区域 2 联系最为密切的区域为区域 4。因此，区域 4 作为第二布局区域，紧邻区域 2 进行布局。按照此原则依次选取第三、第四……区域进行布局。最终可得到如图 6-8 所示的布局结果。

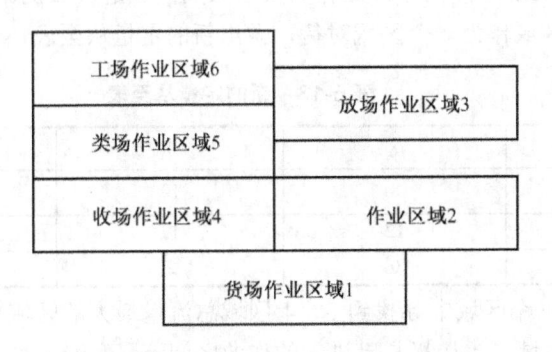

图 6-8 各区域的空间关联线

4）根据关联线图，结合整个节点的面积、形状，以及每个作业区域的面积、形状等特性，完成最终布局，如图 6-9 所示。

图 6-9 物流节点的最终布局

2. 定量图形构建法

定量图形构建法是利用在共同平面上发展最大权数的邻接图以完成布局的方法。首先根据已知的资料分析所得出的定量单据为基础，做出两两区域之间的物料流量从至表，如表6-12所示。目的是分析各作业区域之间的物料流动规模的大小，使设计者在进行区域布置时，避免搬运流量大的作业经过太长的搬运距离，以减少人力、物力的浪费，并以此为原则进行空间布局。具体步骤如下。

1）根据主要作业流程，获得两两区域间的物料流程，并将流量值填入定量从至表中，如表6-12所示。

表 6-12 定量从至表

作业区域		到达区域					合 计
		1	2	3	4	5	
起始出发区	1		9	8	10	0	27
	2			12	13	7	32
	3				20	0	20
	4					2	2
	5						
合计		0		20	43	9	

2）根据定量从至表，选定具有最大流量的成对作业区进入布局图。在图中3、4两个区域之间的流量最大，因此3、4两个区域作为第一布局区域进行布局。

3）将3、4两个区域作为一个区域对待，做出新的定量从至表，如表6-13所示。

表 6-13 新的定量从至表

作业区域	3	4	合 计
1	8	10	18
2	12	13	25
5	0	2	2

然后从1、2、5三个区域中寻找到3、4区域总流量最大的区域作为第二布局区域，此例中第二布局区域为区域2。选择与已进入的作业区间流量和最大作业区进入布局图，构成三角形，如图6-10所示。

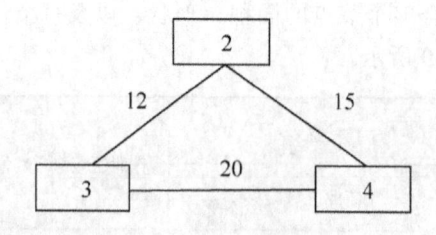

图 6-10 定量从至表法的初始布局

4）根据上述原则，依次选取到达已布局区域总物流量最大的区域插入三角形内部，此例最终的布局如图6-11所示。

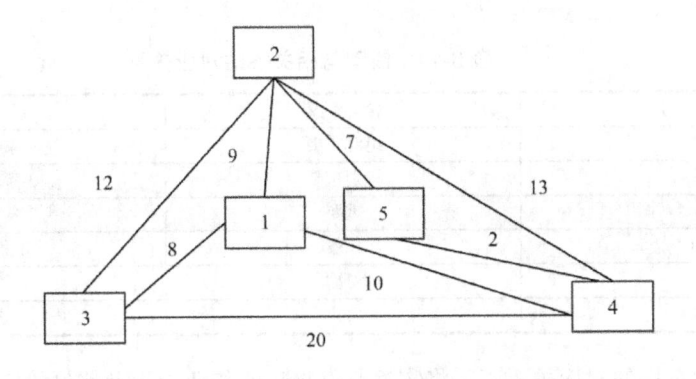

图 6-11　定量从至表法最终布局

5）结合整个节点的面积、形状，以及每个作业区域的面积、形状等特性，完成最终布局，如图 6-12 所示。

图 6-12　物流节点最终空间布局

3．根据关联度构制邻接图

此方法首先要根据物料在物流节点处理的业务流程进行作业区域的相关性分析，图 6-13 是物流节点内货物作业流程及比例。

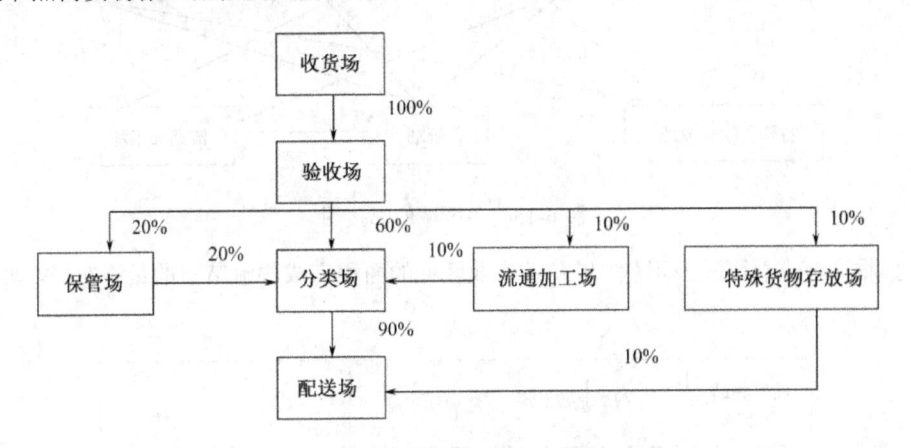

图 6-13　物流节点内货物作业流程及比例

然后用关联线图表示各作业区域的相关性，使用不同粗细程度的线段表示各区域相关性的大小，具体对应关系如表 6-14 所示。

表 6-14 线型与相关性的对应关系

符 号	含 义	线 型
A	绝对重要	4 条平行线
E	特别重要	3 条平行线
I	重要	2 条平行线
O	一般	1 条直线
U	不重要	无
X	禁止	虚线

据线型和相关性的对应关系表，将物流节点物料的作业流程及比例绘制成关联线图，如图 6-14 所示。

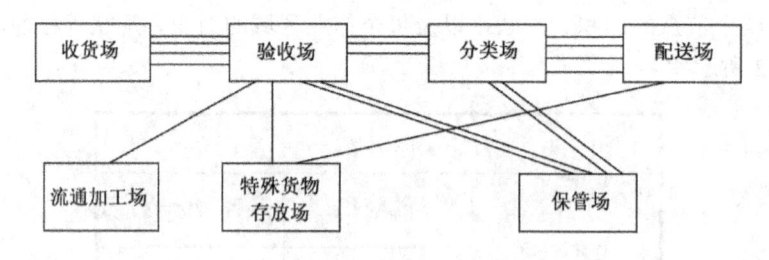

图 6-14 各区域的关联线图

根据关联线图，两区域间线的数量越多，说明这两个区域作业量越大，联系越紧密。在进行布局的时候应该让这两个局域相邻。根据此原则可以做出各个区域的邻接图，如图 6-15 所示。

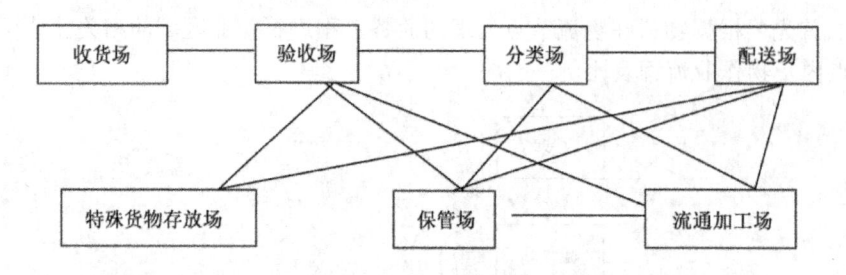

图 6-15 各区域的邻接图

根据物流节点总面积及形状，以及各作业区域的面积完成物流节点的最终布局，如图 6-16 所示。

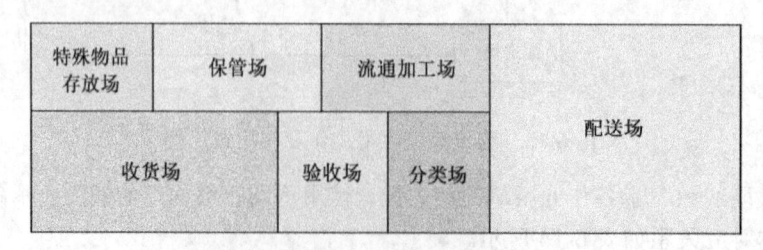

图 6-16 物流节点的最终空间布局

6.6.5 对最终方案进行评价，选择最优方案

最终方案的评价是在概略评价和详细评价的基础上，对整个创新方案的诸多因素做出全面、系统的评价。为此，首先要明确评价项目，即确定评价所需的各种指标和因素，然后分析各个方案对每一评价项目的满足程度；最后再根据方案对各评价项目的满足程度来权衡利弊，判断各方案的总体价值，从而选出总体价值最大的方案，即技术上先进、经济上合理和社会上有利的最优方案。

对于物流节点的布局的评价主要考虑以下几个原则。

（1）尽可能采用单层设备，这样做造价低，资产的平均利用效率也高。
（2）使货物在出入库是单向和直线运动，避免逆向操作和大幅度改变方向的低效率运作。
（3）采用高效率的物料搬运设备及操作流程。
（4）在仓库里采用有效的存储计划。
（5）在物料搬运设备大小、类型、转弯半径的限制下，尽量减少通道所占用的空间。
（6）尽量利用仓库的高度，也就是说，有效地利用仓库的容积。

根据以上原则，设定评价体系及评价指标对备选方案进行评价，并确定最优方案。

本章小结

➢ 物流节点是指物流网络中连接物流线路的结节处，又称物流接点。节点是以一定的设施形态存在，在物流系统中发挥着不同的作用。线路与节点相互交织连接构成了物流网络。节点的功能主要包括连接功能、信息功能和管理功能。

➢ 按功能不同，物流节点可以分为转运型节点、储存型节点、集散型节点、配送型节点、综合型节点。这种划分也不是绝对的，在实际物流活动中，各类节点的功能往往是交叉并存的。现代物流的发展对节点的要求不断提高，传统的单一型节点出现向多功能、综合型转变的趋势。

➢ 物流系统节点选址的规划是指在具有若干供应点和需求点的经济区域内选一个地址设置物流节点的规划过程。物流系统节点的合理布局，即物流网点的设置是关系到物流系统的合理化和商品流通的社会效益的重大投资决策问题。物流网点布置方案应以能够促使商品通过物流节点的汇集、中转、分发，直到运送到需求点的全过程为最好。

➢ 物流节点布局的规划程序是：①约束条件分析；②确定初选址；③收集整理资料；④定量分析；⑤ 结果评价；⑥ 确定布局方案。

➢ 物流节点功能根据节点的不同而有所差别，具备基本功能、配套功能、延伸功能。不同的物流节点其功能配置也不同，承担的物流业务也不同。物流节点所完成的物流作业应根据物流节点的作用、物流特征、地理特征等因素，合理规划物流节点的各种物流业务。

➢ 物流节点的内部布局是物流节点建设必不可少的一项内容。对于确定空间关系图，本章介绍了关联图法、图形构建法以及根据关联度构制邻接图法三种方法。

案例分析

鹿特丹物流中心

由于历史原因、贸易专业化加之有效的基础设施使荷兰成为跨国公司的物流中心。从中世纪开始,荷兰就非常依靠贸易及与交通相关的活动,以此来克服其自身的资源和本地工业的缺乏。

从早在 1660 年集装箱开始,鹿特丹便抓住了新的运输系统提供的机会,在操作设施和设备上加大投资,使集装箱转运到陆地更有效。鹿特丹港口的另一个战略优势是港口有能力提供最大的散装船,这使大的集装箱到达港口毫无困难。这种超级海运基础设施不仅使鹿特丹成为转运点,而且还在鹿特丹周围形成了化学产业集群。

由于鹿特丹基本的物流设施和运输服务及物流趋势的自由化,所以鹿特丹港可以看作物流业的超级中心。欧洲各物流中心(ELC),尽管穿过了整个荷兰,但是世界上物流活动最好的例子都和港口有关联。

物流中心是欧洲物流业发展的主要趋势。很多中等企业已在欧洲市场建立了物流中心,所以 ELC 的建立不仅服务于跨国公司,也服务于中等企业。今天,大部分公司采用欧洲范围的 ELC,这给参与的企业带来了很多物流和其他方面的优势,包括物流成本的降低、销售的增加、更好的生产能力、竞争地位的提高、市场反应的加快,以及劳动力和结构投资的节省。

关于 ELC 的一个非常明确的特点是,从海关来看,存储在 ELC 的货物被看作转移货物。因为转移意味着不认为货物已经进口到了荷兰和欧洲,所以不需要进口关税和相应的程序。为了方便集装箱转移货物出口,ELC 通常靠近港口。很多地方的分配中心在物流中心聚集。物流原是鹿特丹港口为了应对船只和转移服务日益增长的要求而建立的较低成本的及时分发园区。

鹿特丹市政府港口管理者为了巩固港口的货物流,增加和港口相关的就业,因而支持物流中心的成立。到达鹿特丹物流中心的货物主要以集装箱的形式进入,因此,对于鹿特丹的分流中心,接近集装箱终端是一个优势。鹿特丹物流中心的核心就是以较低的成本及时分发。为了完成这个任务,园区做了如下努力:

(1)拥有分发操作设备。
(2)距离货物终端近,方便空的集装箱抽锭以后返回到系统中,降低从终端到仓库的运输成本。
(3)添加接近各种腹地的运输设备。
(4)提供增值服务。
(5)拥有最现代的信息技术。
(6)拥有高技能的劳动力。

鹿特丹建立了三个物流中心。物流中心是大规模的、先进的增值物流综合体。物流中心的专门区域有复杂的设备进行分发操作,这些区域拥有最先进的信息技术,直接和集装箱终端及多式运输设备相连来装船出货。物流中心为仓库存储和推进设备提供了空间,包括货物的储存与转载及集装箱的填塞与抽锭。他们也提供复杂的增值服务来满足不同客户的要求。这些增值服务主要包括组装、贴标识、检验检查、包装与再包装、分类和货品计价。

鹿特丹港口和欧洲组合终端联合制定了 Delta 2000-8 计划，目标是 2000 年在鹿特丹建立 8 个物流中心。Delta 2000-8 是鹿特丹港口发展的最先进的物流观念。

物流中心观念的主要优势是分发中心接近货物终端，使两者之间的运输方便快捷、成本低廉。此外，客户还可以根据时间要求、成本和目的地来选择运输方式。

在鹿特丹，有数以千计的公司专门进行存货和分发活动，为欧洲和其他大陆提供物流服务。第一个欧洲防务集团（EDC）就出现在鹿特丹。

1680 年，集装箱流量开始持续增长。1660 年末期开发的大的港口基地马西河（西欧）由于发展停滞，在 17 世纪 80 年代仍然是空港，后来开始发展集装箱贸易。1684 年，鹿特丹港口主要的集装箱运作者欧洲联合终端（Europe Combined Terminal，ECT）在马西河开发了一个新的终端，以能够适应最大的集装箱船的要求，并且能够提供最先进的技术。

马西河物流中心是鹿特丹港口西部边缘物流中心，是鹿特丹港口和鹿特丹市政府运输设施管理的典范。

马西河物流中心于 1667 年建成，占地面积 125 公顷。物流中心主要是针对分发活动集中化的公司，进一步巩固对欧洲分发活动的控制。鹿特丹港口设计马西河物流中心主要目的是：

（1）希望建立自己的欧洲分发中心的公司。
（2）希望进一步渗透物流链的大运输者。
（3）希望建立针对欧洲业务的海上结点的大发行者。
（4）希望成为其他物流服务业提供者。
（5）希望建立海上出口点的欧洲出口者。

马西河物流中心的一个独特特点是它的位置靠近 ECT 集装箱终端，通过专业的内部网可以和那些终端进行特别连接。当一个集装箱从一个 ECT 运输到物流中心的 ELC（欧洲物流中心）时，集装箱不被视为进口到欧洲，不需缴纳巨额的关税，因此节省了时间和成本。马西河物流中心提供铁路、海运、内河运输和卡车等多种运输设施的直接入口。而 ELC 对马西河物流中心的投资增长也十分快速。

1662 年，集装箱体积的增长是新港政策的前锋：Havenplan 2010。这个方案的目的是刺激就业和在鹿特丹创造增加值业务。由于和港口相关的巨大间接效用，计划指出港口应该作为主要港口发展，并通过以下措施获得新的增长。

（1）为更大范围的集装箱终端提供空间：马西河进一步扩展到北海——第二个马西河项目。
（2）港口内和进出港口的新设施。
（3）在港口内建立新的物流中心，通过港口增值物流活动，专注于货物转运的增值业务。目标是在鹿特丹港口区域开设集装箱运输，而不是仅仅尽快将它们转移到腹地。
（4）因为大量的港口工业通过货物流和港口联系在一起，所以要加强港口的工业功能。

因此，对主要港口的大部分投资集中在硬件上，即铁路连接、物流中心空间和内在的港口设施。

鹿特丹市政港口局（Rotterdam Municipal Port Management，RMPM）管理港口，提供码头、水池和土地等基础设施。这些基础设施以稳定的租金率出租给私人公司（一般是长期），因此和终端的货物吞吐量无关。私人公司则对公路、铁轨、起重机等各种设施进行投资。此外，包括搬运工在内的所有的雇工都由私人公司负责。

物流中心的建设与此类似，由 RMPM 提供基础设施，并将小块的土地出租给私人公司。私人公司则可以投资建设自己的建筑，雇用他们需要的人员。

尽管这些园区不是自由区，但是在园区里的每一个企业都可以看作一个自由区或自由点。在荷兰，大概有 1 500 个自由点。物流中心可以提供比自由港还多的设施。当一个公司满足某些安全条件，并且在符合海关的要求下和海关联网，公司就可以得到海关许可证，可以办理一些海关事务。这种系统使货物流通更加迅速有效。

复习思考题

1. 简述物流节点的定义及类型。
2. 物流节点布局规划分哪些程序和步骤？
3. 物流中心规划设计的内容及影响因素有哪些？
4. 现有设施车床、钻床、磨床在一生产车间内的坐标分别为（5, 2）、（8, 3）、（6, 5），现需要一台新钻床放在此车间来满足加工要求，新增的钻床和三台现有机器之间的流量分别为 50、25、30，假定物流移动按直线距离进行，求使总运行距离最小的钻床的位置。

第 7 章 物流组织的规划与设计

学习目标

1. 理解物流组织的概念。
2. 理解物流组织的发展过程。
3. 掌握物流组织的基本形式。
4. 掌握物流组织设计的影响因素。

物流组织的规划与设计,是物流组织的建立过程或改善过程。它不仅包括进行社会物流高层次决策组织体系、生产(企业)物流组织体系、专业物流职能管理组织体系的设计,还要根据设定的物流组织体系的目标和企业物流业务分工,规定物流部门的职位、职权和职责,规定它与其他部门间的关系、协调原则和方法,建立责任制度及指令和反馈信息的渠道与程序。

由于物流工作在地理上十分分散,运作过程要横跨多个部门或多个行业,可以说,没有绝对正确或错误的组织结构存在。但在一项研究中表明,物流系统的质量缺陷受到公司文化、公司的愿景、员工权利、授权、改变管理过程、培训和教育员工 6 个方面的影响,由此可见,物流组织在物流系统中占据重要地位。物流组织在实践中发生的巨大变化已使其成为最难精确规划的课题之一。信息时代和对供给链整合的需要使物流企业要重新对传统的物流组织进行变革,对其组织结构进行重新设计。

7.1 物流组织的概念与发展过程

7.1.1 物流组织的概念

物流组织一般是指以物流经营和管理活动为核心内容的实体性组织。从广义上讲,物流组织可以是企业内部的物流管理和运作部门、企业间的物流联盟组织,也可以是从事物流及其中介服务的部门、企业,以及政府物流管理机构。

物流组织是针对与物流环节相关的一系列业务进行计划、实施、管理和绩效评价的机构,本质上是促进企业经营目标的一种机制。物流组织既可以以正式的机构体现,也可以通过流程或非正式的控制关系来体现。

企业组织实质上是管理者之间权力与责任的分配及管理形式的确定,它体现着企业的管理思想。物流企业的组织也不例外,每一次的组织变革都体现了某种管理思想的变革,每次管理思想的变革又会带来组织的变革。

7.1.2 物流组织的发展过程

即使在欧美国家，20世纪50年代以前物流的职能也通常被视作一种促进或支持性的工作。物流组织常被分散到整个公司。随着物流重要性的体现，物流职能开始进行整合，即将物流职能聚合成一个单独的组织，以提高整合的可能性。但是，对物流管理的重点很快就由对职能的管理转换为对过程的控制，企业开始检验物流能力在创造客户价值的整个过程中所发挥的作用。尤其是信息时代和供给链概念的出现，使企业有能力对物流系统进行整合，同时对物流职能与企业其他职能进行整合。因此，物流系统组织结构的发展经历了物流功能集成化阶段、物流功能一体化阶段、物流过程一体化阶段、虚拟与网络化物流阶段，如图7-1所示。

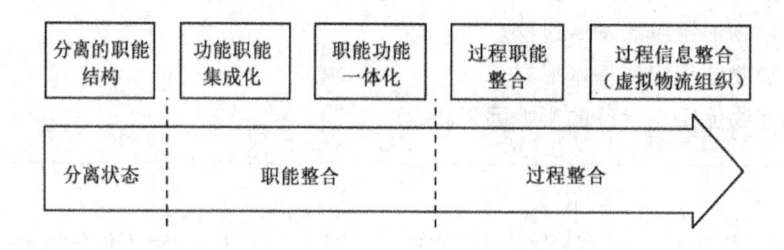

图 7-1 物流组织的发展阶段

1. 物流功能集成化发展阶段

在此阶段之前，物流职能一直分散于企业内的各个部门，通常没有专门的物流经理和物流部门来管理整个物流过程，如图7-2所示。

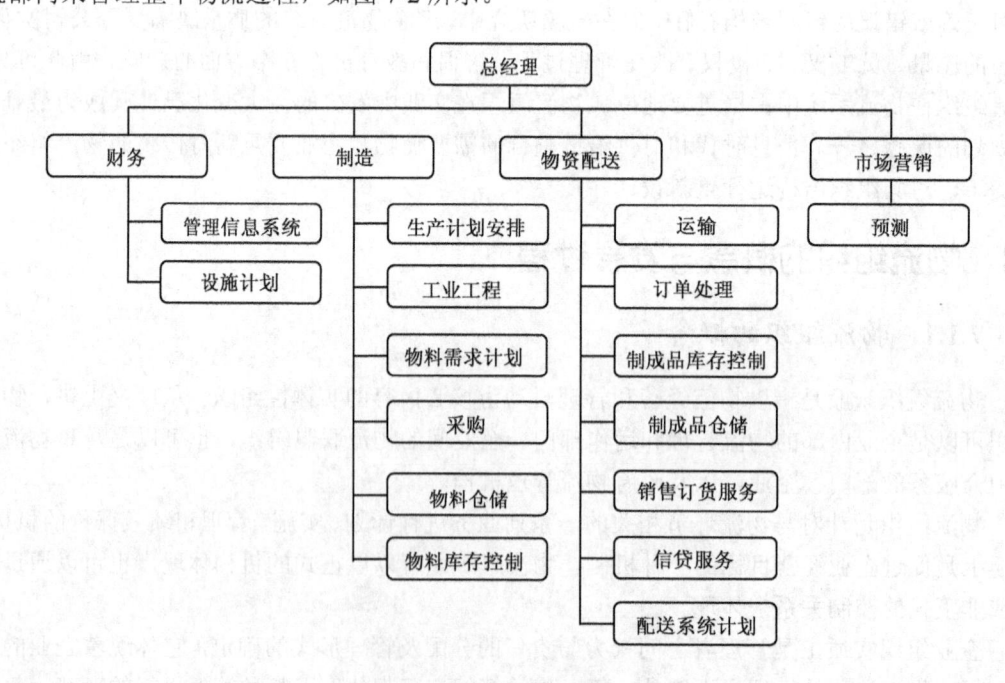

图 7-2 传统的物流组织结构

传统企业组织结构的特征是物流活动分散,对于物流活动没有明确的目标,也不做统一的规划、设计和优化,物流活动只被看作各部门的必要活动,用来配合各部门目标的实现。

物流功能的集成则是一个渐进发展的过程。20世纪60年代初期开始出现的集成很少能真正改变企业传统的部门和组织层次,往往只发生在同一大的职能部门和组织的直线管理层,如围绕着客户集中销售物流分离出物资配送部门,围绕着采购集中供应或生产物流分离出原料管理部门,但物流管理仍然分散于传统的制造、销售和财务管理部门。70年代后,随着企业集成运作物流的成本降低和物流经验的逐步提高,围绕着客户的物资配送组织地位上升,于是,在企业的组织结构中开始并行于制造、销售和财务管理部门,并且物资配送和生产组织下的物料管理各自一体化也得到了发展,如图7-3所示。在制造业中,直到目前,这种各自一体化的物流组织结构仍普遍存在。

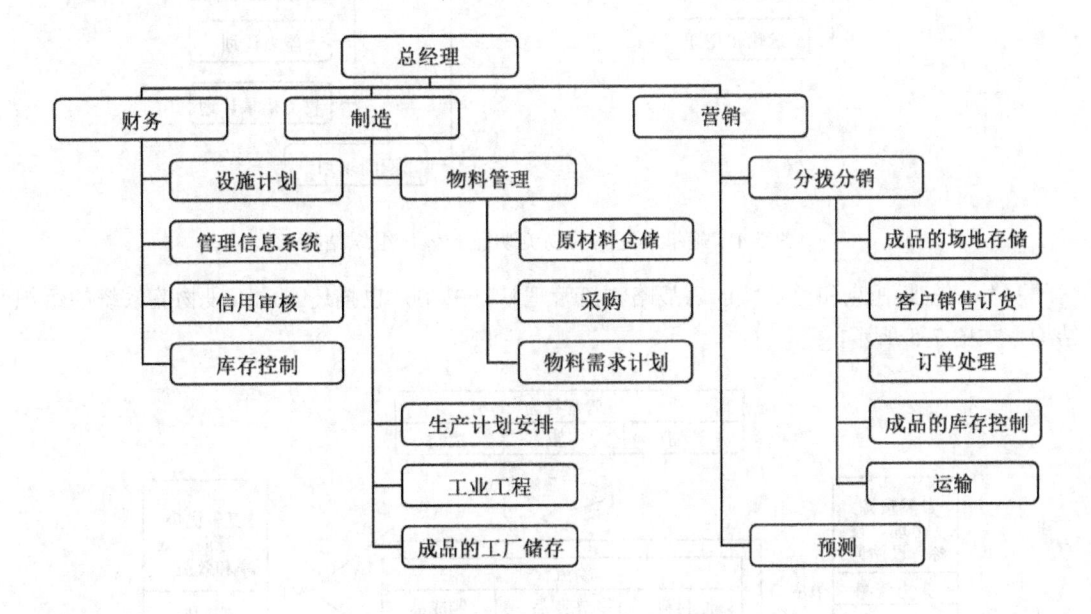

图 7-3　职能集成阶段的物流组织结构

(资料来源:唐纳德·J·鲍尔索克斯. 供给链物流管理[M]. 李习文,王增东,译. 北京:机械工业出版社,2004.)

在此阶段,没有专门的物流部门对物流工作进行统一的规划和控制,物流的组织职能被分割到整个公司的各个部门,这样使物流各方面的工作缺乏部门之间的协调,造成重复和浪费。随着职能的集成,开始有一部分物流活动由专门的部门来负责进行平衡和协调。

2. 物流功能一体化组织阶段

物流功能一体化组织,即在一个高层物流经理的领导下,统一所有的物流功能和运作,将采购、储运、配送、物料管理等物流的每一个领域组合构成一体化运作的组织单元,形成总的企业内部一体化物流框架(见图7-4),图为鲍尔索克斯在《供给链物流管理中》一书中提出的一体化的物流组织。

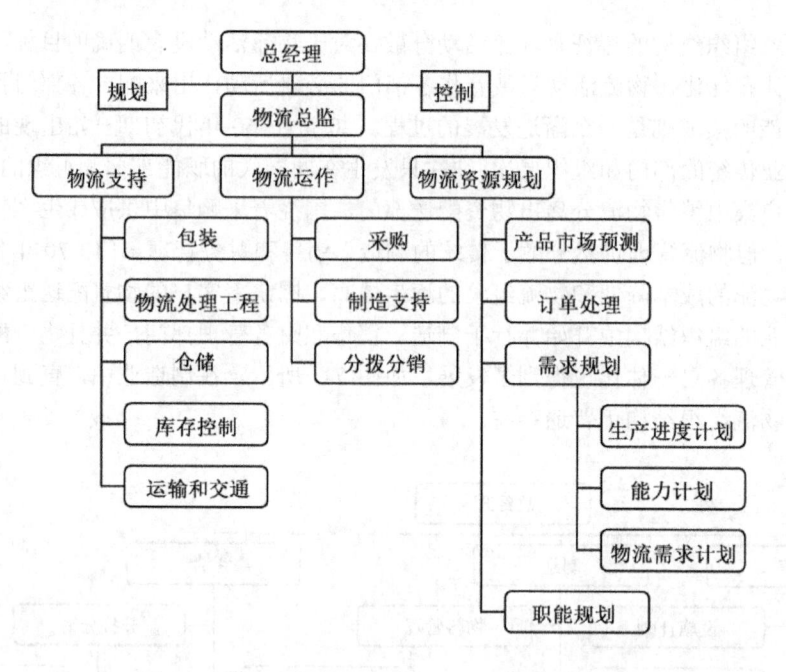

图 7-4 鲍尔索克斯的物流功能一体化组织结构

另外，在斯托克和兰伯特的《战略物流管理》一书中，也描述了此阶段物流系统的组织结构，如图 7-5 所示。

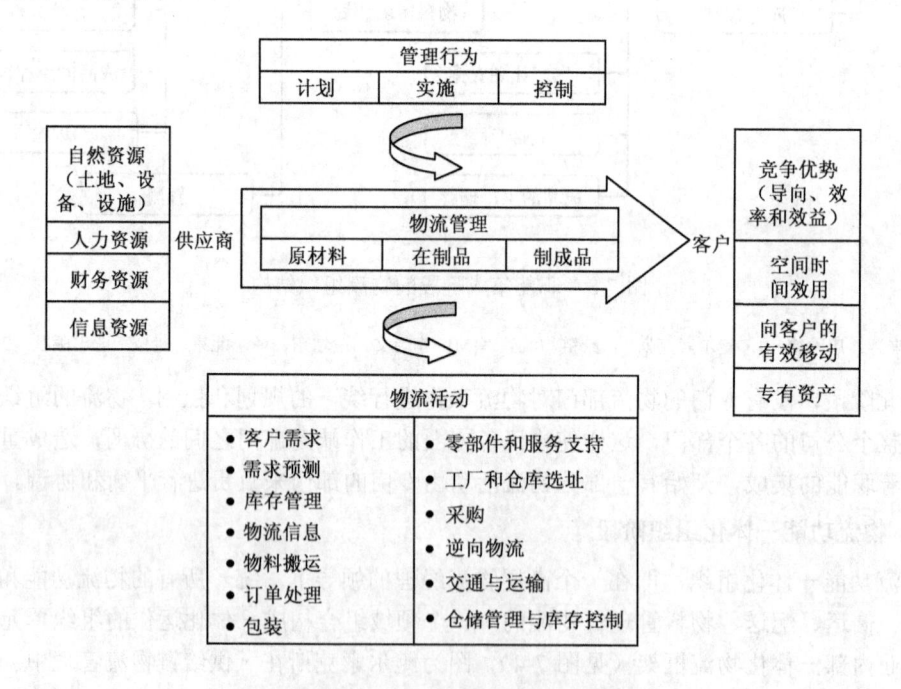

图 7-5 斯托克和兰伯特的物流组织结构

这个框架的物流系统的边界相对来说比较宽泛，从功能上讲，不仅包括传统物流的 7 大经典功能（运输、存储、包装、装卸搬运、流通加工、物流信息、增值服务），同时还包括商流范畴的采购、需求预测等功能。这些物流职能被集成在一起，共同完成物流系统的任务。

此外，在爱德华·佛莱哲利的《物流战略咨询》一书中，同样也给出了职能一体化的物流系统组织结构，如图7-6所示。

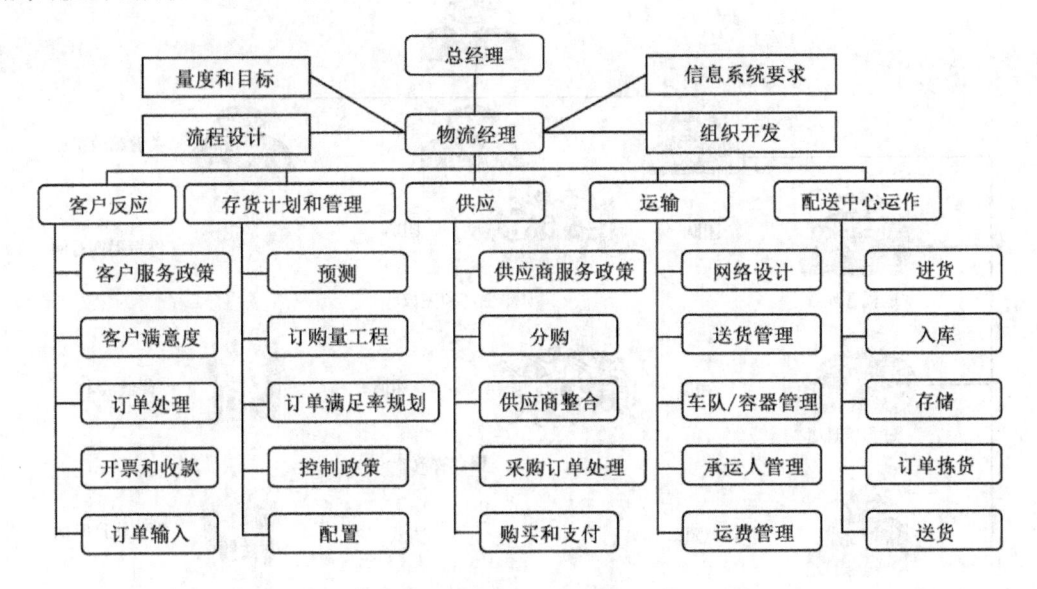

图 7-6　爱德华·佛莱哲利的物流组织结构

上述一体化的物流组织结构有以下几个特点。

（1）强调了物流资源计划对企业内部物流一体化的重要作用。此组织结构中的权利和责任使得每一项支持性服务都可作为总的整合物流系统的一部分来直接操作。由于运作的责任和权利都很明确，各部门不仅可以协调工作，还可以灵活地运作各部门所要求的关键服务。

（2）强调了各物流支持部门（仓储、运输、包装等）与物流运作部门（采购、制造物料流和配送等）直接沟通，各部门之间能够进行有效地利益互换。

（3）物流资源规划包含了由管理信息系统进行协调运作的全部内容。订单处理引发物流运作，产生了整合控制所需要的数据库，物流资源规划则促成了整合。

（4）在组织的最高层次设置了计划和控制处，从总体上负责物流发展战略的定位、物流系统的优化和重组、物流成本和客户服务绩效的控制与衡量等。

尽管20世纪80年代初这类物流组织已开始出现，但是由于集中化物流运作的种种困难，并且此类组织结构本身又存在着大而复杂的弊病，因而其应用并不广泛。

3. 物流过程一体化组织阶段

20世纪90年代以来，在彼得·圣吉的学习型组织理论及迈克·哈默和詹姆士·钱皮的企业流程再造理论的影响与指导下，扁平化、授权、再造和团队的思想已被越来越多的企业所理解并接受，企业的组织开始进入了一个重构的时代。物流管理也由重视功能转变为重视过程，通过管理过程而非功能来提高物流效率已成为整合物流的核心。物流组织不再局限于功能集合或分隔的影响，开始由功能一体化的垂直层次结构向以过程为导向的水平结构转换，由纵向一体化向横向一体化转变，由内部一体化向内外部一体化转变，如图7-7所示。从某种意义上说，矩阵型、团队型、联盟型等物流组织形式就是在以物流过程及其一体化为导向的前提下发展起来的，尤其是团队组织。由于现代企业存在大量的跨职能、跨领域的任务需要完成，团队组织尤其适合这种高科技企业，并且已经成为欧美企业物流组织的发展趋势。

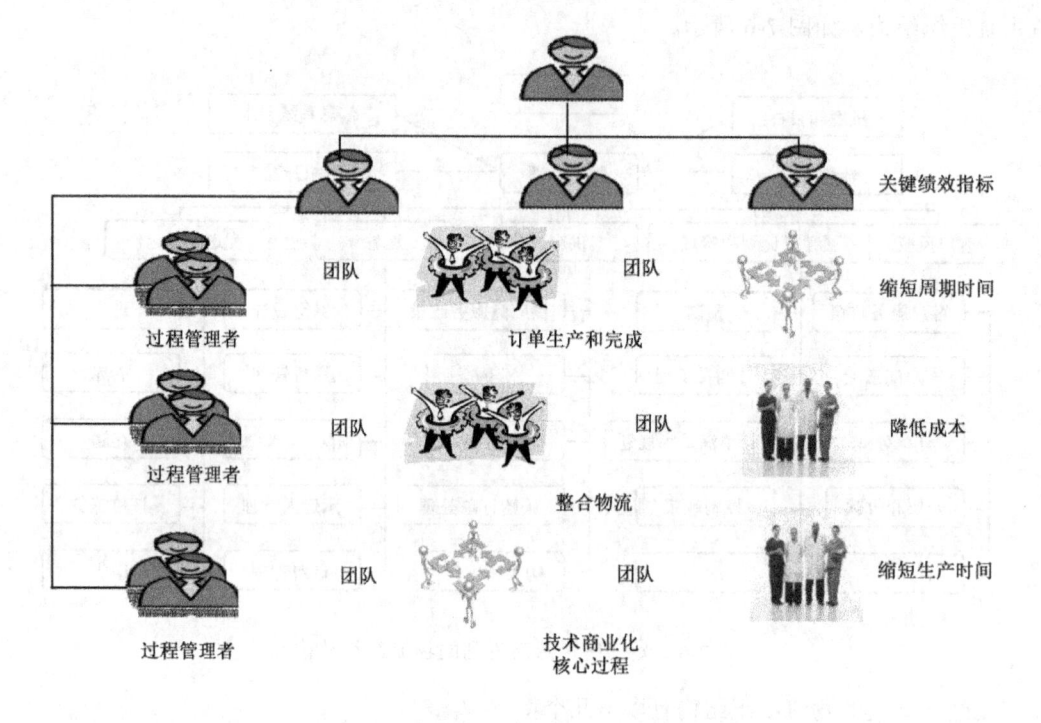

图 7-7 过程一体化的物流组织结构

这种组织结构一般具有以下三个特点。

（1）开发一个全员参与的工作环境，在这个环境中，以自我指导的方式来激励员工，使其发挥最大潜能。

（2）通过过程管理而非职能管理提高生产力。

（3）准确信息的快速传递、共享，有利于整合组织的各个方面，信息技术代替组织层次已成为新企业的承载结构。

4．虚拟与网络化物流组织阶段

虚拟物流组织实际上是一种非正式的、非固定的、松散的、暂时性的组织形式，它突破了原有物流组织的有形边界，通过整合各成员的资源、技术、顾客市场机会等，依靠统一、协调的物流运作，以最小组织实现最大的物流功能。网络化物流组织是将单个实体或虚拟物流组织以网络的形式紧密联合在一起，是以联合物流专业化资产，共享物流过程控制和完成共同物流目的为基本特性的组织管理形式。20 世纪 90 年代中期以后，信息和网络技术的快速发展，为虚拟与网络化物流组织的产生和发展提供了有利的外部环境。特别是当企业引入了供应链管理的理念后，物流将从单个企业扩展到了供应链上的所有企业，虚拟与网络化物流组织将可能成为一种更加有效的物流组织运作形式。就目前而言，企业对此类组织形式的应用探索才刚刚开始。

7.2 物流组织形式

7.2.1 职能型组织

早期的物流管理方式是以职能划分为中心进行管理的。职能型组织将生产、营销、财务、物流等一系列活动划分为企业的单个职能或部门,各职能部门的调整全部由最高经营层决策。职能型组织结构的优点有:① 拥有专业化优势,通过将同类专业人员组合在一起,可从劳动分工中取得效率性;② 可以减少人员和设备的重复配置。缺点:① 组织中各部门常常会因为追求职能目标而看不到全局的最佳利益,没有一项职能对最终结果负全部责任;② 无法按部门进行利益管理,无法实现从生产到经营等各职能阶段成本的控制和正常价格的计算,因而根本无法实现物流成本控制。

7.2.2 事业部组织

事业部制是一种分权式的管理方式。通常情况下,每个事业部都是自治的,由事业部经理对全面绩效负责,同时拥有充分的战略和运营决策的权力。其中,对物流活动的管理也由各个事业部单独进行。事业部制的优势十分明显,由分部经理对一种产品或服务负完全的责任,管理责任明确且易于实施成本控制,同时提高了企业经营的灵活性。但是随着市场变化的加速、消费者需求的多样化,事业部制的组织结构也在某些方面显现出不足。从事业部自身所负责的业务来看,事业部虽能灵活应对市场变化,并有效地进行盈亏管理,但事业部层次的效率化对整个企业而言并不一定是最有效的。例如,新产品开发已不是单个事业部的活动,而是一种跨越事业部界限的整个企业的战略行为,这就使完全的事业部制存在着很多制约因素。此外,事业部结构的另一主要缺陷就是活动和资源出现重复配置。例如,每一个分部都有一个物流部门,而在不采用自治分部的场合,组织的所有物流活动都是集中进行的,其成本远比分部化以后的总费用低得多。因此,有必要对原有的组织结构进行改革,将某些管理或创新职能从事业部制中分离出来,由企业统一指挥、实施,这样既保证战略管理的统一性,发挥企业的整体优势,又能使企业灵敏地应对市场变化,发挥事业部机动性、创造性的特征。例如,2000 年,海尔对全集团的物流资源进行重组,成立物流推进本部,对过去分散在各个事业部的采购、仓储、配送业务进行统一规划与管理。仅统一采购彩色显像管一项,全年至少节约 580 万元。通过 JIT 统一配送管理,又使库存占用资金由原来的 15 亿元降为 7 亿元。

事业部制改革的一项重要内容就是调整物流管理在企业组织中的地位。在经济高速增长、产品营销阶段,企业经营的核心是产品的生产,物流只是生产的附属职能。但随着市场竞争的加剧和需求的多样化发展,产品营销哲学已不能适应低经济增长期需求创造和市场维系的要求。以顾客需求为中心的生产营销体系已成为整个企业管理活动的目标和标准,这种变化从如下几方面影响着物流管理。首先,从产业力量对比来看,随着营销理念的变化,零售业正在取代厂商成为流通过程的主角,尤其是以高附加值、低价格为主导的仓储商店、折扣店等新型零售业。这就要求降低从厂商经批发商到零售商各阶段的企业调运成本,以及削减各企业的内部费用。在这种状况下,原来单纯的事业部制已不能适应零售企业不断降低成本的要求。其次,作为厂商,在当今激烈的市场竞争中,为了满足顾客的需求生产出高附加值的产品，就必须随时了解市场动态和本企业产品在流通过程中的信息，包括商品在途、库存及周转等信息资源，这对于只从事个别品种生产、经营的事业部来说是难以实现的。因此，物流管理在组织中的调整已成为一种必然，而要打破事业部的界限，将物流管理活动统一化和集中管理，成立全企业的物流组织则将是一种新型的现代事业部组织形式。

在这种组织形式下，物流总部的设立并不一定是将物流现场作业全部集中到总公司进行，一般情况下，物流现场作业仍由各事业部独自展开，物流总部的职能则是从流通的全体来建立基本的物流体系，决定物流发展战略，并在与现场作业相吻合的条件下，不断完善物流管理体系并推动其发展。

7.2.3 矩阵型组织

矩阵结构的设置既可以是临时性的，又可以是永久性的。临时性的矩阵中，一个项目小组只在该项目的生命周期内存在，这个期间可能是几个月或几年。而在永久性矩阵中，产品小组相对来说可存在相当长一段时间。

企业的物流运作与计划往往贯穿于企业组织结构的各种职能之中。消费者需求的多样化、产品生命周期的缩短、市场竞争的加剧，对物流运营均提出了更高的要求。这就要求物流与营销和制造等功能领域相结合，将运输、库存、新产品开发、柔性制造和顾客服务整合起来，一些现代企业就采用了矩阵式组织结构。在此结构中，物流管理者负责包括物流与其他几个职能部门相交叉的合作项目。物流经理负责整个物流系统，但对其中的活动并没有直接的管辖权。企业传统的组织结构仍没有改变，但物流经理分享职能部门的决策权。各项活动的费用不仅要通过各职能部门的审查，还要通过物流经理的审查，各部门只有协调合作才能完成特定的物流项目。显然，这种新型的组织兼有职能型组织和事业部组织两者的优势。

7.2.4 委员会结构和任务小组

物流组织的主要目标是规划不同的物流活动并保持这些活动的协调一致。这种协作可以通过一些非正式的组织达成，即不改变现有的组织结构，而使用合作或建议等方式来达成负责这些活动的员工之间的协作，良好地协调各种物流活动。这种非正式的物流组织大致分为委员会结构和任务小组两种。它们的优点是具有很大的灵活性。委员会结构可将多人的经验和背景结合起来，跨越职能界限地处理一些问题。委员会可以是临时性的，也可以是永久性的。它有些类似于矩阵结构，但它实际上只是组织的一种附加设计。这种委员会的成员由各主要物流环节的人员组成，委员会提供沟通的方式，成员们定期或不定期地聚集在一起分析问题，提出建议，协调活动，做出决策或监控项目的进行。

任务小组则是与委员会结构相类似的一种非正式组织，是一种临时性结构，其用来达成某种特定的、明确规定的复杂任务。任务小组涉及许多组织单位人员的介入，可以看作临时性矩阵的一种简版。任务小组的成员一直服务到目标达成为止。委员会和任务小组都可以解决特定状况下出现的问题，如新的物流设施选址问题等。从实质上说，临时性委员会等同于任务小组。永久性委员会比任务小组更具稳定性和一致性。这两种组织方式的共同点在于成员均来自不同的背景，有不同的经验和学识，他们之间的协作所产生的成果显然比成员各自的技能简单相加要有效得多。

7.2.5 网络结构

网络结构泛指组织间为获取、强化资源,以增进其竞争优势而形成的各种形式的连接关系,如合作协定、合资、授权、策略联盟等。在信息时代,企业把资源和权力放到许多个分子上,每个分子都是一个经营单位,拥有个别的核心专长,分子间可依不同需求彼此整合成团块合作,以保持一定的竞争能力。单一分子还可以自由地对外寻求适合对象进行整合,由于是独立运作,所以各分子都能保有相当的应变速度和弹性。网络结构适用于各种企业组织。

随着信息时代的来临、互联网的应用,国与国之间、企业与企业之间的疆界逐渐消失,经营哲学的典范已由原先讲求"职能间分工、组织部门间整合"的传统组织,转变为"专业价值创造、跨组织间整合"的网状组织。由于只有很小的中心组织,所以它是一种依靠其他组织以合同为基础进行制造、分销、营销、物流或其他关联业务的经营活动的结构。耐克公司就是采用这种组织结构的公司。

这种组织结构可使企业对于新技术、时尚,或者来自海外的低成本竞争,具有更强的适应性和应变能力。在网络结构中,企业将生产、物流等职能活动外包出去,这就给企业提供了高度的灵活性,同时可使组织集中精力做他们擅长的事。

7.2.6 战略联盟

前述的组织结构主要适用于企业内部组织,而随着供应链管理等物流一体化战略的兴起,企业的注意力开始转向企业之间的关系。企业的组织形式也随之改变。根据供应链管理的特点,实行战略联盟是一种很有前途的组织形式。

由于供应链成员之间既相互独立又相互依存,因此彼此间需要开展纵向合作。同时,绝大多数物流服务表现出高度的核心专业化,它们的利益产生于规模经济,并很容易受规模经济的影响。这就促进了企业相互间的横向联盟。实践表明,在供应链之间形成联盟,能普遍提高企业自身的竞争能力和竞争效率。

一般来讲,供应商与客户之间、同行业企业之间、相关行业企业之间、不相关行业企业之间,都可能在物流领域实现战略联盟,特别是生产型企业与专业物流企业之间,通常被称为"第三方物流"合作。战略联盟的形式很难予以归类,但联盟各方的最终目的都是保障彼此的长期业务合作,建立战略性合作伙伴关系。战略联盟可能会衍生出合资经营、技术共享、采购与营销协议等多种形式,但企业在组织战略联盟时必须注意保持自身的核心能力。

7.3 物流组织设计的影响因素

对物流组织进行设计,除了按照一般组织设计的逻辑和规范外,还必须结合企业的实际情况综合考虑以下几个因素。

(1)企业类型。物流组织所体现的重点因企业的所属类型不同而有所不同。对生产型企业来说,物流组织的管理重点一般侧重于生产物流和运输,因此,必须建立正式的物流组织和流程;而对于销售型企业来说,其业务主要集中在营销活动和销售物流活动上,因此,可以采用更为灵活的管理组织形式。

(2)企业经营战略。在组织设计时,应充分关注影响服务水平和物流成本的经营活动,通过集中管理采购、生产、库存、运输和订单处理等活动来对其进行统一管理。当企业的生产和销售战略发生重大变化时，物流组织也将发生相应的调整。

（3）企业规模。大规模的企业具有较为复杂的管理组织结构和相对较多的管理层次，物流组织设计也应体现更高程度的专业化及横向、纵向的管理分化；小企业由于不具备专业化的物流管理机构，因而倾向于采取定向不明确的集中组织管理机构。

（4）企业环境的动态变化。企业在对物流组织进行设计的过程中，还应充分考虑环境的变化趋势，市场环境的变化将直接影响企业未来的生产战略、市场战略、联盟战略等。例如，需求的分化将导致以客户为导向的企业市场战略的形成，因此，企业必须加强对客户服务业务的管理组织的构建；又如，整合更多的下游分销商将导致仓库和库存水平的增加，这就要求物流组织应具备柔性特征。

7.4 物流组织的设计要求与管理框架

7.4.1 实施物流组织设计的要求

1. 以客户需求为导向

以客户需求为导向，主要追求提高物流效率、降低物流成本，是一种推动型物流服务模式。而大规模定制物流旨在充分识别客户的物流需求，并根据需求特征进行市场细分，从中寻求差别化的物流战略，从而通过对物流功能的重组和物流操作的重构，提供客户化定制物流服务，是一种需求拉动型物流服务模式。

2. 以现代信息技术和物流技术为支持

要在获得规模经济效应的同时提供客户化定制物流服务，必须依靠现代信息技术和物流技术的支持，包括电子数据交换、条形码、电子自动订货系统、全球卫星定位系统、地理信息系统、射频技术等。这些技术使企业能采用先进的管理方法，如快速反应、有效客户反应、准时制管理等；能提供客户要求的供应商管理库存计划、提前运作商品的预测和计划、上架准备等特定服务；能支持工厂和仓库中新增的物流活动，如越库操作、运输调度及回程安排等。

3. 以物流细分为手段

通过对物流需求的细分，划分出客户群，并根据每个客户群的需求特征确定物流服务水平，从而避免为单个客户定制物流服务水平的复杂性和低效率。从产品角度进行的市场细分可以充分识别客户需求，进而确定目标市场，寻求差别化市场机会，提供每个客户群所需要的产品。同样，从物流角度进行市场细分，可以明确各个客户群的物流需求，并在此基础上实施差别化物流服务战略，提供客户所需要的物流服务。

4. 以物流功能模块化及标准化为基础

物流服务功能主要包括运输、储存、包装、装卸搬运、配送、流通加工、信息处理等，各个功能可以作为物流服务的模块，并进行标准化。各模块功能的实现可通过自营或外购的方式获得，以每个组织的核心竞争力为依据确定自营功能模块及外购非核心能力的功能模块。在实现标准化的过程中，可以运用标杆方法，以该功能领域的领先者或竞争对手为标杆，实现物流设施设备、物流操作等的标准化。最后，根据客户的具体需求进行物流功能模块的组合，以物流服务总效益最大化为指导，实现各功能模块的协调。

7.4.2 物流组织管理框架

物流系统运营的主体是生产型企业、商品流通企业的物流部门和专业的第三方或第四方物流公司，而物流系统运营管理的对象实际上就是维持生产型企业、商品流通企业正常生产经营活动的物流后勤保障。

物流公司是一个纯粹、专一的后勤支撑和服务部门，是独立于工商企业之外的专业化物流公司，更是一个服务性企业。无论在哪种类型的物流运行过程中，都要涉及多方面的合作，如图 7-8 所示的物流组织管理框架。该框架中的每个层次都包括许多相关因素，这些因素只有共同协作、密切配合，才能够有效地发挥物流系统运作的效率和效益。

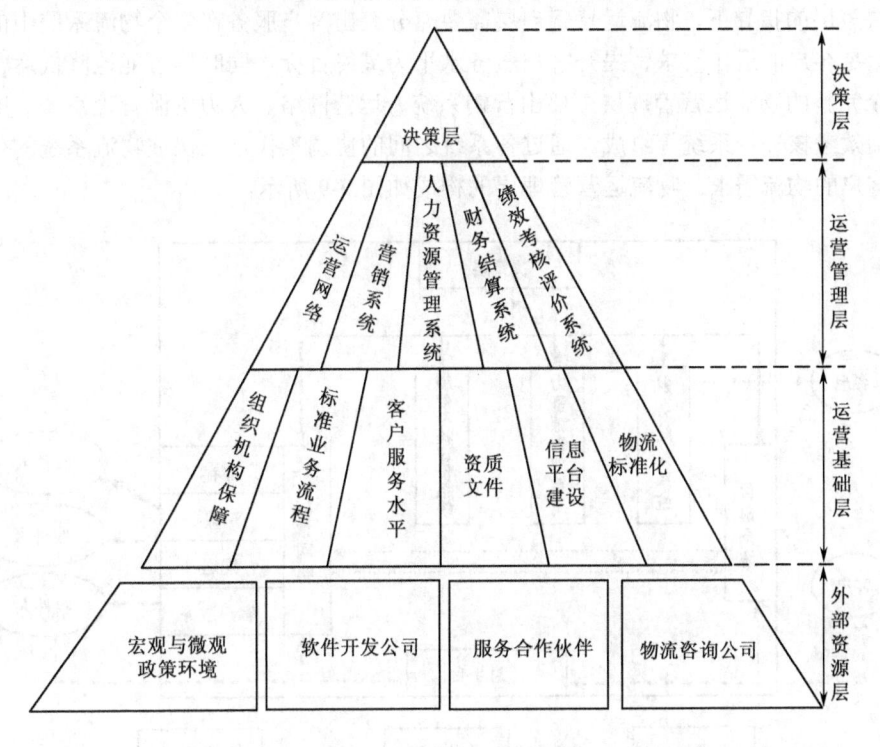

图 7-8 物流组织管理框架

（资料来源：鲍新中，程国全，王转. 物流运行管理体系规划[M]. 北京：中国物资出版社，2004.）

1. 决策层

对物流系统而言，可以由董事长和高层管理人员组成企业物流组织的决策层，制定总体发展战略。而对于生产型企业的物流职能部门来讲，可以由公司总经理、物流主管副总经理、物流部门经理及生产、销售、财务等部门负责人组成物流系统决策层。决策层的主要职责一般包括以下几个方面[①]。

（1）制定物流企业总体发展战略及生产型企业物流发展总体规划。
（2）物流市场定位决策。
（3）物流网络的布局决策。

---

① 鲍新中，程国全，王转. 物流运行管理体系规划[M]. 北京：中国物资出版社，2004.

(4) 设施设备的投资决策。
(5) 物流战略联盟决策。
(6) 物流企业资本运作决策。
(7) 物流高级经理的选择和考核。
(8) 物流企业利润分配方案的确定。

2. 运营管理层

为了保证物流系统的管理质量和运作效益，需要参与运作的各个机构与人员相互配合，最大限度地发挥物流系统内部各种资源的潜力，保证物流系统的高效运作和运转通畅。

在决策层的指导下，物流运营管理层需要充分突出客户服务在整个物流系统中的核心地位，以满足客户的运作需求、提升客户服务水平为最终目标，同时尽可能地降低运营成本。

一个完整的物流运营管理层主要由营销系统、运营网络、人力资源管理系统、财务结算系统和绩效考核评价系统等组成。通过各系统之间的协调工作，来保证物流系统的效益，保证满足客户的物流需求。物流运营管理层的构成如图 7-9 所示。

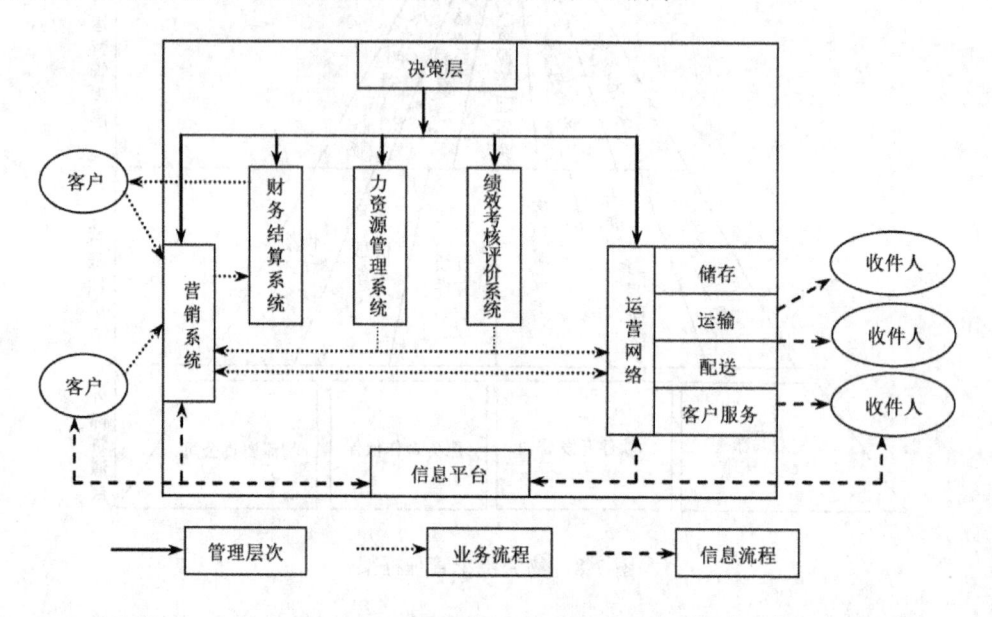

图 7-9 物流运营管理系统构成

（1）营销系统。营销系统是物流企业根据决策层的市场定位及经营管理决策，结合物流市场特点和自身资源特点，以及物流运作的要求而设立的，其主要职能是根据市场定位负责物流市场和客户的开发。对于生产型企业的物流管理部门来说，营销部门的主要职能是负责供货商的选择与管理，以及物资货物的采购等。

（2）运营网络。运营网络是物流运营的实体作业及其管理部分，是物流服务的具体作业层面，直接承担着物流业务的运作。在物流活动中，由运营网络系统接收营销系统传来的订单任务，通过各个物流环节的协调作业，完成整个体系的资源调度、指挥、协调及业务总体运作，极具客户化的业务流程，直接控制着物流过程。

物流运营网络一般由相应的储存、运输、配送、客户服务等环节组成。物流企业和货主企业的物流部门应该根据自身的资源状况及客户物流服务需求，规划设计出完整的物流运营网络,并设置相应的运营指挥调度体系,保证向客户提供完美的服务。

(3) 财务结算系统。物流服务系统是一个全球化的大型系统,不但涉及企业内部物流系统本身,还涉及社会各个系统。在为客户提供物流服务的过程中,需要与客户、收件人、物流合作伙伴、承运人、信息服务企业等各个方面发生业务关系。如何协调各环节的业务关系,完善的结算体系是不可或缺的。通过合理的结算体系,可以确保各方面的利益,促进整个服务链的效率达到最优。同时,从企业内部的角度考虑,通过设置有效的财务结算系统,可以为物流运营管理体系的决策层和管理层提供有用的决策管理信息。

(4) 绩效考核评价系统。在物流运作过程中,应随时根据质量控制标准负责对物流服务质量进行监控,确保每个作业环节的高效及合理运行。对物流的运营过程及总体情况做出最终的考核评价,进行相应的惩罚和改进,使整个物流系统越来越流畅、规范。

(5) 人力资源管理系统。物流企业及货主企业物流部门的一个重要工作,就是建设一支核心专业技术和管理团队,并有效地做好员工队伍建设工作,这是关系到物流运营及物流系统经营成败的关键。对物流运营过程来说,核心管理和技术团队是至关重要的,他们代表了物流企业和货主企业物流部门的专业水平,而具体物流系统的效益和效率却是通过每一个实际操作人员的能力和水平来体现的。因此,物流系统的人力资源管理应以核心团队和具体从事物流业务操作的员工队伍两个层面为基础,并以核心团队的建设、协调和稳定运行为主来开展。而对于操作层面的员工规划管理,则应制定相应的人力资源管理政策和制度,实施有效的员工招聘、绩效考核、工资薪酬和培训制度,为物流系统的运营创造良好的人力资源环境。

3. 运营基础层

该层是物流运营组织基本的管理层次,是物流系统各环节中的最终完成者。它要求按照物流运营管理层分解细化的作业目标,按时按质地完成每一项作业。具体来说,包括物流运营过程中各个作业环节的管理,如入库管理作业、质量检验作业、仓储管理、配货、配载等。

4. 外部资源层

此层的工作职责主要是通过各种途径收集对企业发展和运作有价值的信息,以使决策层提高决策质量。

7.5 物流组织的设计

7.5.1 物流组织设计的基本原则

结合物流系统和物流运作的特点,物流组织设计的基本原则是精简、统一、自主、高效。

(1) 精简原则。物流组织的组建要同物流系统经营规模和任务相适应,在服从物流服务需要的前提下,因事设机构、设职,因职用人,力求精兵简政,尽量减少不必要的机构和人员,以达到组织设置的合理化、高效化。要明确各级组织的职责范围、权限及相互间的协作关系,具有健全和完善的信息沟通渠道,制定合理的奖惩办法,还要有利于发挥员工的主动性、积极性,使员工全身心地投入到工作中。

(2) 统一原则。组织内各部门、各环节必须是一个有机结合的组织体系。各层次的组织形成一条职责、权限分明的等级链,不得越级指挥与管理,谁命令、谁执行要分工明确,自上而下逐级层层负责，以保证物流任务的顺利完成。

（3）自主原则。各等级链上的各组织都在各自的职责和权限范围内，独立自主地履行职能，充分发挥各级组织的主动性、积极性，提高管理工作效率。上级对下级在其职责范围内的决定不得随意否定。

（4）高效原则。效率是各级组织的根本目标，是验证组织合理与否的准绳。因此，必须科学分工，明确职责，实行责任权利的统一，从而有利于提高管理效率和全员劳动效率。

7.5.2 物流组织的构建

物流组织的构建是一项复杂的工作，需要根据客户的要求确定承担物流工作所需的各类设施的数量、地点与功能，同时组织的结构与能力必须适应物流信息传递和物流作业能力的具体要求。

从整个供应链的计划调度过程看，物流组织的功能应该包括采购计划、生产计划、库存计划、补货计划、运输计划的生成，以及与这些计划相联系的流程控制的管理。物流组织具体包括以下几个基本的功能。

（1）协作平台。物流计划和执行的过程是一个企业内部各部门之间，乃至与供应链上下游合作伙伴的协作过程，因而需要建立一个供应链环节和伙伴之间各方信息共享的流程平台，使补货、运输、采购、订单处理等流程的各个阶段的角色都能够同步工作。

（2）预测系统。根据多种因素对不确定的市场进行预测。

（3）优化系统。根据多种约束条件产生优化的资源调度，如生产调度计划、库存计划、补货计划等。优化系统主要应用在两个方面：一方面，面向销售，实现需求与供给之间的最优化平衡，在确保恰当的服务水平的基础上实现库存水平、物流费用最低；另一方面，面向复杂的生产环境，通过优化的生产及采购安排和调度，实现生产线、外包、原材料采购等多因素的综合成本最低并缩短前置时间。

（4）事件管理。意外事件的管理、报警及监控。

7.6 物流管理信息系统

从物流运作层面上分析，物流系统实际上主要由物流实务运行系统和物流管理信息系统两部分构成。物流实务运行系统的中心一般建在物流中心（储运仓库、配送中心），物流管理信息系统一般建在企业的信息中心，二者分别独立运行，但又紧密联系、互相依赖、不可分割。物流管理信息系统的特点可概括为以下七个方面。

（1）是一个人机结合的辅助管理系统。管理和决策的主体是人，计算机系统只是工具和辅助设备。

（2）主要应用于结构化问题的解决。

（3）主要考虑完成例行的信息处理业务，包括数据输入、储存、加工、输出，生产计划，生产和销售的统计等。

（4）以高速度、低成本完成数据的处理业务，追求系统处理问题的效率。

（5）目标是要实现一个相对稳定、协调的工作环境。因为系统的工作方法、管理模式和处理过程是确定的，所以系统能够稳定协调地工作。

（6）数据信息成为系统运作的驱动力。因为信息处理模型和处理过程的直接对象是数据信息，只有保证完整的数据资料的采集，系统才有运作的前提。

（7）在设计系统时，强调科学、客观的处理方法的应用，并且系统设计要符合实际情况。

物流管理系统可广泛应用于第三方物流企业、储运公司、仓储配送中心等，主要包括仓储管理信息、运输管理、配送管理、报关报检管理、货代管理、结算管理、客户管理和客户服务管理等系统。

1．仓储管理系统

仓储管理系统是对不同地域、不同类别、不同规格的所有仓库资源进行集中管理，同时可采用条形码、射频等先进的物流技术，对出入仓货物进行货物登记、移库盘点、库存检索、租期报警等仓储信息的管理。该系统支持包租、散租等各种租仓计划，支持平仓和立体仓库等不同的仓库格局，并可向客户提供远程的仓库状态查询、账单查询、图形化的仓储结构和货物存储位置查询。

2．运输管理系统

运输管理系统是对所有运输工具，包括自有车辆、协作车辆等进行车辆调度管理，支持全球卫星定位系统（GPS）和地理信息系统（GIS），实现车辆的运行监控、调度、成本核算，并提供网上车辆及货物的跟踪查询。

3．配送管理系统

配送管理系统以最大限度地降低物流成本、提高运作效率为目的，按照即时配送（JIT）原则，满足生产企业零库存生产的原材料配送管理，并结合先进的条形码技术、GPS/GIS技术、电子商务技术，实现智能化配送。

4．报关报检管理系统

报关报检管理系统是集货物进出口报关、商检、卫检、动植物检疫等功能的自动信息管理于一体，满足客户跨境运作的需求。

5．货代管理系统

货代管理系统是记录物流公司与所有海、陆、空、铁路业务往来的系统。配合物流的其他环节，实现物流的全程化管理，提供门到门、一票到底的物流服务。

6．结算管理系统

结算管理系统是对企业发生的物流服务项目实行价格一条龙管理，包括多种模式的仓租费用、运输费用、装卸费用、物流加工费用、配送费用、货代费用等各项费用的计算。同时提供与财务系统的接口，实现财务数据的无缝流转。

7．客户管理系统

客户管理系统是通过对客户资料的收集、分类和管理，全面掌握不同客户群体、客户性质、客户需求等相关客户信息，以提供最佳客户服务为宗旨，同时挖掘潜在的客户资源。

8．客户服务管理系统

客户服务管理系统是物流服务信息对外的一个窗口，也是客户与企业交流的重要手段，包括数据查询、网上下单、数据下载等各类服务，同时提供各类客户定制服务，如邮件服务、短消息通知等。

本章小结

> 物流组织一般是指以物流经营和管理活动为核心内容的实体性组织。从广义上讲，物流组织可以是企业内部的物流管理和运作部门、企业间的物流联盟组织，也可以是从事物流及其中介服务的部门、企业及政府物流管理机构。

> 物流组织的发展经历了物流功能集成化阶段、物流功能一体化阶段、物流过程一体化阶段、虚拟与网络化物流阶段四个阶段。

> 物流组织有职能型、事业部型、矩阵型、委员会结构和任务小组、网络结构、战略联盟结构。在进行物流组织设计时，应考虑企业类型、企业经营战略、企业规模及企业环境的动态变化等因素。

> 在实施物流组织设计时，应以客户需求为导向、以现代信息技术和物流技术为支持、以物流细分为手段、以物流功能模块化、标准化为基础。

> 物流组织分为决策层、运营管理层、运营支持层和外部资源层四个层次。

> 物流管理信息系统的主要功能有仓储管理、运输管理、配送管理、报关报检管理、货代管理、结算管理、客户管理及客户服务管理等。

案例分析

XYZ 公司物流系统分权式组织结构的设计

基于公司为大客户提供一体化物流服务且每个客户的物流运营相对独立的特点，XYZ公司对每个大客户实行事业部管理体制，即以每个大客户成立一个事业部，实行相对独立的经营管理和独立核算。由于大客户遍布国内各个省市，因此，公司开发一个大客户，就可以根据客户的地域或物流服务的需要在当地建立一个相对独立的分公司。每个分公司都是独立的利润中心，这是一种典型的按照客户设计的事业部制管理模式。每个分公司执行客户的物流运营业务，而总公司则负责信息服务、客户开发和财务控制，不参与具体的执行业务。公司组织结构如图7-10所示。

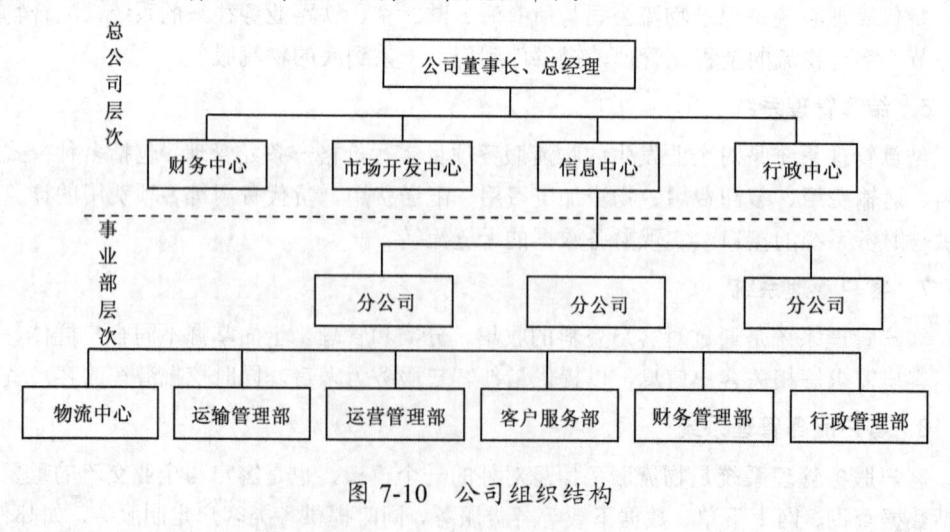

图 7-10 公司组织结构

总公司主要负责大客户物流市场的开发和签约，提供物流信息技术支持、财务核算和财务管理，以及各区域公司之间的物流运营协调管理等。具体来讲，总公司各部门职责进行了如下分工。

（1）市场开发中心。负责物流市场的开发，根据市场定位，在电子、医药、汽车零配件等领域，在经济业务发达的地区开展物流业务开发。

（2）信息中心。负责物流管理信息系统的建立和维护，负责系统管理软件的开发，负责向客户提供信息技术支持，实现与客户的有效信息对接。

（3）财务中心。负责总公司的财务核算、公司内部核算和客户之间的费用结算等，并对公司实行投资、筹资、利润分配等财务管理。

（4）行政中心。负责人力资源的管理和开发，并制定人力资源管理政策。

各个分公司一般设在客户集中地区，作为公司提供业务服务的执行部门，主要职责也包括物流运作和管理监控、物流作业的协调、客户的日常管理、物流伙伴的选择和管理等。下设六个部门：① 运营管理部，负责定期接受客户发货计划，合理调配物流资源，根据客户要求制定物流作业流程，对物流服务质量进行控制等。② 客户服务部，负责联络客户、异常处理、客户查询服务并接受客户投诉。③ 物流中心（仓储部），负责客户货物的接收或储存、分拣包装、发货、配送等。④ 运输管理部，负责运输业务，按照客户要求将货物运送到指定地点。⑤ 财务管理部，负责本事业部内的财务核算和财务管理。⑥ 行政管理部，负责对内对外的事务管理、工资福利待遇管理及后勤管理等。

复习思考题

1. 什么是物流组织？
2. 物流组织的发展经历了哪些阶段？
3. 物流组织的基本结构有哪些？
4. 影响物流组织设计的因素是什么？
5. 物流组织的管理层次有哪些？
6. 物流管理信息系统有哪几个主要功能？

第 8 章 物流系统的评价与控制

学习目标

1. 理解物流系统评价的原则。
2. 了解物流系统综合评价的步骤。
3. 掌握物流系统评价的方法及方法的具体实施。
4. 理解物流系统控制的概念及基本内容。
5. 掌握物流系统控制的分类。
6. 掌握物流系统控制的模式。

系统综合评价是对系统设计提供的各种可行性方案,从社会、政治、经济、技术的角度给予综合考察,全面权衡利弊,从而为系统决策提供科学依据。物流系统综合评价在物流系统规划和设计工作中占有极其重要的地位,是物流系统规划和设计不可缺少的一环,同时也是一件非常困难的工作。物流系统决策是各层次物流管理者日常工作中重要的工作内容之一,如企业物流战略决策、存储水平决策、运输路线选择等,物流决策正确合理与否,小则关系到能否实现预期的目的,大则影响企业的战略目标能否实现,甚至决定企业的成败,关系区域乃至国家的经济发展。因此,掌握科学的决策原理和方法对物流系统工作至关重要。

8.1 物流系统的综合评价

物流系统评价是系统分析中复杂而又重要的一个环节。它是利用模型和各种数据,从系统的整体观点出发,对系统现状进行评价。一般来说,对物流系统评价需要有一定的量化指标,这样才能衡量物流系统实际的运行状况。通常把衡量系统状态的技术经济指标称为特征值,它是系统规划与控制的信息基础。对物流系统的特征值进行研究,建立一套完整的特征值体系,不仅有助于对物流系统进行合理的规划和有效的控制,还有助于准确反映物流系统的合理化状况和评价改善的潜力与效果。

8.1.1 物流系统评价的原则

系统评价是一项十分复杂的工作,必须借助现代化科学和技术发展的成果,采用科学的方法进行客观、公正的评价。评价时应遵循以下几个基本的原则。

1. 客观性原则

评价必须客观地反映实际情况，使评价结果真实可靠。评价的目的是为了决策，因此，评价的质量影响着决策的正确性。也就是说，必须保证评价的客观性，必须弄清评价资料是否全面、可靠、正确，防止评价人员带有倾向性，并注意人员的组成应具有代表性。

2. 可比性原则

替代方案在保证实现系统的基本功能上要有可比性和一致性。虽然个别方案功能突出、内容有新意，但也只能说明其相关方面，不能代替其他方面。

3. 系统性原则

评价指标要包括系统目标所涉及的一切方面，而且对定性问题要有恰当的评价指标，以保证评价不出现片面性。由于物流系统目标往往是多元化、多层次、多时序的，因此，评价指标体系也应该是一个多元化、多层次和多时序的有机整体。只有这样，才能克服物流系统的效益背反现象，充分发挥物流系统的优势。

8.1.2 物流系统综合评价的步骤

系统评价和系统决策是密切相关的。为了在众多的替代方案中做出正确的选择，就需要有足够的信息支撑。系统评价是物流系统方案决策和行为决定的基础。可以说，没有物流系统决策的物流系统评价是毫无意义的；反过来，没有物流系统评价的物流系统决策是缺乏基础的。系统评价是为了系统决策，系统决策则需要系统的评价。

从理论上讲，系统评价应该分为两个阶段进行。首先，要搞清楚已有系统的实际性能和质量状况或者待建系统可达到的性能和质量状况；其次，是把这些性能和质量状况与规定相对照（比较），对系统的性能和质量做出判断。对复杂的物流系统进行评价时，虽然概念上很简单，但实施起来常常十分复杂。总结实践中的相关经验，我们认为，物流系统综合评价一般要遵循如图 8-1 所示的几个步骤。下面主要介绍后面几个步骤。

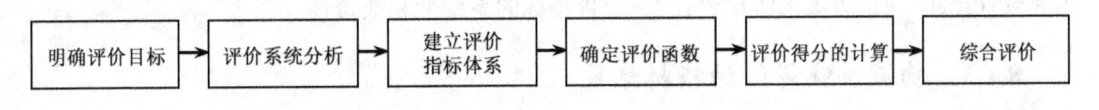

明确评价目标 → 评价系统分析 → 建立评价指标体系 → 确定评价函数 → 评价得分的计算 → 综合评价

图 8-1 系统评价的一般步骤

1. 评价系统分析

具体包括分析系统的目的、界定评价系统的范围，熟悉所提出的系统方案及系统要素。总的来讲，物流系统评价的目的是更好地决策，但具体而言，可以是为了使系统结构、技术参数最优，或者是为预测和决策提供参考信息，或者是对复杂问题的分析与综合。系统的范围主要是指评价对象涉及哪些领域、哪些部门，以便在评价中充分考虑各部门的利益，并尽可能吸收各方面人员参与评价。

2. 建立评价指标体系

指标是用来评价系统总体目标的具体标志，对于所评价的系统，必须建立能够对照和衡量各个方案的统一尺度，即评价指标体系。指标体系由评价目标与实际情况共同确定，在大量的资料调查与分析的基础上确定。评价指标体系必须科学、客观，尽可能全面地考虑各种因素，并遵循一定的原则。

3．确定评价函数

评价函数是使评价指标定量化的一种数学模型。不同问题使用的评价函数可能不同，同一个问题也可以使用不同的评价函数。因此，对选用什么样的评价函数本身也必须做出评价。一般应选用能够更好地达到评价目的的评价函数或者其他更适宜的评价函数。

由于评价函数本身的多属性、多目标，尤其是当评价目标在于形成统一意见或者进行群体决策时，在确定评价函数时便会产生不同的看法。在对系统评价之前，应该在有关人员之间进行充分、无拘束的讨论，否则，评价工作将难以顺利开展。

4．评价得分的计算

当评价函数确定后，评价尺度也随之而定。在评价值计算之前，还需要确定各项评价项目的权重。总之，评价尺度和评价项目的权重应保证评价的客观性和有效性。

5．综合评价

首先，应该进行单项指标（如经济效益、社会效益）的评价；其次，按照一定的综合共识，将各类单项指标值进行综合，得出更高层次的指标得分；最后，综合大类指标的总价值。评价一个物流系统，一般有经营管理、技术性能、市场反应、时间效率、经济效益、社会效益等很多方面的指标。

当物流系统为单目标时，评价工作比较容易进行。但当系统为多目标（指标）时，评价工作相对而言就困难得多。对于物流这样复杂的系统，一方面，要将它分解为子系统，分别建立模型，然后应用系统分析方法求得各个指标的最优解；另一方面，还要将这些工作综合起来，对于一个完整的系统方案做出正确的评价，对于不同的可行方案做出谁优谁劣的比较，而且要用定量的结果来说明。这样，物流系统评价工作主要存在以下两方面的困难：一是指标难以量化；二是不同方案可能各有所长，难以取舍。因此，为了搞好系统评价，要解决的问题和应遵守的基本原则如下：① 将各项指标数量化；② 将所有指标归一化；③ 保证评价的客观性；④ 保证方案的可比性；⑤ 评价指标的系统性和政策性。

8.1.3　物流系统评价的指标体系

评价一个物流系统，就是要评价该物流系统的价值。根据价值的哲学含义，物流系统的价值其实在于评价主体对某个待评价的物流系统方案的主观认识和估计。

对物流系统评价需要有一定的量化指标，这样才能衡量物流系统实际的运行状况。一般把衡量系统状态的技术经济指标称为特征值，它是系统规划与控制的信息基础。

对某一具体的物流系统，由于评价主体的立场、观点、环境的不同，对价值的评定也会有所不同。即使对同一评价主体，同一评价对象的价值也会随着时间的推移而发生变化。评价对象的价值并不是系统本身所固有的，而是评价对象及其所处环境的相互关系规定的属性，不应该有价值的绝对尺度。

由于物流系统构成要素既有定性因素又有定量因素。所以，在物流系统评价的指标体系中，既有定性指标，又有定量指标。因此，应根据评价的目的和物流系统的特点，构建物流系统的评价指标体系。

1．构建物流系统评价指标体系的原则

构建评价指标体系是一项很困难的工作。一般来说，指标范围越宽，指标数量越多，则方案间的差异就越明显，越有利于判断和评价。因此，评价指标体系既要全面反映所要评价的系统的各项目标要求，尽可能做到科学、合理，且符合实际情况，同时还要具有可测、简易、可比的特点。指标总数要尽可能少，以降低评价负担。具体来说，应遵循以下几个基本原则。

（1）科学性原则。科学性原则主要体现在理论和实践相结合，以及所采用的科学方法等方面。在理论上要站得住脚，同时又能反映评价对象的客观实际情况。在设计评价指标体系时，首先要有科学的理论做指导，使评价指标体系能够在基本概念和逻辑结构上严谨、合理，抓住评价对象的实质，并具有针对性。

同时，评价指标体系是理论与实际相结合的产物，无论采用什么样的定性、定量方法，还是建立什么样的模型，都必须是客观的抽象描述，都要抓住最重要、最本质和最有代表性的东西。对客观实际抽象描述得越清楚、越简练、越符合实际，科学性就越强。

（2）系统优化原则。评价对象必须用若干指标进行衡量，这些指标是互相联系和互相制约的。有的指标之间有横向联系，反映不同侧面的相互制约关系；有的指标之间有纵向关系，反映不同层次之间的包含关系。同时，同层次指标之间应尽可能界限分明，避免相互有内在联系的若干组、若干层次的指标体系，要体现出很强的系统性。

指标数量的多少及其体系的结构形式应以系统优化为原则，即以较少的指标（数量较少、层次较少），较全面系统的反映评价对象的内容，既要避免指标体系过于庞杂，又要避免单因素选择，追求的是评价指标体系的总体最优或满意。

评价指标体系要统筹兼顾各方面的关系。由于同层次指标之间存在着制约关系，因而在设计指标体系时，应该兼顾到各方面的指标。

设计评价指标体系的方法应采用系统的方法，例如，系统分解和层次结构分析法（AHP），由总指标分解成次级指标，再由次级指标分解成次次级指标（通常人们把这三个层次称为目标层、准则层和指标层），并组成树状结构的指标体系，使体系的各个要素及其结构都能满足系统优化的要求。也就是说，通过各项指标之间的有机联系方式和合理的数量关系，能够体现出对上述各种关系的统筹兼顾，达到评价指标体系的整体功能最优，客观、全面地评价系统的输出结果。

（3）通用可比原则。通用可比性是指不同时期及不同对象间的比较，即纵向比较和横向比较。

1）纵向比较。即同一对象的这个时期与另一个时期相比较。评价指标体系要有通用可比性，条件是指标体系和各项指标、各种参数的内涵和外延保持稳定，而用以计算各指标相对值的各个参照值（标准值）则保持不变。

2）横向比较。即不同对象之间的比较，找出共同点，按共同点设计评价指标体系。对于各种具体情况，采取调整权重的办法，综合评价各对象的状况后再加以比较。对于相同性质的部门或个体，往往很容易取得可比较的指标。

（4）实用性原则。实用性原则指的是实用性、可行性和可操作性。

1）指标要简化，方法要简便。评价指标体系要繁简适中，计算评价方法要简便易行，即评价指标体系不可设计得太烦琐，在保证评价结果的客观性、全面性的条件下，指标体系应尽可能简化，减少或去掉一些对评价结果影响甚微的指标。

2）数据要易于获取。评价指标所需的数据易于采集，无论是定性评价指标还是定量评价指标，其信息来源渠道必须可靠，并且很容易取得。否则，评价工作将难以进行或代价太大。

3）整体操作要规范。各项评价指标及其相应的计算方法，各项数据都要标准化、规范化。

4）要严格控制数据的准确性。应能够实行评价过程中的质量控制，即对数据的准确性和可靠性加以控制。

(5) 遵循目标导向原则。评价的目的不是单纯评出名次及优劣的程度，更重要的是引导和鼓励被评价对象向正确的方向和目标发展。绩效考评是管理工作中控制环节的重要工作内容，采用"黑箱"方法，利用实际成果的评价对被评价对象的行为加以控制，引导其向目标靠近，即起到目标导向的作用。

2．物流系统评价的特征参数（特征值）与标准

对物流系统的特征值进行研究，建立一套完整的特征值体系，既有助于对物流系统进行合理的规划和有效的控制，又有助于准确反映物流系统的合理化状况和评价改善的潜力与效果。

(1) 物流生产率。物流生产率是衡量物流系统投入产出的效率指标，即指物流活动的产出（装运到卡车上）与投入（所需人工数量和使用叉车时间）之比。

所有物流活动的生产率，都能用包装所组成的货物单元来描述，如每小时有多少箱装入汽车，物流仓库或配送中心每小时分拣了多少箱货物等。

物流生产率的高低，将受商品种类的不同、商品成组化的程度，以及信息传递的方式和特征的影响。它通常包括五项指标，即实际生产率指标、资源利用率指标、行为水平指标、成本指标和库存指标。

1）实际生产率。实际生产率是指系统实际完成的产出与实际消耗的投入之比。如人均年仓储物品周转量，运输车辆每吨年货运量等。这里所讲的"实际"有两方面的含义：① 投入值与产出量不受价格变化的影响，即以不变价格进行衡量，或用 h, L, t 等实物量进行衡量；② 产出必须具有价值，而不仅仅是对付出努力的一种反映。例如，卡车可以整天空驶而产生大量的运行公里数（付出的努力），但这些公里数对物流系统而言却毫无价值。

2）利用率。物流系统的资源利用率是系统需要的投入与实际的投入之比。如运输车辆的运力利用率、仓储设施的仓容利用率等。

3）行为水平。物流系统的行为水平是系统实际的产出与期望的产出之比。实际上，是对系统各生产要素工作定额完成情况的评价。如每人每时生产产品的实际件数与定额数之比，有时也可用完成工作的规定时间与实际时间之比来衡量。

4）成本。物流系统的各项投入，在价值形态上统一表现为物流成本。因而可以通过比较成本与产出的价值量或实物量，来衡量物流系统的实际生产率，或者通过实际成本与成本定额的比较，来衡量物流系统的行为水平。运用成本来衡量物流生产率有下述两个有利条件：① 成本忠实地反映了物流系统的运行状况；② 成本能成为评价物流过程各项活动的共同尺度，以利于通过对物流成本的统一管理，达到降低物流系统总成本的目的。

5）库存。库存是物流系统劳动占用形式的投入，库存的数量大小与周转快慢，是物流系统投入产出转换效率高低的重要标志。有关这方面的指标有库存周转天数、库存结构合理性等。

托盘是用来对付传统的有关托盘处理及交换的一种形式。托盘化运输有可能是对物流生产率的最重要的贡献。

（2）物流质量。物流质量是对物流系统产出质量的衡量，是物流系统特征值的重要组成部分。根据物流系统的产出，可将物流质量划分为物料流转质量和物流业务质量两方面。

林业资源是重要工业原料，又是人民消费的重要对象。其中，木材对物流数量需求很大，经济林果不但有较大物流量，而且对物流质量的要求也较高。

1）物料流转质量。物料流转质量是对物流系统提供的物品在数量、质量、时间、地点上的正确性评价。

数量的正确性。数量的正确性指物流过程中物品的实际数量与要求数量的符合程度。常见的指标有仓储物品盈亏率、错发率等。

质量的正确性。质量的正确性指物流过程中物品的实际质量与要求质量的符合程度。常见的指标有仓储物品完好率、运输物品完好率、进货质量合格率等。

时间的正确性。时间的正确性指物流过程中物品流动的实际时间与要求时间的符合程度。常见的指标有及时进货率、及时供货率等。

地点的正确性。地点的正确性指物流过程中物品流向的实际地点与要求地点的符合程度。常见的指标有错误送货率等。

2）物流业务质量。物流业务质量是对物流系统所进行的物流业务在时间、数量上的正确性及工作上的完善性的评价。

时间的正确性。时间的正确性指物流过程中物流业务在时间上实际与要求的符合程度。常见的指标有采购周期、供货周期、发货故障平均处理时间等。

数量的正确性。数量的正确性指物流过程中物流业务在数量上实际与要求的符合程度。常见的指标有采购计划完成率、供应计划完成率、供货率、订货率等。

工作的完善性。工作的完善性指物流过程中物流业务工作的完善程度。常见的指标有对用户问询的响应率、用户特殊送货要求的满足率、售后服务的完善性等。

（3）制定物流系统特征值的标准。

1）与时间段有关的特征值，要尽可能缩短时间期限，因为旧数据对企业物流控制无意义。

2）应该选用少量、有代表性、能够反映物流系统实际物流状态的特性参数，并且这些参数与物流状态的关系是可认识的。

3）基本的特征值的定义必须准确无误。

4）动态的数据和特征值应给出它们的变化过程，将其归纳成特征值序列，以便于统计分析，根据特征值的趋势进行评价。

5）呈现不同影响级的特征值序列应以相关关系来评价，以便得到物流系统影响因素的统一的等级。

6）根据规定的模式，特征值计算所用的全部数据应一次收集，并且从同样的起点进行处理。

（4）常用的特征值指标。根据不同的衡量目的，物流系统特征值的衡量对象既可以是整个物流系统，又可以是供应物流、生产物流、销售物流及回收、废弃物流的子系统，还可以是运输、仓储、库存管理、生产计划与控制等物流职能,乃至各职能中具体的物流活动,由此形成了不同的特征值体系。

以最有代表性的物流职能为衡量对象,讨论常用的特征值指标有:① 运输。可将运输分为自备运输和外用运输来衡量其生产率和质量。② 仓储。可按大宗原料库、辅助材料、中间在制品和成品仓库来分别衡量其生产率和质量。每种仓库可分为外用与自备两种。③ 库存管理。库存管理可分原材料、辅助材料、中间产品和成品库存管理,分别衡量其生产率和质量。④ 生产计划与控制。生产计划与控制的常用特征值指标及其计算公式。

8.1.4 物流系统综合评价方法

选用系统评价方法应根据具体问题而定,由于系统的类型和内容不同,系统测度也就不一样,因而评价方法也不同。总的来说,这些方法可以分为定量分析评价、定性与定量相结合的分析评价两大类。在物流系统综合评价中,使用得较为广泛的是定量与定性结合的评价方法。下面将介绍一些常用的方法。

1. 成本效益法

在物流系统综合评价中,最常用和最基本的方法之一就是成本效益法。这是因为成本是一种综合性指标,系统中的人力、经费、物质材料等资源消耗,以及其他越小越好的指标值都有可能综合为成本来反映,而系统所产生的效果在很多情况下可以用经济效益来表示。因此,可以通过各种方案的成本与效益的比较来评价方案的优劣。显然,效益/成本越大,方案就越好。

(1)成本模型。成本模型应该能说明方案的特性参数与其成本之间的关系。一般情况下,成本模型可表示为:

$$C=F(X)$$

式中,C 为方案的成本;X 为特性参数;F 为函数形式。

分析系统方案的成本的另一种方法是分别分析系统方案的直接成本和间接成本。

(2)效益模型。与成本模型一样,即可建立方案本身的效益模型,也可以分别分析其直接效益和间接效益。效益模型一般可表示为:

$$E=G(X)$$

式中,E 为系统方案的效益;G 为函数形式。

(3)综合模型。主要研究成本与效益的关系,可以从以下三个方面进行分析:① 在一定成本下,哪个方案的效益最高(简称 C 准则);② 在一定效益下,哪个方案的成本最低(简称 E 准则);③ 计算效益成本比(E/C),取比值最大者。

投入不同的成本将相应得到不同的效益,将其对应结果汇成曲线即成本效益曲线。四种备选方案的成本效益综合模型如图 8-2 所示。

根据选择的决策准则,若以 C_1 为准则,从综合模型图上可以确定各方案的优劣顺序是 A_4、A_3、A_2、A_1;若以 E_1 为准则,则各方案的优劣顺序为 A_1、A_2、A_3、A_4。

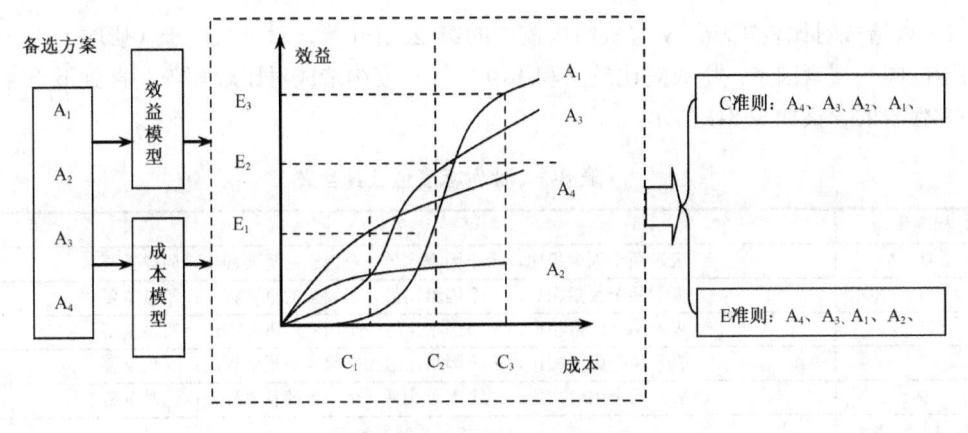

图 8-2 成本效益综合模型

因此，从图 8-2 中可知，在成本为 C_1 时采用方案 A_4，成本为 C_2 时采用方案 A_3，均可使得效益最高；在效益为 E_3 时，采用 A_1 可使方案的投资成本最低。

2．层次分析法

层次分析法（The Analytic Hierarchy Process，AHP）是由美国运筹学家、匹兹堡大学萨第（T.L.Saaty）教授于 20 世纪 70 年代提出的。他首先于 1971 年在为美国国防部研究"应急计划"时运用了 AHP，又于 1977 年在国际数学建模会议上发表了"无结构决策问题的建模——层次分析法"一文，此后，AHP 在决策问题的许多领域中得到应用，同时 AHP 的理论也得到不断地深入和发展。层次分析法在物流系统评价中的应用已十分广泛。

层次分析法的基本原理是排序的原理，即最终将各方法（措施）排出优劣次序作为决策的依据。具体可描述为：层次分析法首先将决策的问题看作受多种因素影响的大系统，这些相互关联、相互制约的因素可以按照它们之间的隶属关系排成从高到低的若干层次，称为构造递阶层次结构。然后请专家、学者、权威人士对各因素进行两两比较，再利用数学方法，对各因素进行层层排序，最后对排序结果进行分析，用以辅助决策。层次分析法的具体步骤如下：

1）建立层次结构模型。在深入分析实际问题的基础上，将有关的各个因素按照不同属性自上而下地分解成若干层次，同一层的诸因素从属于上一层的因素或对上层因素有影响，同时又支配下一层的因素或受到下层因素的作用。最上层为目标层，通常只有 1 个因素，最下层通常为方案或对象层，中间可以有一个或几个层次，通常为准则或指标层。当准则过多时（如多于 9 个）应进一步分解出子准则层。如图 8-3 所示。

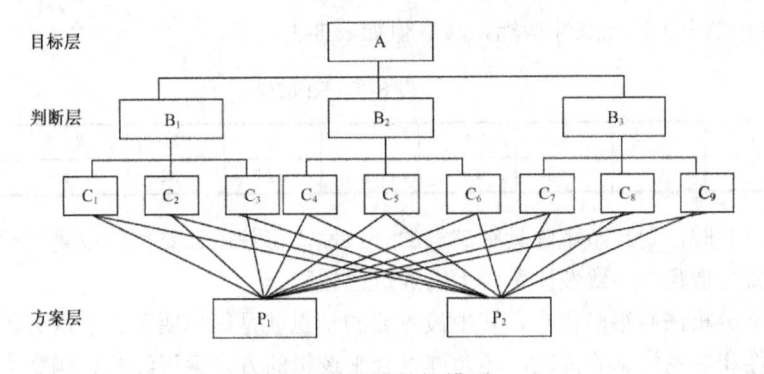

图 8-3 层次结构模型

2）构造成对比较矩阵。从层次结构模型的第 2 层开始，对于从属于（影响）上一层每个因素的同一层诸因素，用成对比较法和 1~9 比较尺度构造成对比较矩阵，直到最下层。其中 1~9 代表的含义如表 8-1 所示。

表 8-1 比例标度值及其含义

标度值	含义
1	表示两个因素相比，一个因素比另一个因素的重要程度：同样重要
3	表示两个因素相比，一个因素比另一个因素的重要程度：稍微重要
5	表示两个因素相比，一个因素比另一个因素的重要程度：明显重要
7	表示两个因素相比，一个因素比另一个因素的重要程度：强烈重要
9	表示两个因素相比，一个因素比另一个因素的重要程度：绝对重要
2，4，6，8	上述两相邻判断的中值

对图 8-3 中从第二层开始的各层次构造如表 8-2 所示的比较矩阵。

表 8-2 层次分析法之判断矩阵

C	B_1	B_2	…	B_j	…	B_n
B_1	b_{11}	b_{12}	…	b_{1j}	…	b_{1n}
B_2	b_{21}	b_{22}	…	b_{2j}	…	b_{2n}
…	…	…	…	…	…	…
B_i	b_{i1}	b_{i2}	…	b_{ij}	…	b_{in}
…	…	…	…	…	…	…
B_n	b_{n1}	b_{n2}	…	b_{nj}	…	b_{nn}

其中 b_{ij} 表示因素 B_i 与 B_j 的相对重要性。

3）计算权向量并做一致性检验。对于每一个成对比较阵计算最大特征根及对应特征向量，利用一致性指标、随机一致性指标和一致性比率做一致性检验。若检验通过，特征向量（归一化后）即权向量；若不通过，需重新构造成对比较阵。

4）计算组合权向量并做组合一致性检验。计算最下层对目标的组合权向量，并根据公式做组合一致性检验。一致性检验的指标为 CR，$CR = \dfrac{CI}{RI}$。CI 的值通过下式计算得到，其中 $\lambda_{\max}$ 为判断矩阵的最大特征值。

$$CI = \frac{\lambda_{\max} - n}{n - 1}$$

RI 为同介平均随机一致性指标，其取值如表 8-3 所示。

表 8-3 RI 取值

n	1	2	3	4	5	6	7	8	9	10
RI	0	0	0.58	0.90	1.12	1.24	1.32	1.41	1.45	1.49

当 CR<0.1 时，则判断矩阵具有满意的一致性，可使用计算出的权重，否则需要重新考虑模型或重新构造那些一致性比率较大的成对比较阵。

运用层次分析法有很多优点，其中最重要的一点就是简单明了。层次分析法不仅适用于存在不确定性和主观信息的情况，还允许以合乎逻辑的方式运用经验、洞察力和直觉。也许层次分析法最大的优点是提出了层次本身，它使得买方能够认真地考虑和衡量指标的相对重要性。但是如果所选的要素不合理，其含义混淆不清，或要素间的关系不正确，都会降低 AHP 法的结果质量，甚至导致 AHP 法决策失败。为保证递阶层次结构的合理性，需把握两个原则：第一，分解简化问题时把握主要因素，不漏不多；第二，注意相比较元素之间的强度关系，相差太悬殊的要素不能在同一层次比较。

3．模糊综合评价法

模糊综合评价是利用模糊集理论进行评价的一种方法，在对生产管理、领导决策、工程项目进行评价时，经常会碰到影响因素模糊或判断结果模糊的情况。例如，评价者从考虑问题的主因素出发，可能会对复杂的问题做出"优、良、中、差"或者"高、中、低"等程度的模糊评价。因此，模糊综合评价非常适用于物流系统这种复杂工程方案的评选。而模糊聚类方法则具有整体性、对比性及实用性，是一种较科学的方法。但由于在指标权重的确定中采用专家评定法，因而存在较大的主观性。

模糊综合评价是一种成熟的模糊数学方法，其数学原理及数学模型的建立有严密的证明过程，在此不作详述，本文的重点是讨论它在企业绩效评价中的应用。具体分如下几个基本步骤。

（1）建立因素集 U：$U=\{u_1, u_2, \cdots, u_n\}$。即确定影响事物的各因素，分别用 u_i 表示。例如，对服装的评价可分解为 u_1（花色）、u_2（式样）、u_3（耐穿程度）、u_4（价格）等因素，共同构成它的因素集。

（2）建立评价集 V：$V=\{V_1, V_1, \cdots, V_n\}$。评价集是评价者（通常是有关专家）对评价对象可能做出的各种总的评价结果的等级。评价集不能太多，也不能太少，多了不便于专家掌握标准，少了也不利于区分评价的好坏。

（3）确立评价矩阵。评价矩阵可通过专家调查法或德尔菲法得到。首先成立一个由 L 位专家组成的评判组，每位专家针对每一个因素 u_i（$i=1, 2, \cdots, n$）评定评价集 V 中的一个且仅一个等级 V_1。若 L 位专家中，评定 u_i 为等级 V_j 的有 L_{ij} 人，则可得出对 u_i 评价的一个模糊集。此为评价矩阵的第 i 行，综合整理各因素的征求意见结果，即可得到评价矩阵。

（4）建立权重集 A：$A=(a_1, a_2, \cdots, a_n)$。因素的权重集是表示各因素重要程度的权数所组成的集合，表示某因素在评价中的重要程度。可以用专家系统中的经验打分法得到。

（5）模糊综合评价。即把 A 和评价矩阵进行模糊变换，得到综合评价结果。其中"0"表示广义的合成运算，若要突出主要因素，则选择 $M(\wedge, \vee)$ 模型和 $M(\cdot, \vee)$ 模型；若要适当兼顾各因素，则往往采用 $M(\cdot, +)$ 模型。

（6）结果解释。求出后，如何做出对此事物的综合评价结论呢？一般有两个原则可依循：最大隶属度原则和模糊分布原则。

4．数据包络分析法

数据包络分析（Data Envelopment Analysis，DEA）是通过明确地考虑多种投入（资源）的运用和多种产出（服务）的产生，它能够用来比较提供相似服务的多个服务单位之间的效率。DEA 避开了计算每项服务的标准成本，因为它可以把多种投入和多种产出转化为效率比率的分子和分母，而不需要转换成相同的货币单位。因此，用 DEA 衡量效率可以清晰地说明投入和产出的组合，从而，它比一套经营比率或利润指标更具有综合性且更值得信赖。

DEA是一个线形规划模型，表示为产出对投入的比率。通过对一个特定单位的效率和一组提供相同服务的类似单位的绩效的比较，它试图使服务单位的效率最大化。在这个过程中，获得100%效率的一些单位被称为相对有效率单位，而另外的效率评分低于100%的单位被称为无效率单位。

DEA方法的一般步骤为：首先选定评价对象，确立评价目的，研究对象系统的功能要素；进而设计评价指标体系，划分输入、输出指标体系；搜集、整理资料，确定同类型的评价决策单元，进行数据处理；运用DEA方法，建立评价模型；利用MATLAB或其他优化软件包，计算DEA有效性的最优解；进行DEA有效性分析和规模效益分析；评价模型的效果和优劣；实证研究和讨论。

在使用DEA对物流系统进行评价时，应注意以下几点。

1）DEA作为一种非参数方法，将数学、经济和管理的概念与方法相结合，是处理多目标决策问题，解决在经济理论估计中具有多个输入、多个输出问题的有力工具，尤其在经济学生产函数的确定方面更为突出。可以对具有相同类型的部门或单位的相对有效性进行排序和评价，还可以通过在生产前沿面上的投影分析，发现非DEA有效和弱DEA有效的产生原因及改进方向，调整资源投入量和效益产出量使各个决策单元达到DEA有效。

2）应用DEA模型进行评价，不必事先确定指标权重，只需假定由决策单元的输入输出指标组成的状态可能满足凸性、无效性、锥性及最小性等条件即可。DEA方法本身包含指标的权重分配过程，在计算不同的决策单元的最大有效性数值时，指标的权重是动态可变的，最后排序的结果是每个决策单元得到最有利于自己的权重。

3）应用DEA方法建立模型时，一般要求决策单元数目应大于输入变量与输出变量的数目。在实际应用中，为体现评价的全面性，往往会引入大量的评价指标，同时为体现评价的准确性，系统中确定较少的评价单元。为解决这个问题，通常的方法是对所有指标分层次进行DEA有效性评价，或者先用因子分析方法将指标归类，合并相关性强的指标，再对公共因子进行DEA有效性评价。

4）DEA方法不仅能对管理效率进行横向的对比评价，还能够进行纵向、动态的分析与评价，即评价的样本数据可以是断面数据，也可以是时间序列数据。DEA模型的数据与量纲无关，最好使用"效益型相对数据"，进行无量纲化处理。

8.2 物流系统的管理控制

组织是系统得以形成的框架，对组织的设计过程就是一个组织的组织化过程，其目的就是通过组织内部各种组织的协调和控制使整个系统的运行状况达到最优。设计一个良好的管理组织与网络规划同等重要。

8.2.1 物流系统控制的概念及基本内容

物流系统控制是将研究的物流系统作为被控对象，而后研究它的输入和输出的关系，以通过反馈使被控对象（系统）达到人们所期望的较好的物流效益。

1. 采购过程控制

采购是企业物资供应部门按已确定的物资供应计划，通过市场采购、加工定制等各种渠道，取得企业生产经营所需要的各种物资的经济活动。采购过程控制是对企业供应环节员工行为与物流的控制,其目的是保证生产原料的质量、数量和时效,降低采购成本。采购过程控制是物流控制的第一环节,对企业的经营发展至关重要。

(1) 建立严格的采购制度,规范采购基础工作。建立严格、完善的采购制度,不仅能规范企业的采购活动,提高效率,防止部门之间的矛盾,还能预防采购人员的不良行为。采购制度应当明确规定物资采购的流程、采购合同的签订评审、各有关部门的责任和关系、物资采购的申请及审批权限等,强化对请购、审批、采购、验收付款等环节的控制。可通过各需要部门填制"请购单"进行控制,会计部门依据"请购单"核对库存、有关合同及预算,无误后筹资付款,以控制盲目采购。

(2) 加强采购数量的控制。管理不善的采购作业所导致的生产缺料或物料过剩会给企业造成一定的损失。因此,企业应根据生产状况按计划用量和库存量的变化来控制采购量,科学合理地制定采购间隔时间和采购量。

(3) 严格控制采购价格。可以用原材料价格=产品售价−目标利润−(生产阶段加工成本+各项负担费用)这一公式控制采购价格。采购时要比质比价,即同等材料比价格、同等价格比质量、同等质量比服务,考虑质量、价格、服务、交货期、付款条件等综合因素,做到货比三家,综合分析。采购员经过比较分析后,将购货名称、价格、数量及其他条件填入"订货单",一份送供应单位按时送货,一份留存备查。

(4) 对企业大宗材料必须公开招标采购。应制定适合本企业的物资采购和招标管理办法,成立公开采购管理小组,实施透明工程。这种直达方式杜绝了采购中的不正之风及暗箱操作的弊端,既可缩短物流时间,减少流通费用,又可让供应商直接了解企业的需求。

2. 保管过程控制

物资的保管过程即物资的验收、储存、发放过程,简而言之,就是库房管理过程。保管过程控制是对仓库管理过程的控制,这是物流控制的中间环节。加强这一环节的控制,对减少物资积压、浪费、压缩资金占用、降低发出物资差错损失、减少费用支出尤为重要。

(1) 所有材料购进后必须按规定验收入库,入库单必须得到采购人员、检验人员、保管人员和财务人员签字才能办理。他们之间的职能既严格区分,又相互约束。采购部门根据订货单、入库单和供应单位的发票,经相互核对无误后,送交会计部门入账。供应部门和财务部门则要相互配合,根据企业的实际情况合理地界定库存量和库存类别,既保证使用不间断,又尽量压缩资金占用。

(2) 仓库保管人员对入库物资必须分清批号、进库日期,分门别类地摆放整齐,并定期检查,及时整理,这样可以克服库房物资储存管理混乱,杜绝原料变质、偷盗丢失、私自挪用等不良现象的发生。同时要建立健全有关规章制度,如采用货品库存卡、货品标签、保安、防火、卫生制度、设置防盗报警器等进行控制。

(3) 要建立定期库存盘点制度,全面清点库房的库存物资。定期进行实物盘点和控制账存制度是为财产物资的安全完整而采取的控制措施,定期盘点制度包括确定各账户余额下的财产数量和金额,将财产物资的结存数量与实物保管部门的保管账、卡及实存数量进行核对,以确保账账相符,账实相符,如不一致,则说明物资管理上可能出现了错误、浪费、损失或其他不正常现象。为了防止差异再次发生,可以加强保护控制措施,及时发现问题,以便实施有效的控制。

(4) 严格执行凭单发料制度。领料单上应准确记录仓库向各部门发放物资的数量、金额及经办人员姓名。领料单是库房发出材料的原始凭证，仓库管理员应认真仔细按照领料单上的材料进行发放。发料时要注意领料单必须有部门领导核准签字，以及发料人、领料人签字，财务部门应随时钩稽账面余额与实存数量是否相符，以杜绝无单领料、少报多领、监守自盗，控制仓库的库存短缺。这样有利于核算各领料部门的生产成本，控制材料的种类和数量，减少各部门车间的积压，降低消耗。

3. 产出过程控制

产出过程控制是指产出半成品（在制品）在各车间、各工序间流转，最后形成产品，实现销售过程控制，这是企业物流控制的最后环节。加强这一环节的控制，有利于减少因管理不善造成的半成品或产成品短缺、丢失、损坏等，保证提供客户所需的产品，确保标准的投入产出率。

（1）建立半成品仓库。对外购半成品可按照物资采购方法进行控制；对自制半成品则要严格按照企业内部制定的流转程序，上一个车间完工的半成品要填制入库单办理入库手续；下一个车间生产领用需填制领料单，办理出库手续。车间、仓库、财务三方必须协同做好库存数与账上数的核对工作，保证半成品能完好无损，保质保量地进入下一道工序。

（2）强化产成品入库制度。这是保证企业生产的产品都能产生收入，防止企业资产流失的重要一关。企业必须加强对成品的管理，产成品在经检验员检验合格后，必须及时入库，仓管员应按车间交给仓库的实际产品名称、规格、数量、批量开具成品入库单，办理入库手续。

（3）强化成品库管理。所有产品销售出库均采用统一发票，发票由会计部门统一管理，并定期复核。仓管员一定要认真核对发票与调拨单的品种、规格、数量，使之完全相符。提货单一定要有提货人签字，并及时登记库存减少账，发现核对不符者，不予发货；白条、欠条一律不予发货，违者将予以重罚。同时成品库还应经常与财务对账，做到账账、账实相符，如发现问题，应及时查找原因并予以解决。

各项控制在物流系统中的控制形式如表 8-4 所示。

表 8-4 物流系统控制基本内容

控制项目	控制标准	信 息	手 段	校正行为
物料库存	物流订购总量与储备量	物料订购单和领用单	库存模型	修正采购计划
产品成本	目标成本	费用结算及报表	费用分析（C/B）	实施费用降低措施，开展价值（VE）活动
产品质量	产品技术条件	成品实验检测记录	统计图、抽样统计法	调度生产线和有关技术措施
生产进度	网络计划与图评审法	生产报表等反馈信息	网络图	调度采取措施
生产工序质量	精确度和粗糙度	检测的结果	控制图及散点图	检测、调整设备和工装

（资料来源：谢如鹤，罗荣武，张德志，等. 物流系统规划原理与方法[M]. 北京：中国物资出版社，2004.）

8.2.2 物流系统控制的分类

按照控制的时间来划分，可以将物流系统控制分为事后控制和事前控制，而它们都属于预算内控制。除此之外，还有意外控制，即非预算控制。

1. 事后控制

事后控制是一种常见的管理控制,其特征是通过运行过程的输出检测,将检测结果送回运行过程中去,再将纠正措施输入该运行过程中,以获得预期的输出。因此,这种反馈控制表现为时间的滞后。如成本分析、质量检查、财务分析等。

2. 事前控制

事前控制又称前馈控制,是一种更加复杂的控制。其特点是通过对运行过程输入的监视,以确定它是否符合标准要求。不符合时,为了实现输出预期目标就要改变其运行过程。前馈控制由于是在输出结果受到影响前就做出纠正,因此这种反馈更为有效。这种控制克服了反馈控制的迟滞性,便于物流决策人员及时采取相应措施,纠正偏差,从而达到预定的目标。

事前控制在物流系统中的应用较为广泛,生产经营活动要达到超前控制的目标,通常可以采取以下几种措施。

(1) 用人的超前控制。按岗位已定的职务要求选拔合格的人才。

(2) 存储超前控制。根据存储规律,按照建立的存储模型,实现超前仓储存储工作。

(3) 投资超前控制。采用投资回收期法或投资效率数学模型,对扩大企业再生产能力及更新设备实行超前控制。

(4) 财政预算超前控制。

3. 非预算性控制

非预算性控制是指在生产经营活动中,预算外的临时矫正行为。主要有以下几种方式。

(1) 物流批量控制法。是指利用库存费和订购费的边际点对仓库管理进行优化控制。

(2) 盈亏平衡控制法。利用盈亏平衡点分析对企业行为进行控制的方法。

(3) 专家控制。依靠有经验的专业人员、专家对企业行为提出建议并进行控制。

物流系统的控制职能按控制系统的情况分类如图 8-4 所示。

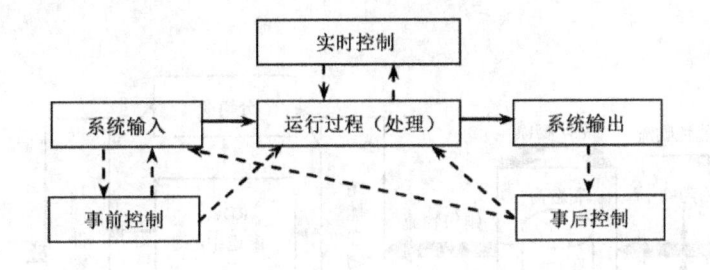

图 8-4 物流系统控制职能

(资料来源:丁立言,张铎. 物流系统工程[M]. 北京:清华大学出版社,2000.)

8.2.3 物流控制的几种模式

随着企业内部物流一体化趋向完善,企业外部物流一体化正成为企业供应链管理中需要着重解决的问题。如何控制物流的整体成本也已成为外部物流一体化的关键,特别是供应链中由谁来控制物流及采用什么样的控制手段,将直接关系到供应链的竞争能力。从物流运作的主体及其服务的内容来看,供应链中通常存在以下四种主要的物流运作模式。

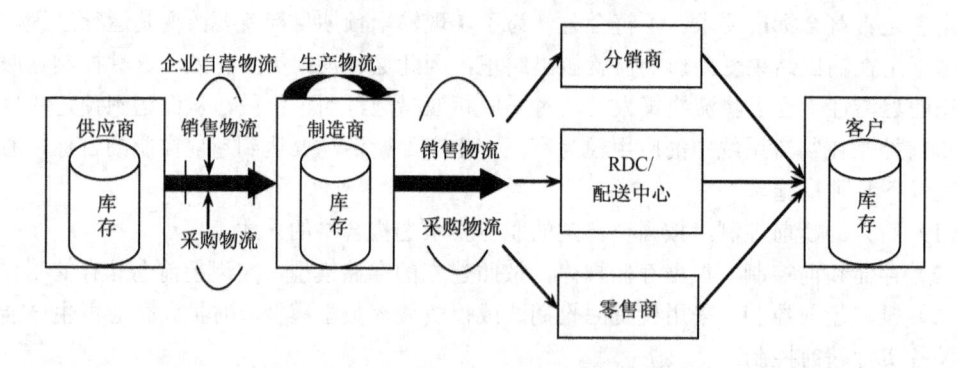

1. 传统自营物流控制模式

传统自营物流控制模式（第一、二方物流模式），是指企业自身拥有物流的运输、仓储、配送等功能，在进销存业务过程中只存在供方和需方的物流活动，且供需双方按照交易协商、合同规则各自进行运输配送及安排货物的存放保管等物流活动，如图 8-5 所示。其主要包括两种模式：第一方物流是需求方为采购而进行的仓储、货运物流，如赴产地采购、自行运回商品；第二方物流是供应方为了提供商品而进行的仓储、货运物流，如供应商送货上门。

图 8-5 传统自营物流控制模式

2. 功能性外包物流控制模式

功能性外包物流控制模式是基于传统运输、仓储等功能的企业或部门分别承包供需双方一系列的物流工作、任务或功能的一种外包型物流运作模式。如图 8-6 所示。它介于自营物流与现代第三方物流之间，通常以生产商或经销商为中心，物流部门或企业几乎不需专门添置设备和业务训练，只完成承包服务，不介入企业的生产和销售计划，管理过程相对简单。目前，我国大多数物流业务就采用这种模式。实际上，这种方式比传统的运输、仓储业并没有走出多远。

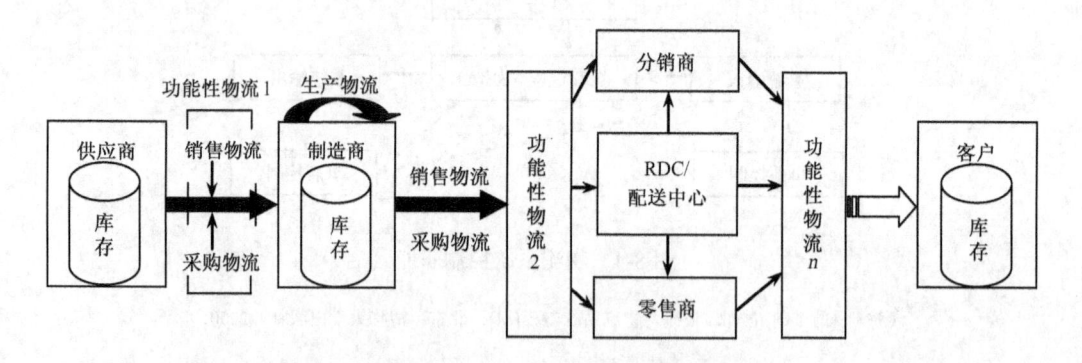

图 8-6 功能性外包物流控制模式

3. 第三方物流控制模式

现代第三方物流控制模式是指由物流的供方、需方之外的专业化或综合化的物流企业，以契约合同的形式经由第三方物流网络向供需双方提供全部或部分物流服务的业务模式。如图 8-7 所示。

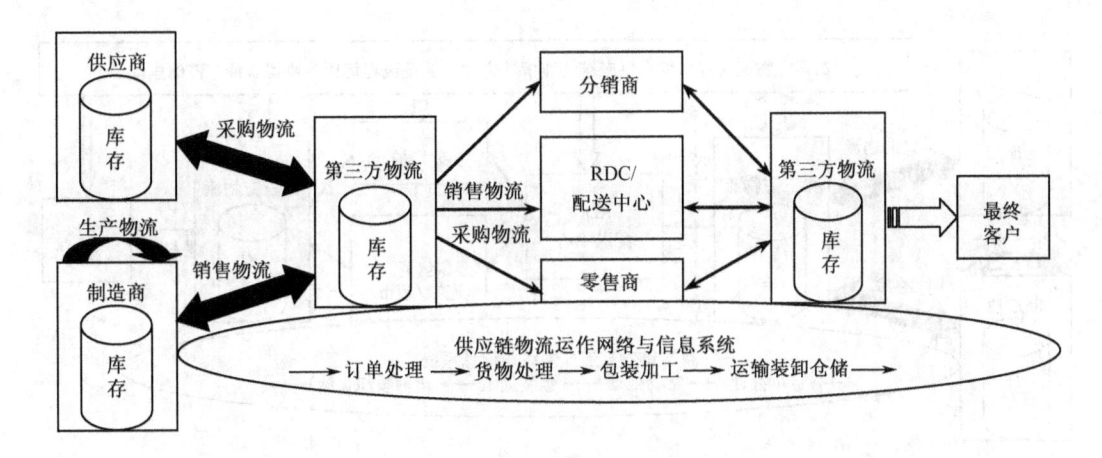

图 8-7　第三方物流控制模式

现代第三方物流企业通常是一种综合的物流集团企业，能够集成物流的多种功能，如仓储、运输、配送、信息处理和其他一些物流的辅助功能（包装、装卸、流通加工等）。第三方物流大大扩展了物流服务的范围，为上游厂商提供产品代理、管理服务和原材料供应，全权代理下游经销商配货送货业务等。综合的第三方物流项目必须进行整体网络设计，包括信息中心的系统功能设计及配送中心的选址流程设计等。例如，在实施供应链最基本功能的层次上，第三方物流可以通过确定和安排一批货物的最佳运输方式来增加其价值；在最复杂的层次上，第三方物流则可以与整个制造企业的供应链完全集成在一起。在此情况下，第三方物流为制造企业设计、协调和实施供应链策略，通过提供增值信息服务来帮助客户更好地管理其核心能力，并能利用第三方物流降低物流费用。

4．第四方物流控制模式

随着时间的推移，第三方物流的概念正处在不断变化之中，许多物流企业开始放弃物质意义上的供应链业务，而更加依赖于供应商管理库存（VMI）、延期、仓库监管和供应商关系管理等方面的复杂功能。第三方物流提供商自我认识的不确定性及客户需求的多样化，促使物流服务发生从自营物流到第三方物流再到第四方物流的逐步转变。比如，有些第三方物流分化成为能够提供全面供应链物流解决方案的物流服务商，通常被称为第四方物流。1898 年，美国埃森哲咨询公司率先给出第四方物流的概念，即"第四方物流是一个供应链的整合协调者，协调管理组织本身与其他互补性服务商所有的资源、能力和技术，提供综合的供应链解决方案。"从概念上看，第四方物流和第三方物流是截然不同的。第四方物流是有领导力量的侧重于业务流程外包的中立物流服务商。它通过对整个供应链的影响力，解决物流信息共享、社会物流资源充分利用等问题，能够向客户提供可评价、持续不断的客户价值（见图 8-8）。

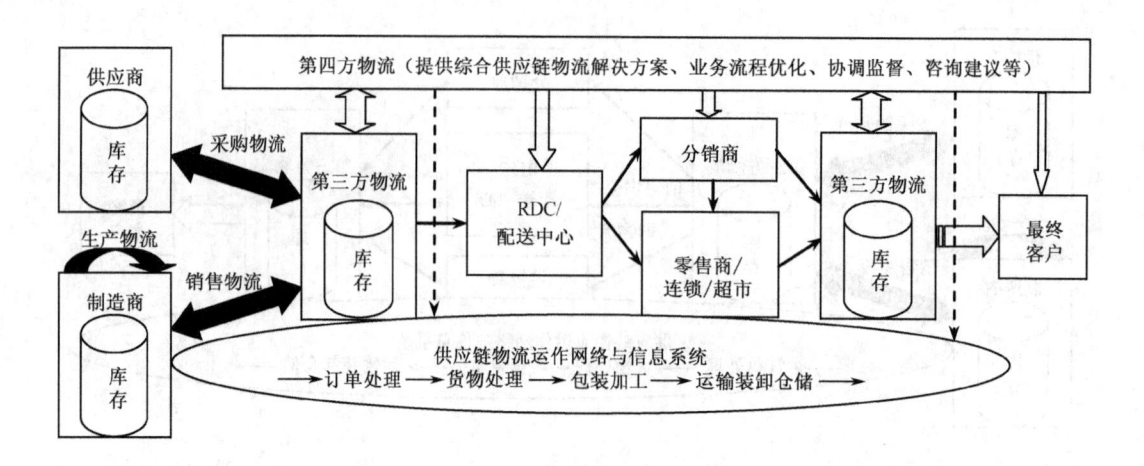

图 8-8 第四方物流控制模式

相比第三方物流来说，第四方物流解决的主要内容包括以下几个方面：① 准确把握复杂的客户需求，提供全面而完善的整体供应链物流解决方案；② 根据客户特殊的需求，整合和改善供应链流程，这种设计是一个基于产出的结果，而不仅仅是成本减少的问题；③ 承接供应链多个职能和流程的运作责任，包括制造、采购、库存管理、供应链信息技术、需求预测、网络管理、客户服务管理和行政管理等；④ 协调与监控供应链节点企业之间的合作关系，保证供应链上各个环节计划和运作的协调一致及紧密集成；⑤ 围绕供应链整合和同步问题，提供多个行业供应链解决方案的开发与咨询；⑥ 充分利用信息技术、战略思维、精细分析、流程再造和卓越的组织变革管理等手段为客户提供增值服务。运用第四方物流，供应链中各节点企业能更好地关注自身的核心能力，充分利用企业的物流资产和资源，进而实现全程供应链管理。尽管企业可以把所有的供应链活动外包给第四方物流，但第四方物流通常只是从事供应链功能和流程中的某些关键部分。

虽然上述四个模式分别代表了物流发展的四个阶段，但在现代供应链物流的实际业务中仍然共同存在。因此，通过对这几种模式进行比较分析，可以为那些正在寻求最佳物流运作模式的企业提供参考。明确了这些模式，将有助于企业做出更好的选择（见表 8-5）。

表 8-5 供应链中物流运作的四种模式的比较分析

项目 类别	传统自营物流控制模式	功能性外包物流控制模式	第三方物流控制模式	第四方物流控制模式
管理实体	供需双方自身	功能性外包第三方	独立的第三方物流	分化的第三方服务商
适用范围	物流经营能力强的企业	没有物流能力的中小型制造企业或需要跨地区的远程运输、仓储、加工等企业	物流为非核心能力的制造商或分销商等供应链环节	快速客户响应的供应链、需要进行国际物流运作的供应链、整个社会供应链
重点功能	供需双方为销售、采购而利用自身物流能力进行的物流活动；侧重于事务处理	物流服务商仅仅完成企业物流过程中的运输、仓储、包装等业务操作；侧重于事务处理	负责从供货商开始的运输、仓储、库存等一系列个性化、专业化的物流活动，提供综合的物流服务；侧重于决策优化与供应链的无缝衔接	提供综合的供应链解决方案，整合、调配、优化供应链资源，各种物流规划咨询及各层次物流人才培训等增值服务；侧重于分布协调、决策/优化

续表

项目\类别	传统自营物流控制模式	功能性外包物流控制模式	第三方物流控制模式	第四方物流控制模式
主要优点	减少物流的外包风险，获取物流环节的利润；利用第二方物流通过采购订单而不采购库存的模式的改进，降低运费	提供低价的一般性增值服务，利用专用的运输仓储等工具，维护货物的畅通流动，通常提供的工具功能性较强，便于远程物流运作	降低物流成本，提高客户满意度，回避物流风险，减低物流管理难度，提升竞争力价值；提供信息交流平台，实现知识与信息共享，改善价值链；实现诸如多式联运的高效协作与物流运作的规模效应	优化流程和运作，重视信息技术的应用；解决物流信息共享、社会物流资源充分利用等问题；解决"同时到达、在前控制"的问题；充分利用自身与其他服务提供商、客户等的能力，提供使客户价值最大化的增值服务
主要缺点	增加资源占用与投入，物流运作成本较高（除非自身具有极强的物流运作能力），物流运作风险较大	缺少沟通的信息平台，没有实现资源更大范围的优化，难以形成规模效应；易造成生产盲目和运力浪费或不足，库存结构不合理	难以实现资源更大范围的优化与彼此协调利益；无法解决新的物流瓶颈，不能充分利用社会资源	较难建立供应链成员间的信任体系，较难保持权威性、公正性，需要资深的专业人才，难以保持独立的第四方立场，走中间路线
发展方向	将物流资产重组，由成本费用中心转为利润中心	向专业化的第三方物流发展，解决某特殊领域内的物流运作活动	通过扩张改造、兼并联合等方式，建造综合、集中、高效的物流服务体系	建立独立公正的权威机构，逐渐与第三方物流融合，提供一体化的供应链物流服务

本章小结

➢ 系统综合评价是对系统设计提供的各种可行性方案，从社会、政治、经济、技术的角度给予综合考察，全面权衡利弊，从而为系统决策提供科学依据。物流系统评价是系统分析中复杂而又重要的一个环节，它是利用模型和各种数据，从系统的整体观点出发，对系统现状进行评价。一般来说，对物流系统评价需要有一定的量化指标，这样才能衡量物流系统实际的运行状况。对物流系统进行评价时，应该遵循客观性、可比性和系统性的原则。

➢ 对物流系统进行评价的步骤包括明确评价、建立评价系统分析、建立评价指标体系、确定评价函数、评价得分的计算和综合评价等。

➢ 常用的评价方法有成本效益法、层次分析法、模糊综合平均法和数据包络分析法。

➢ 物流系统控制将研究的物流系统作为被控对象，而后研究其输入和输出的关系，以通过反馈使被控对象（系统）达到人们所期望的较好的物流效益。物流系统的控制包括采购过程、保管过程和产出过程的控制。

➢ 物流系统的控制按照控制的时间来划分，可以分为事后控制和事前控制，而它们都属于预算内控制，除此之外，还有意外控制，即非预算控制。

➢ 物流系统控制的模式有传统自营物流模式、功能性外包物流控制模式、第三方物流控制模式、第四方物流控制模式。

> ### 案例分析
>
> **二汽物流系统改造**
>
> 第二汽车制造厂（以下简称二汽）始建于 1969 年，是依靠我国自己的力量，采取聚宝方式设计、建设和装备起来的现代化汽车生产企业，也是国家重点支持的三大汽车集团之一。
>
> 二汽的创建，曾经经历了一个依靠自己的力量、土法上马、艰苦创业的过程。初建时期，从各个部件厂到总装厂的物料搬运系统比较粗糙。在东西长约 30 公里、南北宽约 8 公里的十堰的一条山沟里，分布着二汽 27 个部件厂。总装系统试运行时，由于搬运系统的原因，曾经出现总装厂前面的广场上车辆堵塞、人满为患，急需装配的部件进不来而暂时不需要装配的部件却挤满了车间，导致总装配线无法顺利运行的混乱局面。
>
> 为了改变这种局面，需要改造二汽的物料搬运系统，于是二汽就组织中外专家进行了一次重大的物流系统工程工作。这个工作的全过程一共分为七个步骤。
>
> 第一步，提出问题。包括系统调查、汇集资料、整理资料。
>
> 也就是进行系统调查、弄清问题。二汽从原材料到加工成毛坯、半成品、零件，再到装配成整车，生产过程复杂、工序多，需要进行物料搬运的范围广。为此先从抓主要问题着手。为弄清主要问题，开了两次调查会，弄清楚了如何减少车次等五个需要解决的实际问题。在调查的基础上，汇集了资料，如产品设计图纸、工厂平面图、工厂组成及产品分工图、汽车生产路线示意图、里程表及物料搬运方面的资料等，并且对资料进行了整理。
>
> 第二步，制定目标。包括建立目标树、选定子目标、建立评价准则。
>
> 首先把物料搬运系统以外的目标分成三个子目标：对外运输（N）、专业厂之间的运输（O）和专业厂内部运输（P）。决定选定子目标 O。而子目标 O 又可以按各个专业厂的重要程度分成 J（总装厂）、K（车桥厂）、L（发动机厂）、M（变速箱厂）等，又选定下一级子目标 J（总装厂）作为重点，而总装厂与其他厂之间的物料搬运问题 J 则又可以分为 G（搬运组织）、H（搬运质量）和 I（搬运频次）。这样选定了子目标以后，还要建立起评价方案是否达到目标的评价准则，具体选定了 8 个评价准则。
>
> 第三步，系统综合。就是提出设想，制订能够达到目标的各种可行方案。例如，对于车身运送的各种设想方案，是通过专业座谈会的形式提出的。参加会议的有总装厂、车身厂及运输、工厂设计等部门的生产调度、工艺、运输及设计等有关专业人员，一共提出了 14 种可行方案，最后归纳成 10 种方案。
>
> 第四步，系统分析。主要包括建立模型、使用价值分析、经济价值分析。
>
> 建立模型。例如，将以上车身运送的 10 个方案建立起 8 个模型。
>
> 使用价值分析。首先评定 8 个评价准则的相对重要性，确定各自的比重因子 WF，即权值。用这 8 个准则去评价每个可行方案。
>
> 经济价值分析。计算出每种方案的装卸时间、在路行驶时间、车数、每年折旧费用、每年能源费用、维修费用、人员费用及每年的总费用（见表 8-6）。
>
> 表 8-6 各个方案的年总费用
>
> | A | B | C | D | E | F | G | H | J |
> |---|---|---|---|---|---|---|---|---|
> | 83 | 79 | 57 | 108 | 255 | 528 | 611 | 113 | 52 |

> 第五步，择优决策。综合考虑使用价值分析和经济价值分析的结果，进行综合价值的分析计算，求出单位使用价值的年总费用（见表8-7）。计算过程略。
>
> 表8-7 各个方案的单位使用价值的年总费用
>
> | A | B | C | D | E | F | G | H | J |
> |---|---|---|---|---|---|---|---|---|
> | 198 | 217 | 57 | 267 | 668 | 1 427 | 1 679 | 247 | 166 |
>
> 按单位使用价值的年总费用由小到大的顺序将上述方案排列如下：
> C、J、A、B、H、D、E、F、G。
> 可见，C方案最好。
> 第六步，提交成果。提交方案报告和试运行效果。对车身选用半挂车运送。
> 第七步，实施。

复习思考题

1. 物流系统评价的原则是什么？
2. 简述物流系统评价的步骤。
3. 请列举物流系统评价的方法。
4. 请归纳数据包络分析法使用时的注意事项。
5. 简述物流系统控制的概念。
6. 物流系统控制的分类有哪些？
7. 简述物流系统控制的模式。

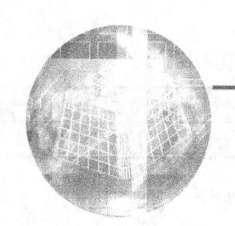

参考文献

[1] L·贝塔兰菲. 一般系统论[M]. 秋同,袁嘉新,译. 北京:社会科学文献出版社,1987.

[2] Stadtler H., Kilger C. 供应链管理与高级规划:概念、模型、软件和案例分析[M]. 王晓东,胡瑞娟,等译. 北京:机械工业出版社,2005.

[3] 罗纳德·H·巴罗. 企业物流管理:供应链的规划、组织和控制[M]. 王晓东,等译. 北京:机械工业出版社,2002.

[4] 欧文·拉兹洛. 系统、结构和经验[M]. 李创同,译. 上海:上海译文出版社,1987.

[5] 乔治·斯坦纳. 战略规划[M]. 李先柏,译. 北京:华夏出版社,2001.

[6] 唐纳德·J·鲍尔索克斯. 物流管理:供应链过程的一体化[M]. 林国龙,等译. 北京:机械工业出版社,2001.

[7] 戴维·泰勒. 全球物流与供应链管理案例[M]. 胡克,程亮,译. 北京:中信出版社,2003.

[8] 马丁·克里斯托弗. 物流竞争:后勤与供应链管理[M]. 马越,译. 北京:北京出版社,2001.

[9] 鲍新中,程国全,王转. 物流运行管理体系规划[M]. 北京:中国物资出版社,2004.

[10] 蔡林宁. 物流系统规划:建模及实例分析[M]. 北京:机械工业出版社,2004.

[11] 戴恩勇,江泽智,杨晓湖. 物流战略与规划[M]. 北京:清华大学出版社,2014.

[12] 陈秋双,等. 现代物流系统概论[M]. 北京:中国水利水电出版社,2005.

[13] 丁立言,张铎. 物流系统工程[M]. 北京:清华大学出版社,2000.

[14] 杨扬. 物流系统规划与设计[M]. 北京:电子工业出版社,2015.

[15] 方仲民. 物流系统规划与设计[M]. 北京:机械工业出版社,2003.

[16] 郭成. 物流信息平台的系统构筑与技术支撑. 锦程物流网.

[17] 汉斯·克里斯蒂安·波弗尔. 物流前沿:实践、创新、前景[M]. 张计划,李铁倩,陈晖,译. 北京:机械工业出版社,2003.

[18] 何明珂. 物流系统论[M]. 北京:中国审计出版社,2001.

[19] 李云清. 物流系统规划[M]. 上海:同济大学出版社,2004.

[20] 梁军,赵勇. 系统工程导论[M]. 北京:化学工业出版社,2005.

[21] 龙江,朱海燕. 城市物流系统规划与建设[M]. 北京:中国物资出版社,2004.

[22] 齐二石. 物流工程[M]. 天津:天津大学出版社,2001.

[23] 泰明森,言木. 物流决策分析技术[M]. 北京:中国物资出版社,2003.

[24] 泰明森. 物流作业优化方法[M]. 北京：中国物资出版社，2003.

[25] 王长琼. 物流系统工程[M]. 北京：中国物资出版社，2004.

[26] 谢如鹤，罗荣武，张德志，等. 物流系统规划原理与方法[M]. 北京：中国物资出版社，2004.

[27] 薛明德. 物流系统规划与设计[M]. 北京：企业管理出版社，2004.

[28] 颜佑启. 物流系统规划[M]. 长沙：湖南大学出版社，2004.

[29] 詹姆士·R·斯托克，达哥拉斯·M·兰伯特. 战略物流管理[M]. 邵晓峰，等译. 北京：中国财政经济出版社，2003.

[30] 爱德华·佛莱哲利. 物流战略咨询[M]. 任建标，译. 北京：中国财政经济出版社，2003.

[31] 李念祖. 物流运筹学基础[M]. 北京：中国物资出版社，2006.

[32] 周跃进，陈国华. 物流网络规划[M]. 北京：清华大学出版社，2008.

[33] 何明珂. 物流系统论[M]. 北京：高等教育出版社，2006.

[34] 约翰·科伊尔，爱德华·巴蒂，小约翰·兰利. 企业物流管理：供应链视角[M]. 文武，等译. 北京：电子工业出版社，2003.

[35] 唐纳德·J·鲍尔索克斯，等. 供应链物流管理[M]. 李习东，王增东，译. 北京：机械工业出版社，2004.

[36] 王正. 物流系统规划与设计[M]. 成都：四川出版集团，四川人民出版社，2009.

[37] 顾静言. 高效快捷——变革中的日本物流业[J]. 物流技术，1988（5）：41.

[38] 刘向东. 供应链中的物流控制模式与机制研究. 中国软件网.

电子工业出版社世纪波公司好书精选

	采购管理（第3版）	梁军 王刚 主编	定价：42.00元
	ISBN 978-7-121-25571-7	资源：电子教案	
	本书简介：《采购管理（第3版）》以培养应用型人才为目标，结合采购管理的实际案例，系统介绍了采购计划及预算管理等采购流程，重点讲解了招标采购、政府采购等采购操作方法，并深入分析了采购绩效评价、采购与供应链管理等内容。此次修订，更新了每章的引导案例，增加了"关键词"、"提示"与"前沿话题"等栏目，并引入了采购管理实践中的新理念、新技术与新方法，使本书内容更全面，理论与实践更前沿，有利于强化学生的实际操作和动手能力，更好地适应企业对采购管理人才的需求。		
	现代物流基础（第3版）	甘卫华 主编	定价：38.00元
	ISBN 978-7-121-26737-6	资源：电子教案、习题答案	
	本书简介：作为物流专业的先导和核心课程，本书在第2版的基础上进行了较大调整，融入最新的物流理念，做到最基础的知识点讲全面；理论性强的只讲重点；技术性强的只讲概念；较多地运用案例加深对理论的理解。在编写形式上强调可读性，每章以引导案例开头，以案例讨论结束，配以适量的图表表述，文中穿插超级链接，以及章和节的练习题，有助于读者的复习。作者还开发了本书的电子教案，提供幻灯片、网站链接及部分习题答案。		
	物流市场营销学（第3版）	董千里 主编	定价：39.00元
	ISBN 978-7-121-25375-1	资源：电子教案	
	本书简介：本书结合物流营销创新理论及发展趋势，分析物流市场供需特点、营销规律和营销对象需求，树立主动创新、提供增值服务的"主动优化"理念，实现高质量的个性化服务，构建物流战略营销策略、战术营销组合策略和大市场营销策略体系。全书分别从物流市场营销的13P角度，将物流集成思想渗透到营销实践中去，其主要内容包括物流营销需求研究、环境分析、物流市场调查与预测，物流营销战略规划，物流服务策略、定价策略、分销渠道策略等。		

	物流工程（第 3 版）	伊俊敏　主编	定价：38.00 元
	ISBN 978-7-121-20686-3	资源：电子教案、习题答案	
	本书简介：本书为国家"十一五"规划教材，前两版出版后获得广泛好评。本书继续着重企业微观角度的物流系统分析设计与设施规划，以生产设施及物流系统为主，兼顾服务设施；梳理结构、体现物流工程领域的新发展，突出实践性和系统性。全书以 200 多幅高质量的工程插图、实物照片和表格来生动展示、形象说明物流工程的理论与实践。来自国内外企业现场一线的大量例题与案例分析，便于学生活学活用。配有的可免费下载的 PPT、习题参考答案等方便老师教学。		
	 现代物流学	王晓光　编著	定价：46.00 元
	ISBN978-7-121-27004-8	资源：电子课件	
	本书简介：本书结合当前国内外物流理论研究最新成果和物流产业发展趋势，在总结物流学课程教学经验的基础上集体编写而成。本书共 13 章，系统阐述了物流基本活动中的运输、仓储、装卸搬运、包装、流通加工、配送与电子商务物流等各个作业环节的基本原理及物流管理的基本知识和技能，力求使学生能全面深入地掌握物流学基础理论，熟悉物流管理基本流程和作业方法，了解国内外物流产业发展趋势。		
	网络支付与结算	陈银凤　贾玢　主编	定价：42.00 元
	ISBN978-7-121-28316-1	资源：电子教案	
	本书简介：本书全面系统地介绍了网络支付与结算的相关概念、安全技术、工具、方式和系统，并使用大量案例对内容进行铺垫和支撑。全书共 9 章，分别是网络支付与结算概述、网络支付与结算基础、网络支付与结算安全、电子银行与电子货币、网络支付工具、网络支付系统、网络银行、移动电子商务与移动支付、网络支付的法律问题。		

以上图书各大新华书店均有售，或按如下地址咨询：
北京世纪波文化发展有限公司（北京市万寿路南口金家村 288 号华信大厦）
邮编：100036　　电话：010-88254199　　E-mail：sjb@phei.com.cn

反侵权盗版声明

  电子工业出版社依法对本作品享有专有出版权。任何未经权利人书面许可，复制、销售或通过信息网络传播本作品的行为；歪曲、篡改、剽窃本作品的行为，均违反《中华人民共和国著作权法》，其行为人应承担相应的民事责任和行政责任，构成犯罪的，将被依法追究刑事责任。

  为了维护市场秩序，保护权利人的合法权益，我社将依法查处和打击侵权盗版的单位和个人。欢迎社会各界人士积极举报侵权盗版行为，本社将奖励举报有功人员，并保证举报人的信息不被泄露。

举报电话：（010）88254396；（010）88258888
传　　真：（010）88254397
E-mail：dbqq@phei.com.cn
通信地址：北京市万寿路173信箱
　　　　　电子工业出版社总编办公室
邮　　编：100036